教育部人文社会科学研究青年基金项目资助“北京冬奥会推动冰雪旅游核心区发展效应及战略研究”（项目编号：21YJC890008）
2023年度德州学院学术出版基金项目资助

# 北京冬奥会推动冰雪旅游核心区发展效应及战略研究

韩志超◎著



中国经济出版社
CHINA ECONOMIC PUBLISHING HOUSE
·北京·

**图书在版编目（CIP）数据**

北京冬奥会推动冰雪旅游核心区发展效应及战略研究 / 韩志超著. —北京：中国经济出版社，2023.9

ISBN 978-7-5136-7462-1

Ⅰ. ①北… Ⅱ. ①韩… Ⅲ. ①冬季 – 旅游业发展 – 研究 – 北京 Ⅳ. ① F592.71

**中国国家版本馆 CIP 数据核字（2023）第 170504 号**

责任编辑　张梦初
责任印制　马小宾
封面设计　任燕飞

**出版发行**　中国经济出版社
**印 刷 者**　北京艾普海德印刷有限公司
**经 销 者**　各地新华书店
**开　　本**　710mm × 1000mm　1/16
**印　　张**　16.5
**字　　数**　230 千字
**版　　次**　2023 年 9 月第 1 版
**印　　次**　2023 年 9 月第 1 次
**定　　价**　88.00 元
**广告经营许可证**　京西工商广字第 8179 号

**中国经济出版社** **网址** www.economyph.com **社址** 北京市东城区安定门外大街 58 号 **邮编** 100011

本版图书如存在印装质量问题，请与本社销售中心联系调换（联系电话：010–57512564）

# 目录

# 第一章 引 言

在当今世界，奥运会作为国际上影响力最强、辐射面最广的体育赛事，已经成为全球公认的文化、政治和经济盛事。特别是随着盐湖城冬奥会、温哥华冬奥会成功推动区域冰雪产业迅猛发展成为一个个经典案例，冬季奥林匹克精神巨大的引领示范属性成为推动区域冰雪产业发展、促进全域冰雪运动普及和推广的重要抓手。奥运经济发展成为奥运效应的重要组成部分，奥运会也成为区域冬季项目普及和推广最便捷、最有感召力、最行之有效的手段。奥运会是体育组织最重要的活动之一，它直接促进举办国家和目的地的经济与旅游业的发展，带来社会效益并引起媒体的兴趣。在奥运会申办、筹办与举办期间，奥运经济效应日益凸显，民众对冰雪旅游和冰雪旅游消费的需求日益增加，冰雪旅游成为比商品出口更容易带来资金流入的方式之一。除冰雪旅游收入外，奥运辐射区就业、国民收入、外资流入对区域发展的影响也日益显著。特别值得一提的是，在国际贸易范围内，冰雪旅游业归属于传统服务活动，冰雪游客在其他国家旅游活动范围内的支出在向其消费国家提供的外汇收入方面具有类似于商品出口的效果。为了实现上述目标，政府部门和城市越来越重视国际赛事对特定区域的经济影响，各国纷纷通过投资设施以组织科学、文化和体育活动，通过利用其自然、文化和历史价值在广告中增加奥运举办地冰雪产业发展营销，助推冰雪运动产业跨越式发展。

现阶段，现代奥林匹克运动已经受到各国执政党高度重视，普通民众对奥运会的态度已经发生了深刻变化。奥林匹克运动驱动发展已经体现在申办、承办或者举办国对外体育政策和国内各项体育政策中，它使运动员训练的组织、管理、筹资、物质技术和人员配备等方面发生急剧变化，也为该项目的良性发展提供了政策环境。冬奥会作为影响力强、辐射面广的冰雪体育赛事，必将改善举办国体育文化产业，推动冰雪运动快速发展。本书以北京冬奥会推动冰雪产业发展为研究对象，通过理论分析、实证检验、归纳总结，从国家大力发展冰雪旅游支持政策的良好环境层面，在全面推进冰雪运动“南展西扩东进”的新时代背景下，借鉴冰雪旅游共生共建共享共赢的发展理论①，从北京推动冰雪协同发展效应的实际需求出发，对北京冬奥会对冰雪运动产业在政策引导、资金投入、社区冰雪营销、生态理念传递以及区域体育文化与冰雪运动产业融合等方面进行较为深入、全面的探讨，以科学创新和务实的精神探索北京冬奥会推动冰雪旅游协同发展效应的推进策略。

冬奥会已成为全球化的冰雪竞技体育盛会的典型代表。2022年北京冬奥会、冬残奥会作为“十四五”规划重大标志性活动，是充分展示国家形象、提升民族团结精神的重要活动。在做好新冠疫情防控的前提下，成功举办2022年北京冬奥会将增强中华儿女的自豪感，给处于低潮期的奥林匹克带来一束光②。自北京联合张家口成功申办2022年冬奥会以来，北京冬奥会筹办、成功举办和后效应的推动带给我国区域冰雪运动与生态旅游融合前所未有的信心与激情。在党的十九大报告提出“筹办好北京冬奥会、冬残奥会”发展目标的开局之年，研究北京冬奥会推动我国区域冰雪旅游产业发展的问题具有重大意义。随着北京和张家口筹办2022年冬奥会工作的全面展开，以及国家体育总局与各相关部门联

---

① 吴玲敏，任保国，和立新，等. 北京冬奥会推动京津冀冰雪旅游发展效应及协同推进策略研究[J]. 北京体育大学学报，2019，42（1）：50-59.

② 王闲乐，曹飞. 民法典走近百姓身边　冬奥会带来“一束光”[N]. 解放日报，2021-03-09（002）.

合印发的《冰雪运动发展规划（2016—2025年）》《全国冰雪场地设施建设规划（2016—2022年）》《水上运动产业发展规划》《航空运动产业发展规划》《山地户外运动产业发展规划》等多项文件的落实[①]，随着“筹办好北京冬奥会”战略的实现，提升我国冰雪旅游与生态旅游深度融合发展的最佳路径值得思考。因此，本书将探讨冰雪旅游产业的系统及属性特征，分析冬奥会促进我国区域冰雪旅游产业发展的案例，提出北京冬奥会推动我国区域冰雪旅游产业发展的策略，以期为北京冬奥会促进我国区域冰雪旅游产业可持续发展提供参考建议。2022年冬奥会、冬残奥会成功举办意义非凡，对于彰显综合国力和提高大国形象意义重大，更为促进区域冰雪运动高质量发展、推动区域冰雪运动与生态旅游深度融合发展带来了难得的新机遇[②]。

本书共分九章。

第一章引言。

第二章从冬奥会与举办地之间的关系、冬奥会成功举办的主要因素分析、我国成功举办冬奥会的主要因素及效益三个方面对冬季奥运会与举办地之间的关系进行剖析。

第三章基于冰雪旅游发展的内涵属性、功能特征、类型分类以及国内外冰雪旅游发展历程及趋势进行理论探讨，从宏观和微观角度论述冰雪体育旅游存在的历史必然性和发展总体趋势。

第四章以产业融合理论、产业集群理论、产业链理论、生命周期理论为指导，就冬奥会推动冰雪产业理论进行分析，对冬奥会推动冰雪旅游核心区冰雪运动与生态旅游深度融合进行学理探析，指出冬奥会要充分利用奥运短期和长期效应，助推我国冰雪产业发展。

---

① 吴玲敏，任保国，和立新，等. 北京冬奥会推动京津冀冰雪旅游发展效应及协同推进策略研究[J]. 北京体育大学学报，2019，42（1）：50-59.

② 马毅，吕晶红. 我国备战2022年冬奥会重点项目后备人才培养问题探究[J]. 体育科学，2016，36（4）：3-10.

第五章以北京冬奥会为契机，推动冰雪旅游经济规模化发展，对北京冬奥会背景下的国内外区域冰雪旅游经济合作、科技冬奥推进下的冰雪旅游经济新发展、新媒体时代的冬奥传播及媒介经济、后冬奥会时代冰雪旅游经济数字化发展进行学术梳理，得出：在冰雪产业发展早期，冬奥会起到了重要的推动作用，它在塑造国家体育形象，拉动客源，实现旅游、餐饮、交通等相关产业发展方面效果显著，可以说奥运会加快了奥运举办地的冰雪产业发展进程。

第六章为北京冬奥会推动冰雪旅游核心区发展的战略谋划，介绍了冰雪旅游核心区冰雪旅游资源概况和冰雪旅游核心区冰雪旅游发展概况，提出冰雪旅游核心区冰雪旅游发展战略选择，并从政策保障、服务保障、市场保障、监管保障四个方面为冰雪旅游核心区冰雪旅游发展战略提供保障。

第七章为北京冬奥会推动冰雪旅游核心区发展的机制构建，分析了北京冬奥会推动核心区冰雪旅游产业融合的自组织特征、北京冬奥会推动核心区冰雪旅游产业融合发展的动力机制，提出北京冬奥会推动核心区冰雪旅游产业协同发展的实施路径。

第八章为北京冬奥会推动冰雪旅游核心区发展的实施路径，加快推进核心区冰雪旅游产业的协同发展，切实加强核心区冰雪旅游产业高质量融合发展，优化核心区冰雪旅游产业发展政策，创新产业合作形式，丰富核心区冰雪旅游智慧融资方式、智慧技术赋能，助力核心区冰雪旅游创新发展、加强智慧管理建设，建立核心区冰雪旅游共建共治共享机制，完善相关设施，增强核心区冰雪旅游智慧服务能力，树立绿色营销理念，巧用智慧营销手段，提升冰雪旅游营销能力，丰富专项保护设施，提高核心区冰雪旅游可持续发展能力，提出了北京冬奥会推动我国冰雪旅游产业发展的路径选择。

第九章为北京冬奥会推动冰雪旅游核心区青少年冰雪运动发展，从青少年冰雪运动促进冰雪旅游产业发展和青少年运动促进政策与计划（“百万青少年上冰雪”“北冰南展西扩东进”“冰雪进校园”）两个方面论证青少年冰雪运动与冰雪旅游产业发展的逻辑关系，同时指出校园冰雪运动发展现状和不足，提出了青少年“冰雪进校园”发展的策略以及构建校园冰雪运动文化指标体系。

我国冰雪运动发展战略筹划于20世纪70年代末80年代初，国家体育总局提出了“北冰南移”的计划，后更改为“北冰南展”计划，经历了21世纪初的“北冰南展西扩”发展战略过程，到国家《带动三亿人参与冰雪运动实施纲要（2018—2022年）》，首次把“着力开展冰雪运动‘南展西扩东进’战略，大力普及群众性冰雪运动”作为指导思想，写入纲要中。北京冬奥会的成功举办既是践行北京申奥时中国向国际社会做出的“三亿人参与冰雪运动”的郑重承诺，也为后冬奥会时代冰雪旅游核心区发展战略的实施提供了驱动力。随着北京冬奥会的精彩落幕，我国冰雪运动高质量发展的时代序幕已经缓缓拉开。

本书深入贯彻习近平总书记提出的“绿水青山就是金山银山，冰天雪地也是金山银山”理念，抓住北京冬奥会举办的重要时机，充分挖掘北京冬奥会推动冰雪旅游核心区发展效应以及后冬奥会时期推动冰雪旅游核心区发展效应和保障机制构建，促进冰雪旅游核心区经济的高质量发展。

本书在写作过程中，得到了诸多前辈和同行的指导与帮助。首先感谢北京体育大学林显鹏教授，他在研究中给予我无私的指导，他的博学使我受益匪浅；感谢体育总局政府司原司长谢琼桓，作为体育学理论权威，他的学识和人品让我敬佩；感谢北京体育大学蒋依依教授，作为体育旅游方面的专家，她的思路为我打开了一扇窗户，使我在冰雪旅游产业研究领域不断进步；感谢哈尔滨体育学院张贵海教授，作为冰雪产业方面的专家，他的后冬奥会时期冰雪旅游核心区协同发展的建设性指导建议让我对冰雪经济规划落地有了更深刻的认识；感谢张家口冰雪产业园常务主任白建海，他默默的奉献精神、务实的工作态度、进取的事业操守，推动着张家口冰雪运动产业跨越式发展。

# 第二章　冬季奥运会与举办地的关系剖析

## 第一节　冬奥会与举办地之间的关系

### 一、与举办地所在国家和城市经济、社会、生态、科技、文化发展的关系

冬季奥林匹克运动会简称为冬奥会，自1924年至2022年一共举办了23届。迄今为止，冬奥会已成为世界上影响力仅次于夏奥会的综合性体育赛事。冬奥会作为国际最大的跨国、跨意识形态的，和平与友谊的国际重大盛会，世界上许多国家和城市都以举办一届冬奥会而感到自豪和幸福，争得冬奥会举办权成为各国显示自身国际地位和国际形象的重要标志[①]。冬奥会为举办地所在国家与城市的社会和经济发展提供了动力，同时也为推动世界体育城市建设提供了新机遇。城市通过举办冬奥会给全世界留下深刻的印象，从而得到政府和社会多元化资金的支持，能够为建成世界体育城市提供重要的物质保障。

（一）与举办地所在国家和城市经济发展的关系

冬奥会不仅是全球最具影响力和参与最广泛的冰雪体育的盛宴，也是促进

---

① Robert A. Winter Olympinc international city research [M]. MeGraW-hill，2003：324-327.

举办国家和城市经济增长的助推器[①]。众所周知，每一届冬奥会的举办，在提升举办国家和城市的国际影响力与竞争力的同时，也会大幅拉动举办国家和城市经济快速发展。纵观冬奥会发展的历史，不少国家在举办冬奥会之后经济发展迎来了大幅提升。这充分说明举办冬奥会所带来的不仅是对举办国家和城市经济发展的大幅度推动，还有对国际地位的影响力、国家冰雪旅游产业发展等一系列的后续影响效应。由此可见，冬奥会对举办国家和城市来说是非常宝贵的发展经济的新机遇[②]。冬奥会已经成为近30年来推动举办国家和城市经济发展的一种独特的白色经济现象。冬奥会对举办国家和城市经济的发展会产生深远的影响，但就目前来讲这种效应存在正负两个方面，需要辩证地加以分析研究。

冬奥会对举办地的经济发展具有一定正面影响，主要体现在增加地方政府收入、促进体育产业和旅游业的发展、促进就业等方面。例如，卡尔加里冬奥会促进了商业和旅游业的发展，盐湖城冬奥会带动了人们对餐饮行业的消费，由此可见，冬奥会的经济影响具有一定的放大效应，在短时间内会使城市经济增速迅速提升。冬奥会作为城市营销和发展经济的重要国际赛事，可以通过吸引外来投资，促进旅游业的发展，为主办城市创造更大的经济发展空间。

冬奥会对举办地的经济发展也存在一些负面影响，包括奥运设施建设增加政府财政负担、场馆后期使用效率低下及维护成本较高等。例如，2018年平昌冬奥会斥资1.09亿美元建造奥林匹克体育场，在举办开幕式和闭幕式之后却没有被更好地利用，完全失去了其商业价值和再利用价值。同样地，2014年索契冬奥会以550亿美元的总投资成本居于冬奥历史最高，其中90%以上的投入用于建设，是有记录以来公共资金占比最高的一届奥运会，这种现象使得政府投入大量的人

① Enjolra S，Waldah L. Research of Winter Olympinc International Development in sport [J]. International Review for the Sociology of Sport，2007（42）：21-23.

② 张敏. 北京举办冬季奥运会的影响及办赛策略研究[J]. 安徽体育科技，2016（2）：28-31.

力、物力去维护奥运资源，导致后期维护成本大幅度增高，不仅内耗国家财力，也会阻碍经济发展，逐步发展成国家财政负担。因此，从索契冬奥会和平昌冬奥会可以看出，冬奥会的举办对国家经济具有一定的负面影响。

冬奥会对举办地的经济影响是多方面的，同时经济也是提高冬奥会举办水平的重要因素。举办城市投入更多的物力、财力去进行基础设施建设，冬奥会在赛事规模及全球影响力方面也逐步上升到了一个全新的层次。随着人们对冬奥会期望值日益增高，冬奥会的举办水平也在不断地提升，这种经济带动冬奥的现象已然成为全球未来发展趋势。

### （二）与举办地所在国家和城市社会发展的关系

奥运会对举办地的潜在积极影响通常表现为增加城市居民自豪感、促进体育参与、改善城市形象和升级基础设施。例如，卡尔加里冬奥会提高了公众体育健身意识，促使更多居民参与冰雪体育运动；长野冬奥会对居民生活产生了积极影响，增强了国民自信心和自豪感；索契冬奥会期间媒体消费程度显著增加。北京冬奥会对主办城市的可持续发展产生了积极影响，这种积极影响分别体现在城市发展、社区发展和社会福利方面[①]：一方面提高了城市的国际声誉和知名度；另一方面增强了民族的凝聚力和荣誉感，拓展了居民的国际视野。冬奥会在中国的北京城区、延庆和张家口不同地域举办，能有效促进全民健身和全民健康的深度融合与高质量发展，带动3亿人参与冰雪运动发展目标的实现。

冬奥会是东道国加强和传播体育运动的有利平台，同时也是培养青少年学习体育和奥林匹克价值观的机会。研究表明，奥运会有助于传播尊重、宽容、公平竞争、身心平衡和追求卓越等价值观。举办奥运会对主办城市和地区具有长期有益的社会后果，包括加强当地传统价值观念，厚植爱国主义情感和培养

① 杨洁，赵玮. 关于冬奥会对我国举办城市经济发展的影响分析[J]. 现代职业教育，2017（4）：34-35.

社区归属感。冬奥会活动的负面社会影响主要表现在社会资源浪费、恶性群体性事件发生、活动期间给居民带来不便等。在当今世界背景下，冬奥会的举办水准正在逐步提高，种现象会加剧举办城市之间的竞争，无论是基础设施建设（建造规模过大的工厂和奥运设施）还是科技方面的研发，形成一种过度建设的社会资源问题，都会增加国家财政的投入，从而会产生对社会的浪费性投资，还会造成一系列的社会民生问题，比如物价和税收的提高等。再加上后期维护成本过高，无法与长期的城市规划政策相协调，也无法满足当地居民在文化和休闲设施方面的需求。因此，冬奥会的举办需要对社会影响有更深入的了解，这些影响对于重大体育赛事的规划、管理和后续遗产保护非常重要，同时也确保了利益相关者的支持。之前的研究将奥运会描述为一个由房地产开发商、建筑公司、设备供应商和商业赞助商组成的自给自足的商业圈子，产生的经济效益可能不会延伸到当地社区，居民为此会产生不平衡心理，当地的犯罪率和破坏行为也会有所增加。也有研究表明，与赛事相关的建设、交通基础设施的改善和城市更新给奥运城市的居民带来了不便，而且奥运城市及其周边的土地和住房租金价格的上涨也给当地居民带来了更大的经济负担。

（三）与举办地所在国家和城市生态发展的关系

冰雪运动不仅是关联性强、功能性多（冰上项目和雪上项目）的竞技体育运动项目，而且有利于满足群众多样化的体育文化需求、提高全民健康水平、提升全民生活质量和幸福感。冰雪运动与生态旅游深度融合不仅具有很强的社会价值、经济价值、文化价值、生态价值，对于建设健康中国和体育强国，落实全民健身国家战略，促进经济社会发展，实现中华民族伟大复兴的中国梦也具有一定意义。

筹办冬奥会有助于生态环境的改善。冬奥会对环境的积极影响包括加快城市环境规划的实施，促进生态环境管理，唤起公众的环境保护意识。现如今，学者们正在逐渐深入研究冬奥会对环境的影响。例如，以2022年北京冬奥会为契机，将北京冬奥会作为媒介，政府积极构建相关政策，目的在于推动北京北部地区绿色发展及冰雪产业建设，促进环境保护事业发展。特别是在资源节约、能源利用和居住环境等方面，冬奥会能够对主办城市的可持续发展产生积极影响。第一，在资源节约方面，鼓励资源和原材料的重复利用；第二，在能源使用方面，鼓励绿色交通方式出行；第三，在居住环境方面，不仅会改善当地的城市景观，还会升级交通网络，改善环境。

冬奥会可能会对环境产生负面影响，如土地利用变化、设施建设、交通等对原生态自然环境的破坏；大量的工业废水、废气排放到土壤、空气和地下水中，对生活用水和空气造成污染；生物多样性减少；等等。然而，冬奥会的组织者正在寻求将负面的环境影响最小化，并将积极的环境影响最大化。此外，冬奥会及其设施的设计和建设是提高人们对城市环境和可持续发展问题的认识与水平的一个重要机会。

（四）与举办地所在国家和城市科技发展的关系

2022年北京冬奥会作为国际大型赛事，集聚了全世界的目光，赛事中高科技产品的使用与体验展示了我国的高科技水平。在坚持“简约、安全、精彩”的办赛理念下，冬奥会推动了我国在基础设施、媒体转播、安全保障等方面的新技术研究以及高科技的创新应用。

冬奥会推动基础设施智能化。从北京冬奥会三赛区所有场馆及连接场馆的道路实现5G全覆盖，到冬奥气象预测系统实现“百米级、分钟级”精准气象预报；从国家速滑馆“冰丝带”采用二氧化碳跨临界直冷制冰技术铺就“最快冰面”，到物联网和人工智能技术造就了“智慧的馆”；从时速350千米的智能京张高速铁路，到首次掌握符合国际标准的竞技型赛道设计方法与关键技术并成功应用于国家跳台滑雪中心、首钢滑雪大跳台、国家雪车雪橇中心和高山滑雪中心的建设……借势科技奥运东风与基础建设浪潮，“基建”将成为一个具有感知力和不断进化的“生命体”，一个会思考的智慧大脑，一个人机物深度融合的生态系统。

2022年北京冬奥会充分推动利用数字化新媒体技术在赛事转播中优势提高赛事转播服务保障①。而且，在开幕式以及部分比赛中提供了8K超高清公共信号，在京张高铁开设媒体车厢，向全球转播冬奥赛事，充分显示了我国在转播技术方面的能力。另外，无人混合采访和远程新闻发布厅应用新模式，自由视角、“子弹时间”视觉新体验等媒体转播方式首次在北京冬奥会使用。媒体转播技术的发展进步以及多维视角的观赛体验，将有效推动高清视频产业化发展，成为未来体育赛事、剧场演出、演唱会等更多场景的首选技术。从冻伤及颌面创伤移动式智能化诊疗方舱到医疗资源指挥调度系统；从智能感控机器人精准执行环境消杀任务到智慧感知终端实现近距离接触者排查功能；从炒菜机器人到智能体温贴；从食品溯源与安全检测技术到瞩目远程视频会议保障系统；从冬奥会态势感知与运行指挥保障系统到场馆智慧化升级……应用移动互联网、物联网、人工智能、5G等先进技术手段，围绕奥运场馆运维管理、设备运行、食品安全、医疗保障、疫情研判和防控等方面全面部署任务，提升大型赛事安全举办的能力。自主研发二氧化碳制冰技术，提高制冰效能，建设绿色低碳样板场馆；全力推进赛区100%清洁电力高可靠供应关键技术研发与应用；围绕“氢能出行”开展制、储、运、加氢全供应链关键技术研发；研发碳纤维、可降解等新材料……这一切尽显2022年冬奥会“绿色”理念。从世界首创500千伏张北柔性直流电网到场馆二氧化碳跨临界直接制冷技术；从氢能汽车、火炬到生物可降解餐具；从局部山体切削面的生态再造格宾支护体系到石墨烯、聚热棉等制服材料……北京成为奥运历史上第一届全面实现碳中和的奥运会。

此次北京冬奥会共有91个国家和地区的代表团参加。通过部署新型病毒检测系统，大大提高了场馆空气环境监测检测灵敏性。②此外，北京冬奥会还为赛

① 毛维娜，李梅，毛卫南，等. 2022年北京冬奥会对我国转播技术发展的影响[J]. 科技中国，2022（6）：66-69.

② 周聪聪. 212项技术在北京冬奥会上落地应用[N]. 河北日报，2022-02-17（T04）.

事服务保障人员配备了3万余台多体征感知设备，可及时发现并上报相关人员的身体异常情况[①]，让赛场“更安全”。北京冬奥会的激情洋溢在赛场，也通过新技术传到千家万户。现代数字技术发展促使观众观看比赛现场沉浸性体验感更强[②]。例如，8K是一种全新的视频分辨率，清晰度是4K的4倍、1080p的16倍，是未来显示技术的主流方向。为了使无法到现场观赛的民众获得“沉浸式”观赛体验，北京市抓住双奥机遇建立全球最大的转播系统，使观众能更近距离领略赛事风采[③]。北京冬奥会是氢能示范应用场景最丰富的一届奥运会，氢能在助力北京冬奥会实现碳中和目标的过程中扮演了重要角色。北京冬奥会手持式火炬“飞扬”，首次采用氢气作为燃料，是世界首套高压储氢火炬，实现了冬奥会历史上火炬的零碳排放。与此同时，氢燃料的特性也保证了火炬能在极寒天气中使用，并可抗风10级，即使在时速100千米的大风中也可以稳定燃烧。氢燃料电池汽车在行驶过程中只排放水，被称为“终极环保车”。在北京、延庆和张家口三大赛区，816辆氢燃料电池汽车作为主运力开展示范运营服务。据了解，在目前投入运营的氢燃料电池汽车中，由丰田－福田合作开发的大巴车每百公里可减少排放二氧化碳约57.86千克，续航里程达400千米以上。氢燃料电池汽车既实现了零碳排放，又确保续航里程不打折扣。

（五）与举办地所在国家和城市冰雪文化教育发展的关系

冬奥背景下的奥林匹克教育，着重强调冰雪文化对人的体质、精神、品质等的塑造，培养更多热爱冰雪文化的人群。冰雪文化的价值意义只有通过亲身参与才能够感受和获得，具有满足人的消遣、娱乐、自我激励等精神需求的功能。冰雪文化发展也能促进冬奥会事业的发展，二者相辅相成。冬奥会是主办城市彰显自身价值和取得外部世界认可的良好契机，它可以促进主办城市冰雪

① 胡宁，沈杰群. 解码科技冬奥　这些“黑科技”也将“飞入寻常百姓家”[N]. 中国青年报，2022-02-17（002）.

② 张群琛. 冬奥科技成果已着手在城市副中心应用[N]. 北京城市副中心报，2022-02-17（004）.

③ 张群琛. 冬奥科技成果已着手在城市副中心应用[N]. 北京城市副中心报，2022-02-17（004）.

文化的发展，对国家冰雪文化的物质层面、制度层面和精神层面都具有积极的促进作用。主办城市则可以不断叠加奥林匹克精神，传承并发扬奥林匹克精神，将奥林匹克教育与冰雪运动相融合，开展具有当地文化特色的冰雪运动，为奥林匹克文化增添更多元素，使冬奥遗产的持续效应扩大化，最终形成对奥林匹克文化的认同。

## 二、举办冬奥会的遗产丰富而且亟待系统开发

“遗产”一词最早出现在澳大利亚墨尔本1956年奥运会申报文件中，此后一直没有申办国使用“奥运遗产”这个词语，直到1968年墨西哥奥运会，“遗产”一词再度被提及，与玛雅文化和当地传承舞蹈有关。随着国际奥林匹克运动不断延续发展，人们开始意识到，通过运作一届奥运会成功举办和奥运遗产发展可以取得巨大的社会效益。此后，很多国家申奥报告或多或少加入“legacy”一词，主要体现在奥运场馆等有形的奥运遗产以及为体育旅游、体育发展带来影响等无形的资产。1996年奥林匹克诞生100周年，亚特兰大提出将“保留积极的物质和精神遗产”写入办赛使命。2002年国际奥委会在瑞士洛桑举办了国际奥运遗产大会。2023年7月，国际奥委会奥运研究委员会发布有关奥运遗产公告，明确提出了奥运遗产的重要性，提到需要确保奥运会可以给主办方以及当地居民在场馆、基建、经验专业知识方面留下重要遗产。同年，国际奥委会将奥运遗产写入了奥林匹克宪章，将奥运遗产分为有组织的体育运动发展、通过体育助力社会发展、技能人际网络和创新发展、文化和创造的发展、城市发展、环境改善、经济和品牌的价值七个维度，并列为国际奥委会使命和职责的一部分，促进奥运会为主办国家城市留下有意义的遗产。2014年国际奥委会发布《奥林匹克2020议程》，明确了未来奥运会发展的战略路线，涉及奥运遗产多个部分。2018年奥运遗产框架结构建立。至此，各界学者对奥运遗产展开了深入研究。

究竟什么是冬奥遗产？冬奥会留下的遗产存在于方方面面，除了场地、场馆等可视化遗产，还有许多非可视化遗产。北京冬奥会遗产可总结归纳为七个方面：北京冬奥会冰雪文化遗产、北京冬奥会经济遗产、北京冬奥会社会遗产、北京冬奥会环境遗产、北京冬奥会城市发展遗产、北京冬奥会区域发展遗产、北京冬奥会志愿者遗产。有些奥运遗产是由于承办奥运赛事而产生的，比如我国的鸟巢体育馆；有些是因为举办赛事而加速发展的，比如高铁奥运遗产，它给居民、城市地区、奥林匹克运动带来了长期的收益。不难看出，奥运遗产来自对承办奥运会的一个具体的愿景的实施和落地，它包括冰雪运动普及发展、冬奥场馆的利用、科技创新、环境保护、城市更新、区域协同、文化传播、奥林匹克教育、志愿服务、包容性社会建设等方方面面。与此相关的各类具有展示、传承、教育和纪念意义的北京冬奥会实物遗产，未来还将留存在北京奥运博物馆中。由此可以看出，奥运遗产具有一定灵活性，不仅局限于奥运举办地的有形遗产和无形遗产，奥运遗产还具有一定广泛性，应重视奥运遗产的可持续发展。

奥林匹克运动的一个目标和愿景是通过体育建立一个更加美好的世界，其中蕴含了为居民和城市创造长期效益的含义。历届奥运会或多或少留下了一些有形和无形的收益，特别是随着奥运会的重要性不断提升，奥运遗产越来越多地承担起为社会创造更多收益的责任。2015年，体育运动在社会中的作用被联合国承认，强调了它作为和平与发展的重要推动力量，由此我们发现奥林匹克核心使命与联合国的可持续发展目标17个项目在多方面高度契合，无论是在奥运举办地还是其他地区，奥运会都是实现奥林匹克愿景的一个主要媒介，也就是通过体育打造一个更加美好的世界，所以说要确保奥运可以为我们市民、城市和奥林匹克运动留下遗产，确保可以通过体育项目、公众参与项目和国际奥运会的可持续发展战略，推动我国社会的发展。这对历届奥运会举办地来说都是至关重要的，近年来出现了关于奥运会高昂举办成本的各种各样的批评，例如，赛德商学院傅以斌教授撰写了一篇文章研究1960年以来的奥运会成本超支问题，引起了广大学者的广泛探讨，所以奥委会通过重视奥运遗产的方式，试图改变奥运会超支问题。

冬奥旅游遗产在众多奥运遗产中集聚社会文化经济效应[①]。2017年札幌亚冬会紧张激烈而秩序井然的比赛给人留下了深刻印象。札幌是一个冬季运动大赛办赛经验丰富的城市，除在1972年举办过冬奥会之外，此前还举办过两届亚冬会和数量繁多的单项比赛。1972年冬奥会札幌遗产为札幌开展冰雪运动和冰雪旅游带来新的发展机遇，对城市经济发展具有极大的推动作用。2014年索契冬奥会的遗产包括体育场馆、奥运村、冬奥会旅游目的地等。2018年韩国平昌冬奥会的遗产包括短道速滑场馆、花样滑冰场馆、冰球场馆以及冰壶场馆。目前，短道速滑场馆计划作为国家代表队选手的训练场地，或是用于试验“元宇宙”的产业基地；花样滑冰竞技场馆的地下可以建造符合国际竞赛规格的游泳馆，举行各种国际比赛；冰球比赛的辅助场馆则分布于各个大学，现在用于大学生们的体育运动。冬奥会的举办极大地带动了举办地经济和社会的飞速发展，包括社会环境、教育医疗、民生保障等有形和无形遗产，均对于国家和城市发展具有积极促进作用[②]。

北京冬奥会成功举办，使越来越多的中国人喜欢上了冰雪运动，甚至中国的南方地区也出现了如贵州六盘水梅花山国际滑雪场等网红冰雪场地。为了达成带动3亿人参与冰雪运动的目标，国家体育总局根据不同区域差异性和优劣势，制定并实施了“南展西扩东进”战略，因地制宜地开展群众性冰雪运动，促进冰雪运动普及和发展，推动冰雪运动四季发展[③]。这些措施使中国冰雪运动从原本局限在东北地区，扩展到了全国各地。报告显示，北方和南方地区冰雪运动的参与人数，分别为1.86亿和1.61亿，差距进一步缩小；全国有12个省份的参与率达到30%以上，其中黑龙江省的冰雪运动参与率全国最高，接近

① 张月，蒋依依. 冬奥旅游遗产的创造、识别与利用[J]. 旅游学刊，2022，37（1）：13-15.

② 易剑东，王道杰. 论北京2022年冬奥会的价值和意义[J]. 体育与科学，2016，37（5）：34-40，33.

③ 张保淑. 北京冬奥会最耀眼的一枚金牌[N]. 人民日报海外版，2022-02-21（005）.

六成；而参与人数方面，地处南方的江苏省与北方的山东省并列第一，达到了0.26亿。这些变化不仅体现在群众参与度上，还表现在专业冰雪运动员的籍贯上，出现了大量非东北籍的运动员。以参加此次北京冬奥会的中国代表团运动员为例，尽管东北地区尤其是黑龙江籍的依然最多，但已经有新疆、内蒙古、山东、江苏、河南等地运动员的身影出现。当然，带动3亿人参与冰雪运动的背后，也会带动国内的消费升级和冰雪经济的发展。

## 第二节　冬奥会成功举办的主要因素分析

### 一、国家和城市经济发展水平是成功举办冬奥会的核心因素

冬奥会是一个全球化的冰雪竞技体育盛会的典型代表。自1924年第1届法国夏蒙尼冬奥会至2022年第24届北京冬奥会，目前冬奥会已经在13个国家的22个城市举办（见表2-1）。

**表2-1　历届冬奥会举办情况一览表**

| 届次 | 年份 | 国家 | 城市 | 参赛国数量 | 参赛人数 | 项目 |
|---|---|---|---|---|---|---|
| 1 | 1924 | 法国 | 夏蒙尼 | 16 | 258 | 4大，16小 |
| 2 | 1928 | 瑞士 | 圣莫里茨 | 25 | 464 | 4大，14小 |
| 3 | 1932 | 美国 | 普莱西德湖 | 17 | 252 | 4大，14小 |
| 4 | 1936 | 德国 | 加米施-帕滕基兴 | 28 | 668 | 4大，17小 |
| 5 | 1948 | 瑞士 | 圣莫里茨 | 28 | 669 | 4大，22小 |
| 6 | 1952 | 挪威 | 奥斯陆 | 30 | 694 | 4大，22小 |
| 7 | 1956 | 意大利 | 科蒂纳丹佩佐 | 33 | 820 | 4大，24小 |
| 8 | 1960 | 美国 | 斯阔谷 | 31 | 665 | 4大，27小 |
| 9 | 1964 | 奥地利 | 因斯布鲁克 | 37 | 1091 | 6大，34小 |

续表

| 届次 | 年份 | 国家 | 城市 | 参赛国数量 | 参赛人数 | 项目 |
|---|---|---|---|---|---|---|
| 10 | 1968 | 法国 | 格勒诺布尔 | 37 | 1158 | 6大，35小 |
| 11 | 1972 | 日本 | 札幌 | 35 | 1006 | 6大，35小 |
| 12 | 1976 | 奥地利 | 因斯布鲁克 | 37 | 1123 | 6大，37小 |
| 13 | 1980 | 美国 | 普莱西德湖 | 37 | 1072 | 6大，38小 |
| 14 | 1984 | 南斯拉夫 | 萨拉热窝 | 49 | 1272 | 6大，39小 |
| 15 | 1988 | 加拿大 | 卡尔加里 | 57 | 1423 | 6大，46小 |
| 16 | 1992 | 法国 | 伯特维尔 | 64 | 1801 | 7大，57小 |
| 17 | 1994 | 挪威 | 利勒哈默尔 | 67 | 1737 | 6大，61小 |
| 18 | 1998 | 日本 | 长野 | 72 | 2176 | 6大，68小 |
| 19 | 2002 | 美国 | 盐湖城 | 77 | 2399 | 7大，78小 |
| 20 | 2006 | 意大利 | 都灵 | 80 | 2508 | 7大，84小 |
| 21 | 2010 | 加拿大 | 温哥华 | 82 | 2632 | 7大，86小 |
| 22 | 2014 | 俄罗斯 | 索契 | 88 | 2856 | 7大，98小 |
| 23 | 2018 | 韩国 | 平昌 | 92 | 2900 | 15大，98小 |
| 24 | 2022 | 中国 | 北京和张家口 | 91 | 2880 | 7大，109小 |

注：1940年和1944年两届冬季奥运会因第二次世界大战被迫中断。

从表2-1可见，冬奥会从第1届以来，绝大多数是在欧洲、北美和大洋洲的发达和比较发达国家的城市举行。从冬奥会的发展历程看，美国是唯一举办过4届冬奥会的国家，法国是举办过3次冬奥会的国家，瑞士、意大利、奥地利、加拿大、挪威和日本是举办过2次冬奥会的国家，其中，瑞士的圣莫里茨、美国的普莱西德湖和奥地利的因斯布鲁克是承办过2次冬奥会的城市①。中国的北京是唯一一个既举办过夏季奥运会，又举办过冬季奥运会的城市。

目前，一个普遍的共识是承办冬奥会的国家，大都是经济和冰雪竞技体育较

① 易剑东. 数据解密冬奥会申办瑞士小城举办次数最多[N]. 中国体育报，2015-10-15（2）.

为发达且承办能力较强的国家。一个城市能够承办规模巨大的冬奥会，说明它已经具有相当强的经济发展能力、冰雪竞技运动国际化水平和承办国际大型冰雪赛事的组织能力。这也可以说是一个国家的国际地位、经济规模与发展水平达到较高程度的一个标志。冬奥会无论从发展规模、运动竞技成绩还是发展水平来看，都已经全球瞩目。冬奥会组织的强大生命力一方面来源于其自身的动态变化，另一方面来源于举办国家的经济规模与发展水平。冬奥会组织能够适应时代经济规律的变化和冬奥会经济环境的要求而不断变化、调整甚至创新改革，从而使冬奥会自身的适应能力和组织能力不断得到提升。

随着冬奥会竞赛项目的不断充实和调整，竞技规则的修订和创新改革，以及冰雪竞技运动水平的不断提高，冬奥会白色经济将不断推陈出新，为促进冬奥会的发展带来重要的资金支持①。20世纪70年代，冬夏奥运会曾一度出现衰退的迹象。1972年，美国的艾弗里·布伦戴奇交出象征国际奥委会主席权位的钥匙时，就曾表示奥林匹克运动消亡迹象即将到来。

1980年莫斯科夏季奥运会经历了体育史上规模最大的一次抵制，包括中国、英国、加拿大、联邦德国、日本在内的65个国家都没有参加这届夏季奥运会。由于奥运会场馆施工经费过高，远远超出申办时期提出的3.1亿美元的预算，最终为莫斯科留下巨额债务。1980年美国普莱西德湖举办的冬季奥运会，受到资金不足和莫斯科奥运会灰色影响，经费捉襟见肘（实际上普莱西德湖是唯一一个提出举办1980年冬季奥运会的城市）②。随着举办冬夏奥运会的开支越来越大，申请举办奥运会的国家越来越少。到1981年，只有日本的名古屋一个城市提出申办1988年夏季奥运会，韩国汉城（现今首尔）是随后提出申办1988年夏季奥运会的城市，最后由韩国汉城获得主办权。

为了摆脱举办冬夏奥运会资金匮乏的困境，1984年美国洛杉矶夏季奥运会开

---

① 孙欢欢. 北京冬奥会的经济价值分析[J]. 产业与科技论坛，2016（3）：15-19.

② 王珊珊. 奥林匹克大逆转[J]. 商学院，2008（8）：81-82.

始了商业化办会的发展模式，洛杉矶奥运会在筹委会主席彼得·尤伯罗思的科学规划下，政府下放社会组织承办奥运会的权利，这使奥运会亏损形势出现扭转，以5亿美元低成本的投入，最后获利2.5亿美元。洛杉矶奥运会在投资上取得了成功，也成为以后冬奥会举办国家和城市发展冬奥会白色经济，提升冬奥会举办水平和服务能力的楷模。目前，冬奥会主办国家和城市已经开始认识到冬奥会赋予它们的潜在利益所在。举办冬奥会，如果举办城市各项工作顺利进行，既能节约开支，又能产生巨大效果。由此可见，今天的冬奥会可能比历史上的任何其他时期都更为壮大，无论是从冰雪竞技运动还是从冬奥会白色经济发展来看，美国盐湖城冬奥会、俄罗斯索契冬奥会都是冬奥会历史上最为成功的冰雪竞技赛事。人们对于冬奥会的兴趣，也处在历史上的最高点，电视转播收视人数连创新高，对于未来冬奥会的申办竞争将会达到白热化的程度。从1988—2022年冬奥会举办国家经费投入情况来看，举办国家的经济发展规模与水平成为推动冬奥会各项工作发展的重要基础（见表2–2）。

**表2–2　近10届冬奥会举办国家经费投入情况比较**

| 举办届次 | 15 | 16 | 17 | 18 | 19 | 20 | 21 | 22 | 23 | 24 |
|---|---|---|---|---|---|---|---|---|---|---|
| 举办年份 | 1988 | 1992 | 1994 | 1998 | 2002 | 2006 | 2010 | 2014 | 2018 | 2022 |
| 举办国家 | 加拿大 | 法国 | 挪威 | 日本 | 美国 | 意大利 | 加拿大 | 俄罗斯 | 韩国 | 中国 |
| 经费投入（亿美元） | 14 | 36 | 17 | 186 | 19 | 27 | 64 | 510 | 19.2 | 15.6 |

由表2–2可见，从近10届冬奥会举办国家经费投入情况来看，由于每一个国家的经济发展水平和承办城市的体育场馆、基础设施、公共交通、宾馆住宿接待能力存在差距，每个国家对冬奥会的经费投入有所不同。以俄罗斯索契、韩国平昌和北京冬奥会为例，2014年俄罗斯索契冬奥会政府投入近510亿美元（约15000亿卢布），但英国伯明翰大学高级研究员马丁·穆勒的研究证明，索契冬奥会与赛事直接相关的支出为118亿美元，还包括用于基础设施建设的开支，

索契冬奥会投入上升至550亿美元。索契冬奥会资金投入是历届冬奥会之最，其中项目投入也创下最高历史记录。冬奥会的直接收入源主要有：电视转播权、赞助商（即奥林匹克TOP计划）、国际奥委会特许经营权和门票销售四大部分。俄罗斯索契冬奥会的营销收入高达13亿美元，是2010年温哥华冬奥会的1.5倍，也成为冬奥会营销收入历史之最。2018年韩国平昌冬奥会的投资预算为2.2万亿韩元（约合19.2亿美元），但是随着韩国平昌冬奥会体育场馆、城市基础设施、城市规划建设的需求不断加大，预算资金由2.2万亿韩元增长到3万亿韩元（接近26亿美元）。韩国平昌冬奥会组委会为了保障有足够的资金举办2018年平昌冬奥会采取了一系列措施。韩国平昌冬奥会不仅通过韩国政府的资金补助、奥组委的全球合作伙伴、韩国国内的合作伙伴、冬奥会门票收入和冬奥会吉祥物等特许商品的销售收入等渠道融资获得冬奥会的资金，还吸引了大量的民间资本。冬奥会江原道的民间投资项目规模已达到2.6万亿韩元（约合148亿元人民币）。如果没有2018年韩国平昌冬奥会的影响力，想要吸引到如此大规模的投资实属不易。今后江原道还将继续吸引更多的民间投资，借助冬奥会的东风加速其经济的发展，促进江原道特区的冰雪旅游产业、体育健身休闲产业和生态旅游环境的开发建设，加快推动江原道冰雪旅游城市的快速发展。韩国平昌冬奥申委数据显示，冬奥会将拉动20万亿韩元（约合1246亿元人民币）以上的产值，并创造23万个就业岗位[①]。

2022年北京冬奥会投资预计为15.6亿美元。其中政府补贴约9400万美元，只占到了6%，其他资金主要来自社会投资、国际奥委会、赞助商等[②]。在15.6亿美元的场馆预算中有65%是由企业投入的，奥运村则全部由企业投资。随着电视转播收益大幅增加，国际奥委会对各国奥委会以及世界各单项体育运动联合会

① 刘亚琼．韩国江原道大力推进2018平昌冬奥会特区民间投资项目[EB/OL].[2015-12-28]. http：//news. eastday. com/eastday/13news/auto/news/world/20151228/u7ai5120097.

② 罗军委，李良．关于2022北京、张家口冬奥会“三大理念”的探究[J]. 科技视界，2015（31）：160，224.

的资金支持力度大大提升。从马丁·穆勒《2014年俄罗斯索契冬奥会的成本与影响》一文的研究中可以看出，每一个国家冬奥会经费中与赛事直接相关的支出、每项赛事平均支出、排除通货膨胀因素的超支情况及不排除通货膨胀因素的超支情况都有所不同。随着冬奥会冰雪运动项目规模的扩大，以及参赛运动员、裁判员、技术官员、安保人员和工作人员等人数的不断增加，冬奥会的经费投入中与赛事直接相关的支出、每项赛事平均支出也将增加（见表2–3）。

**表 2–3　第 13~22 届冬奥会经费与赛事直接相关的支出情况**

| 届次 | 年份 | 举办国家 | 举办城市 | 与赛事直接相关的支出（亿美元） | 每项赛事平均支出（万美元） | 排除通货膨胀因素的超支情况（%） | 不排除通货膨胀因素的超支情况（%） |
|---|---|---|---|---|---|---|---|
| 13 | 1980 | 美国 | 普莱西德湖 | 4 | 1100 | 321 | 502 |
| 14 | 1984 | 南斯拉夫 | 萨拉热窝 | 0.1 | 30 | 173 | 1257 |
| 15 | 1988 | 加拿大 | 卡尔加里 | 10 | 2200 | 59 | 131 |
| 16 | 1992 | 法国 | 伯特维尔 | 19 | 3300 | 135 | 169 |
| 17 | 1994 | 挪威 | 利勒哈默尔 | 19 | 3100 | 277 | 347 |
| 18 | 1998 | 日本 | 长野 | 23 | 3400 | 56 | 58 |
| 19 | 2002 | 美国 | 盐湖城 | 23 | 2900 | 29 | 40 |
| 20 | 2006 | 意大利 | 都灵 | 41 | 4900 | 82 | 113 |
| 21 | 2010 | 加拿大 | 温哥华 | 23 | 2700 | 17 | 36 |
| 22 | 2014 | 俄罗斯 | 索契 | 118 | 12000 | 171 | 324 |

资料来源：马丁·穆勒《2014年俄罗斯索契冬奥会的成本与影响》。

除夏冬奥运会之外，足球世界杯是另一项顶级国际体育赛事。奥运会和世界杯是当下关注度最高、受众人群最广、参与国家最多的国际性竞技体育赛事。[①]详见表2–4。

① 易剑东. 数据解密冬奥会申办瑞士小城举办次数最多[N]. 中国体育报，2015–10–15.

**表 2–4　历年 GDP 前 15 名的国家（除印度）举办夏冬奥会和世界杯届次一览表**　单位：届

| 国家 | 夏奥会 | 冬奥会 | 世界杯 | 合计 |
|---|---|---|---|---|
| 美国 | 4 | 4 | 1 | 9 |
| 中国 | 1 | 1 | 0 | 2 |
| 日本 | 2 | 2 | 0.5 | 4.5 |
| 德国 | 2 | 1 | 2 | 5 |
| 法国 | 2 | 3 | 2 | 7 |
| 英国 | 3 | 0 | 1 | 4 |
| 巴西 | 1 | 0 | 2 | 3 |
| 俄罗斯 | 1 | 1 | 1 | 3 |
| 意大利 | 1 | 2 | 2 | 5 |
| 加拿大 | 1 | 2 | 0 | 3 |
| 澳大利亚 | 2 | 0 | 0 | 2 |
| 西班牙 | 1 | 0 | 1 | 2 |
| 韩国 | 1 | 1 | 0.5 | 2.5 |
| 墨西哥 | 1 | 0 | 1 | 2 |

历年来的夏奥会、冬奥会和足球世界杯总共75届（29届+24届+22届）赛事（含已经确定赛地还未举办的赛事）。由表2–4可知夏奥会、冬奥会和足球世界杯三大赛事14大国家共计举办54届，足以看出我国申办冬奥会的必要性和重要性。

## 二、社会、科技、文化体育发展水平是成功举办冬奥会的重要因素

国家政治稳定、经济繁荣、社会和谐，是举办冬奥会最重要的基础。举办奥运会需要耗费巨大的人力、财力和物力，从场馆的建设，到城市的秩序、治安，甚至全球各地运动员的安全问题等各个环节，都需要举办国保证经济稳步发展和社会可持续良性发展。从确定主办城市到举办冬奥会，需要一个稳定和谐的社会环境，在此期间也要得到国家领导人和各级政府的强大支持，同时国民要有民族

凝聚力、国家荣誉感，这对于成功举办冬奥会具有重要意义。

举办国拥有承办大型国际赛事的能力、经验和人才，这种赛事经验的积累在一定程度上能够为举办冬奥会提供很大的支持。中国有夏季奥运会、青奥会、大冬会等多项国际大赛经验，在设施、技术、交通安全、运动员保障以及志愿者服务等方面均有着巨大的优势[①]，可以充分肯定的是，我国已经具备很强的大型体育办赛经验及能力，这是我国成功举办冬奥会重要的因素之一。

与夏季奥运会不同，冬奥会对气候有着严格的要求。翻阅历届冬奥会的举办地，我们发现这些城市基本上处于北纬40°～70°，举办时间一般在2月，-17℃~10℃是冬奥会举办的理想温度。同时要具有完备和充分的雪上运动条件，以及高水平的比赛场馆，这些都为冬奥会成功举办提供了绝佳的条件。众所周知，举办一次大型奥运会需要投入大量的资金建设体育场馆与比赛场地设施，并且这些设施要符合国家奥运的标准才能投入使用，所以举办地的体育场馆是冬奥会顺利开展的重要设施保障。以2018年平昌冬奥会为例，江原道地区是世界著名的滑雪胜地，这里建有多达9个滑雪度假村为滑雪爱好者提供优质的服务，也曾举办过1999年亚冬会、2009年冬季两项世锦赛以及2013年世界冬季特殊奥林匹克运动会，而在前两次申奥时，平昌已经建立了许多专门为冬奥会而设的硬件设施，有设施齐全的冰上项目的场馆，这些成熟的硬件是冬奥会成功举办不可或缺的因素。

冬奥会作为举世瞩目的体育盛会，其展示效果的呈现离不开科技的支撑。因此，各个举办国把最先进的科技成果及应用创新应用到冬奥会中，其目的在于更好地服务赛事与大众。例如，2022年北京冬奥会场馆建设环节、赛事保障环节、媒体转播环节、开闭幕式环节、奥运村服务环节等，皆体现了科技支撑冬奥、科技助力冬奥的情景：数字化超高清转播系统、赛场显示系统、赛事捕捉技术汇聚北京。为备战冬奥，我国建立了世界上最大的跳台滑雪风洞实验室，

---

① 墨歌. 与冬奥会“约会”，北京够格了吗？[J]. 科学家，2015（7）：76-80.

在山地赛场，进行分钟级、百米级的精准气象预报服务，国产智能雪蜡车、便携式智能翻译设备、各类智能机器人等科技的应用对冬奥会的顺利开展都具有重要作用[①]。回顾上一届的平昌冬奥会，也将大量的科技应用到赛事服务中，平昌冬奥会提出了“文化奥运、和平奥运、环境奥运、经济奥运、ICT奥运”理念，这也恰是本届冬奥会的亮点所在[②]。其中，科技创新更像是贯穿平昌冬奥会的一条主线，将文化、经济、信息通信、环保等串接在一起，其特色是注重各国游客的亲身体验，将理念落到实处。例如，将机器人应用于传递火炬、充当翻译等活动中，还利用自动驾驶、5G网络、物联网等诸多前沿科技成果，将人工智能产业投入到服务行业中。除此之外，其他方面的科技包括虚拟现实（VR技术）+高清视频展示、流媒体转播 、高科技保暖衣、人工智能翻译等先进的技术，确保了此次冬奥会的成功举办。科技不仅支撑着精彩、非凡、卓越的冬奥会，而且展现出开创奥运未来的美好前景和希望，为国际奥林匹克运动的发展注入强大的科技力量。

冬奥会举办地通过科技手段打造全方位一体式的安保系统，为赛事举办提供安全、稳定、可靠的技术支撑服务，从而为冬奥会提供高水平的城市安全保障。北京冬奥会期间，长虹控股集团旗下虹信软件公司利用数字孪生等技术打造的《智慧冬奥安保集成与应用示范平台》，成为张家口赛区安保工作的有力支撑体系，解决了冬奥安保体系复杂性、组织单一性、地域广阔性、主体多元性、资源差异性等诸多棘手问题，并通过数字孪生技术建立了张家口赛区虚拟空间和物理空间之间的物体、行为联系，并且实时反映了多类型数据，达到虚拟与现实的高度融合，为宏观到微观等不同尺度、团队到个人等不同粒度、决策者到执行者等不同角色分工，提供了全景、直观、动态的安保体系掌控能力。为了全面提高赛

---

① 何亮. 带动三亿人参与冰雪运动　这些冬奥遗产值得好好传承[N]. 科技日报，2022-03-22（002）.

② 闫静，徐诗枧. 奥运遗产可持续发展的域外经验及其启示[J]. 首都体育学院学报，2021，33（6）：588-594.

区安保工作运转效率，探索并构建了全方位、立体化、智能化的数字冬奥安保全景数据透视仿真服务体系，打造了支撑冬奥安保立体防控工作的重要科技引擎。由此可见，科技既是冬奥会安保工作的重要技术保障，也是推动赛事顺利开展的有力手段。

## 第三节　我国成功举办冬奥会的主要因素及效益

### 一、北京联合张家口申办冬奥会历程回顾

2022年第24届“北京—张家口”冬奥会的成功申办、筹办、举办，是党和国家以及全国人民共同努力的结果。北京联合张家口申办冬奥会的历程见表2–5。

**表2–5　冬奥会申办历程**

| 日期 | 内容 |
|---|---|
| 2013年11月3日 | 中国奥委会正式致函国际奥委会，提名北京市为2022年冬奥会的申办城市 |
| 2014年3月14日 | 国际奥委会宣布，中国北京、波兰克拉科夫、挪威奥斯陆、哈萨克斯坦阿拉木图和乌克兰利沃夫5个城市正式申办2022年冬奥会 |
| 2014年7月7日 | 国际奥委会宣布，中国北京与挪威奥斯陆、哈萨克斯坦阿拉木图3座城市正式入围2022年冬奥会候选城市 |
| 2014年8月1日 | 以中国书法“冬”字为创作主体的北京申办2022年冬奥会的标识，在北京冬奥申委第一次全体会议上正式亮相 |
| 2014年10月1日 | 挪威奥斯陆正式退出申办，候选城市只剩下中国北京和哈萨克斯坦阿拉木图 |
| 2015年1月6日 | 北京冬奥申委在瑞士洛桑向国际奥委会提交2022年冬奥会《申办报告》 |
| 2015年3月24—28日 | 国际奥委会评估团来华评估考察 |
| 2015年6月1日 | 国际奥委会公布2022年冬奥会候选城市《评估报告》 |
| 2015年6月9—10日 | 北京冬奥申委赴瑞士洛桑出席2022年冬奥会候选城市与国际奥委会委员陈述交流会 |

续表

| 日期 | 内容 |
| --- | --- |
| 2015年7月31日 | 2022年冬奥会举办城市在马来西亚吉隆坡举行的国际奥委会第128次全会上揭晓 |

## 二、北京联合张家口申办、筹办、举办冬奥会成功的主要因素

2015年7月31日，在马来西亚吉隆坡举行的国际奥委会第128次全会上，国际奥委会主席巴赫宣布：中国北京获得2022年第24届冬季奥林匹克运动会主办权。中国北京联合张家口成功获得2022年第24届冬奥会的举办权，与中国的经济实力、奥运会举办经验、冬季运动项目的推广和奥运会可持续发展环保承诺具有十分重要的关系，这也是北京成功获得2022年冬奥会举办权的四大主要因素。

### （一）我国经济稳定与足够的经济实力是获得北京冬奥会举办权的主要因素之一

冬奥会是世界各国共同竞争申办的奥运会。与北京同台竞争2022年冬奥会的主要城市除哈萨克斯坦的阿拉木图外，还包括欧洲的奥斯陆、斯德哥尔摩、克拉科夫和利沃夫。这4个城市之所以在申奥中途即被淘汰，是因为缺乏国家经济发展能力的支撑，一些城市听到2014年索契冬奥会的预算大概为510亿美元时，因为自己的国家和城市没有足够的经济实力做保证，难以完成国际奥委会提出的申办冬奥会的重任，于是自动放弃申请冬奥会的权利。中国的北京与哈萨克斯坦的阿拉木图相比，目前我国经济发展稳定，能为北京举办冬奥会赛事提供强大的经济支撑。哈萨克斯坦的经济收入主要依靠石油资源，但是石油价格受到国际社会影响，不稳定因素很多，因此国际奥委会不愿意将举办冬奥会的重任放到阿拉木图，更不愿意将赌注押在随时可能受石油价格影响的阿拉木图身上。我国作为全球第二大经济体和新兴超级大国，加之我国新时期外交影响力显然对国际奥委会的吸引力更大，因此北京申奥势在必得。

（二）北京奥运会赢得国际奥组委的信任是成功获得举办权的主要因素之二

自20世纪90年代以来，国际奥委会出台了一系列制度和政策等文件指导冬奥会的申办管理工作。近年来，一些国际重要体育赛事举办国不能如期拿出一份令国际奥组委满意的答卷已经闹出了不少笑话。比如，2016年里约热内卢夏季奥运会距离召开只剩下1年的时间，里约面临的严重的水质污染问题仍然没有得到解决。2018年平昌冬季奥运会在韩国举行，但韩国政府面临着不能如期完成体育赛场建设以及难以解决国内政治分歧的难题。北京作为2008年夏季奥运会的主办城市，不仅拥有大量2008年夏季奥运会举办的成功经验，而且向国际奥组委兑现了一切承诺。2008年夏季奥运会对于北京来说是一个里程碑。对于奥运会和残奥会来说，这是一场辉煌的盛会。随着北京冬奥会举办日期的临近，这些设施会得到巨大的提升，同时也有不少新的设施，使北京成为世界体育的楷模城市。北京通过借鉴2008年成功举办夏季奥运会的方法和经验，将使2022年冬奥会成为世界现代体育发展史上的一个里程碑。北京联合张家口筹办2022年第24届冬季奥运会，也将对11个2008年夏季奥运会的赛场进行再利用，包括鸟巢、水立方等，这样就避免了工程延误等问题，为冬奥会的成功举办打下了坚实的基础。

（三）冬季运动项目拥有巨大的市场发展潜力是北京成功获得举办权的主要因素之三

中国“北京—张家口”举办冬季奥运会不仅有强大的经济基础做保障，还能促进广大人民群众对冬季运动项目的喜爱。特别是近20多年来，中国冰雪产业从无到有，从起步到加速，从建立冰雪市场到开发冰雪市场，为成功申办冬奥会打下了良好的基础，滑雪场数量从过去的不足10个增加到500多个。“北京—张家口”举办冬奥会能激发国民的冬季运动热情，特别是给国家冰雪产业发展带来新机遇，能够在2025年前为国家创造11.5亿美元的收入和数百万个工作岗位。自北京冬奥会申办成功以来，河北省走出了一条具有河北特色的冰雪发展之路。河北省不仅是全国的产业大省，也是冰雪运动强省，还是冰雪装备、文化旅游大省，冰雪资源得天独厚。尽管新冠疫情带来了困难，但冬奥会冰雪运动开展得非常有序，这给全球体育界带来了更大的期待。

（四）高度重视奥运会的环保理念是北京成功获得举办权的主要因素之四

20世纪60—70年代，全球可持续发展问题日益突出，一度受到国际社会高度重视，因此奥林匹克精神包含可持续发展理念，已经成为成功举办奥运会的主要标志。北京市原市长王安顺在竞选陈述中提到，2008年北京奥运会举办以后，中国政府制定多项措施致力于改善环境，其中包括清除了100万台高耗能、高污染的交通工具。而这与国际奥委会主席托马斯·巴赫的“最大限度地减少赛事预算的基础上保护环境”的主张不谋而合。“北京—张家口”高度环保办奥运的理念与国际奥委会的主张不谋而合。“北京—张家口”举办冬奥会，特别是在冬奥会的筹办过程中，遵循北京奥组委提出的冬奥会可持续发展理念，并结合北京和张家口城市建设的自身特点，尤其是在冬奥会举办期间采取多种措施以减少冬奥会对环境的影响①，确保社会、经济和生态环境的平衡发展，实现对国际奥组委的承诺，把北京冬奥会办成一届精彩、非凡、卓越的奥运盛会。

## 三、北京冬奥会成功举办的成本—效益简析

美国商人尤伯罗斯成功策划举办1980年夏季奥运会取得巨额收益。奥运会举办收益效应全球放大，冬夏奥运经济效应，正在成为冬夏奥运经济发展的加速器②。冬夏奥运会经济影响的评估问题已经成为当今经济学术界和体育学术界越来越关注的热现象。因此，分析研究北京冬奥会的成本、收益，也是研究冬奥会推动冰雪运动发展的一项必不可少的“功课”，这对于承办城市北京和张家口乃至我国其他城乡更好地抓住冬奥会的战略机遇，推动冰雪运动发展具有重要意

---

① 徐宇华，林显鹏. 冬季奥运会可持续发展管理研究：国际经验及对我国筹备2022年冬奥会的启示[J]. 北京体育大学学报，2016，39（1）：13-19.

② 张永军，尚宏明. 域外奥运会主办城市经济效应与北京奥运商机初探[J]. 山东体育学院学报，2008（4）：10-13.

义。根据北京市和张家口市举办2022年冬奥会的成本分析可以看出，北京奥组委的支出（直接用于冬奥会的支出）包括北京市和张家口市改善环境及基础设施等方面显性和隐性的成本以及未来潜在的成本压力3个方面。另外，从北京和张家口2022年冬奥会的收益分析来看，包括北京奥组委的收益（直接来自冬奥会的收入：门票收入、电视转播权、广告赞助、奥运会彩票发行和奥运会纪念品发售等）、北京和张家口举办冬奥会的经济效益、北京和张家口举办冬奥会的社会效益、北京和张家口举办冬奥会促进城市建设的效益、北京和张家口举办冬奥会提升品牌效益等多个方面。2022年冬奥会举办城市北京和张家口在筹办和举办冬奥会的过程中，都将把冬奥会场馆建设投入与城市改造、环境治理和安全保障结合起来，在促进经济结构优化调整、推动城市经济持续发展的同时，也将对促进我国经济发展起到重要的拉动作用[①]。根据《世界经济展望》报告预测，中国将通过北京冬奥会的成功举办使中国经济在2016—2024年始终保持在全球经济的前2位，对世界经济增长的贡献率保持在30%~50%，中国经济将成为世界经济的重要动力源。由此可见，举办冬奥会很大程度上是基于举办国家和城市经济的发展水平，举办冬奥会可以与国家经济的长期发展结合起来[②]。

---

① Robert Baade，Victor Matheson. Going for the gold：the economics of the olympics journal of economic perspectives[J]. Int J Hospit Tourism Admin，2016，30（2）：201–218.

② 焦亮亮，张玉超，张倩. 2022年冬奥会对我国举办城市经济发展的影响[J]. 湖北体育科技，2016（4）：15–18.

# 第三章　冬季奥运会与国际冰雪旅游发展解析

## 第一节　冰雪旅游内涵、特征、现状与发展趋势

### 一、冰雪旅游内涵

冰雪旅游属于特殊季节性体育旅游范畴，是主要依靠户外冰雪资源为吸引物，以冰雪文化体验为内涵物，富含体验经济的一种典型旅游产品[①]。冰雪旅游作为一项新兴的旅游形式，它的提出与发展要晚于体育旅游与生态旅游。在讨论冰雪旅游之前，我们先就冰雪旅游相关概念进行了解。冰雪旅游作为一种经济和社会文化现象存在已久，然而，长期以来，人们对冰雪旅游概念的界定与阐述因角度或认知不同而多种多样。对冰雪旅游定义的准确把握，很大程度上决定了冰雪旅游分类与评价的科学性。冰雪旅游目前尚无统一的定义，对冰雪旅游的看法也存在分歧。对冰雪旅游的不同定义往往导致相应的研究内容存在较大差异。

从广义上来看，国外一些学者认为冰雪旅游与英文中的“winter tourism”一词等同，即冬季旅游活动。还有人把冰雪旅游资源的概念扩展到整个冰雪旅游系统。国内学者保继刚认为，“冰雪旅游是指对旅游者具有吸引力的自然存在和历史文化遗产，以及直接用于旅游目的的人造物”的旅游形式。吴必虎认为，“旅

---

① 辛云鹏.体验经济视域下哈尔滨冰雪旅游深度开发的对策[J].经济研究，2013（2）：83-85.

游资源的定义是开放的，只要是具有开发为旅游产品的潜力的事物，无论是有形还是无形的，都可视为旅游资源”。从这个意义上讲，冰雪旅游是指基于开发有潜力冰雪旅游资源的旅游形式。国家旅游局于2003年颁布实施的《旅游资源分类、调查与评价》提出，冰雪旅游资源是自然界和人类社会凡能对旅游者产生吸引力，同时产生一定的经济效益、社会效益和环境效益的各种事物总和①。在这种广义的定义下，可以看到，冰雪旅游资源的内容十分宽泛，无论是基础设施建设还是旅游地经济发展水平，都可以作为冰雪旅游资源的组成部分或评价因子。

从狭义上来看，冰雪旅游资源就是以冰雪为载体，既能吸引旅游者又能为旅游业所利用的资源。一些学者注重从旅游业发展的角度去研究冰雪旅游资源，重视冰雪旅游资源的开发价值。冰雪旅游资源开发评价的目的在于了解冰雪旅游资源的开发价值，以及明确冰雪旅游资源开发方向，它的核心即为冰雪旅游产品。从这个意义上看，冰雪旅游资源与冰雪旅游产品更为接近，它的定义更便于冰雪旅游资源开发研究。当然，狭义定义可延伸理解，比如不能实现冰雪产品转化的旅游吸引物就不能包含在冰雪旅游资源中，在现阶段技术条件下不能转化为旅游产品的资源（如无人区冰雪旅游资源等）则是“潜在旅游资源”。

## 二、冰雪旅游属性特征

我国是世界上最大的冰雪旅游资源国家之一。尤其是在我国东北、华北和新疆“三大核心区”的平原地区、山地、冰河、森林、湿地中拥有十分丰富的冰雪自然旅游资源、人文冰雪旅游资源和民俗冰雪旅游资源等类型②。冰雪旅游作为以气候资源与相关产业融合发展为主要载体的新型旅游产品，已经覆盖一二三产业，并成为促进城乡一体化发展的重要引擎，冰雪旅游与大型国际体育赛事高度融合理念已经深入人心。近年来，随着北京联合张家口申办2022年冬奥会的成

① 杨春梅．基于系统动力学的冰雪旅游业发展模式研究[D]．沈阳：辽宁工程技术大学，2014.

② 孙晓霞．牡丹江冰雪旅游营销策略研究[D]．兰州：西北师范大学，2021.

功、北京和张家口冬奥会筹办工作的全面展开，北京冬奥会促进我国区域冰雪旅游的效应影响备受关注。尤其在共生共享共赢旅游经济发展的新时代背景下，冰雪旅游作为具有生态性、经济性、文化性、融合性、保护性和系统性属性特征的发展旅游业的新形态，是举世公认的旅游业中最具发展活力与潜力的朝阳产业、白色产业、健康产业和民生产业的重要组成部分。由于发展冰雪旅游业的范围广和带动性强的明显属性特征，冰雪旅游正在成为促进冰雪旅游产业深度融合，推动全域旅游发展的助推器。

（一）冰雪旅游生态性

从体育旅游者的生态冰雪旅游需求的产品和景区来看，旅游者更愿意深入到冰雪旅游自然生态环境的原始区域。从冰雪旅游产品供给来看，冰雪旅游企业在冰雪旅游资源、冰雪旅游项目的基础设施建设和冰雪旅游线路方面，都应更加突出冰雪旅游生态化管理的创新发展理念。目前，在北京冬奥会的推动下，我国正凭借良好的现代交通区位与冰雪旅游生态环境治理的优势，成为冰雪旅游开发之源与首选对象，这些冰雪旅游资源生态化将在很大程度上满足国内外游客对清新、轻松、舒畅的自然与人的和谐气氛的追求，使其接受冰雪旅游生态保护和高质量发展的教育，为促进我国冰雪旅游产业高质量发展提供重要支撑。

（二）冰雪旅游经济性

冰雪旅游与经济的发展存在一定的相关关系，从冰雪旅游发展的经济性质来看，冰雪旅游的产业关联度非常大，与许多其他行业的发展密切相关。发展冰雪旅游不仅直接给航空、铁路、公路等交通部门，旅馆饭店、餐厅饮食服务，商业网点、景区景点等带来客源和市场，而且间接地带动和影响了城乡生态环境建设、基础设施建设、加工制造和文化等行业的发展，甚至可能衍生出一些新的行业。随着冰雪旅游地空间的成长，冰雪旅游融合点越来越多，城乡冰雪旅游地呈现出多核心相互交织的空间增长格局，城乡冰雪旅游资源、要素、资金和信息等的流通效率明显提升。城乡通过冰雪旅游发展带动了道路、城建、房地产、影视、零售业等产业的发展，促进区域经济发展的效应明显。

（三）冰雪旅游文化性

冰雪旅游是生产冰雪旅游产品与提供冰雪旅游服务的相关旅游企业的集合，而冰雪旅游文化则是冰雪旅游产品的核心和精髓。冰雪旅游文化的形成需要特定的地理环境和冰雪旅游气候条件，并且要在区域社会、经济、生态以及教育和政策扶持等综合因素下，才能在冰雪旅游健身活动中逐渐养成。徐淑梅等的研究证明：冰雪旅游文化是冰雪旅游目的地通过冰雪运动载体，为旅游者提供的供其观赏、体验旅游目的地的冰雪物质文化、精神文化与制度文化的总和。欧美国家的游客在冰雪旅游过程中有78.54%的人参与了各种冰雪旅游文化活动。我国区域冰雪旅游文化发展得如此之快，得益于北京冬奥会战略和“一带一路”倡议等方面的政策驱动。用冰雪旅游的历史文化与现代冰雪旅游文明互动融合，用冰雪旅游文化创造旅游品牌，传承创新历史文脉，不仅是提升冰雪旅游文化内涵、增强旅游吸引力、展现冰雪旅游文化今日风貌的重要载体，也是实现北京推动我国区域冰雪发展效应的驱动双轮。

（四）冰雪旅游融合性

冰雪旅游业是资源依托性行业，又是服务性行业。近年来，从全国各地发展冰雪旅游的具体实践来看，冰雪旅游业以其资源消耗低、带动系数大、综合效益好和使用范围广等区域优势和资源优势，成为促进与其他产业融合发展推动经济快速增长的重要力量。随着北京和张家口冬奥会城市冰雪旅游发展效应的全面释放，冰雪旅游业将从区域空间形态、产业规模、产业集群创新等方面成为一种新崛起的、具有强大未来的，对区域经济、文化、体育、社会和生态等多层面丰富渗透和融合的旅游形态。尤其是在北京和张家口冬奥会筹办的重要机遇期，冰雪旅游资源在领域关联点上所具有的综合性、广泛性和应用性以及跨学科研究的空间特征，使冰雪旅游与其他行业具备了深度融合发展的可能。冰雪旅游与其他行业的深度融合是目前促进城乡居民冰雪旅游消费升级的重要动力，也是实现国家提出的体育产业和健身休闲发展的重要举措。研究证明，冰雪旅游与其他行业深度融合的外延十分广阔，包括餐饮、酒店、交通、赛事、文化、营销、用品等多个产业领域。尽管目前冰雪旅游与其他行业深度融合行业壁垒较高，但拥有巨大的发展潜力和市场空间，是实现新时代推动区域全旅游发展、精准扶贫奔小康的重要驱动力。

（五）冰雪旅游保护性

冰雪旅游是指在自然界或人类社会中，凡能对冰雪旅游者产生吸引力，并能进行冰雪旅游活动，为冰雪旅游的经营活动所利用，会产生一定经济功能、社会效益和生态价值的各种因素与条件的综合。冰雪旅游作为一项新兴的具有经济功能、社会效益和生态价值的特色体育旅游发展的重要形式，是在可持续发展理论的背景下提出的，其对冰雪旅游资源开发与环境保护的重要性不言而喻。冰雪旅游业发展所依托的自然景观、人文历史等资源，有着明显的稀缺性甚至不可再生性。因此，加强对冰雪旅游资源开发的保护是实现北京冬奥会推动京冀冰雪旅游发展效应必须考虑的一个重要因素。然而，冰雪旅游资源保护是一个长期建设的系统工程，不仅涉及政府、体育、旅游等多个部门，而且涉及政策、制度和机制等各个层面，必须在开发的过程中强调其保护的重要性，共同实现多方开发共赢。

（六）冰雪旅游系统性

冰雪旅游是一项大融合产业，除了具备生态性、经济性、文化性、融合性和保护性属性特征，由于冰雪旅游资源、产业结构较为复杂，不仅涉及冰雪旅游产业的内部结构、区域结构和所有制结构等，还涉及众多部门和行业，是一个极其复杂的集群产业结构系统。其系统主要包括冰雪旅游的需求、冰雪旅游的供给、冰雪旅游的出行和冰雪旅游的支持“四大”系统。这“四大”系统不仅在发展理念的融合和科学规划的融合中存在一定的相通性，而且在发展目标、发展方式上也存在一定的相通性。冰雪旅游的需求系统需要冰雪旅游的供给系统、冰雪旅游的出行系统和冰雪旅游的支持系统的三轮驱动；冰雪旅游的供给系统需要冰雪旅游的需求系统、冰雪旅游的出行系统和冰雪旅游的支持系统的内生动力和外生动力的驱动；冰雪旅游的出行系统需要冰雪旅游的供给系统、冰雪旅游的需求系统、冰雪旅游的支持系统的融合形成动力来源，推动冰雪旅游出行系统的构建和完善；冰雪旅游的支持系统需要冰雪旅游的需求系统、冰雪旅游的供给系统、冰雪旅游的出行系统在空间因素、文化因素和生态建设融合发展三轮机制的推动，促进冰雪旅游链纵向延伸溢出效应的全面释放。

## 三、国际冰雪旅游发展现状与进程

从历史发展看，冰雪旅游起源于寒地民族的生存和发展，是一项充满了浪漫与刺激的古老运动[①]，它源于人们日常生活和交往的需求。在人类生存的早期，很多寒地冬季白雪茫茫，人们出行、工作、交往必须借助于冰雪滑行来实现，久而久之，就出现了现代意义上的冰雪运动。第二次世界大战以后，冰雪旅游开始出现，一直到20世纪五六十年代，很多发达国家开始重视开发冰雪旅游，大量高端滑雪场、度假型冰雪旅游产品频频出现，集休闲、娱乐、运动、购物、观光、度假、餐饮等多种功能于一体，受众欢迎度极高[②]。经过近百年的发展，目前，冰雪旅游已经成为旅游产业的重要一支，是世界上最受欢迎的旅游类型之一。

目前，全球冰雪旅游主要集中在欧洲、北美洲和亚洲的日本、韩国，其中，欧洲冰雪旅游主要集中在阿尔卑斯山一带和北欧国家，主要包括法国、瑞士、奥地利、德国、意大利等；北美洲的冰雪产业主要分布在美国东部和中西部（尤以科罗拉多州为多）和加拿大的落基山脉；亚洲的冰雪产业则主要集中在经济较为

① 王玲. 国内外冰雪旅游开发与研究述评[J]. 生态经济，2010（3）：66–69，127.

② 王玲. 国内外冰雪旅游开发与研究述评[J]. 生态经济，2010（3）：66–69，127.

发达的日本和韩国。综观世界冰雪产业的主要内容，冰雪产业主要以滑雪基地为依托，融合发展冰雪观光、冰雪娱乐、体育赛事、健康养生、文化、会展等关联产业，配套发展酒店餐饮、特色商业等旅游服务业。从市场发展来看，目前全球每年有近4亿人参与冰雪旅游，全球冰雪产业市场规模超过700亿美元。

基于天然地理位置优势，欧洲冰雪旅游发展起步较早、历史悠久，形成了规模化的冰雪旅游产业，并建立了完善的冰雪旅游产业体系。在地形方面，阿尔卑斯山脉海拔3000米，高大的山体和起伏的地势为滑雪场提供了天然的优势，伴随着越来越多国家修建起高规格、全配套、大规模滑雪场，冰雪运动产业极具品牌效应[①]。如法国的夏蒙尼小镇，雪场共有8个大区，滑雪区域内设有适合不同水平的滑雪爱好者的雪道。从上游的冰雪装备制造业来看，各个滑雪产业发达国家已经拥有各自的民族品牌，欧洲滑雪旅游产业开发较早，已经形成了较强的品牌效应。阿尔卑斯山区各项活动设施和商业服务设施齐全，游乐设施丰富，其完善的滑雪设施和雪场服务也吸引了越来越多的滑雪者。北美洲滑雪目的地通常是以大型滑雪度假区的形式存在，并围绕着滑雪度假区形成了大量的地产项目。北美洲滑雪产业从二战后兴起，进入20世纪60年代后，美国国内人均收入的刺激带来滑雪产业的春天，并使其逐渐进入竞争和整合阶段。20世纪80年代后期，北美滑雪市场的增长明显减缓；2000—2010年，每年美国滑雪人次在5000万上下浮动。在冰雪旅游发展中，北美依托良好的冰雪旅游市场和滑雪资源，在政府和大众冰雪旅游的支持下，形成了以“滑雪旅游度假村+滑雪科研教育机构+冰雪旅游”为主导的冰雪旅游产业体系。

日本作为冰雪旅游的后起之秀，是目前亚洲最发达且最具代表性的国家，其滑雪产业从20世纪50年代开始，进入了冰雪发展萌芽期；20世纪60—70年代，日本滑雪旅游逐步实现了大众化，大量的滑雪场得到了开发和建设，特别是

① 孙承华. 国际滑雪市场发展现状与趋势[J]. 中国旅游评论，2018（3）：55-63.

1972年日本札幌冬奥会的举办，对冰雪旅游发展起到了巨大的推动作用。20世纪80年代开始，日本冰雪旅游得到了快速发展，这一阶段日本滑雪场建设开始贴近城市、滑雪索道高速化、餐饮住宿等设施增加，使得滑雪游客骤增。受日本经济危机的影响，20世纪90年代，日本的冰雪旅游开始衰退。日本冰雪旅游多围绕滑雪和温泉，规划开发一批村镇体系配套健全的滑雪旅游度假小镇，这一经营模式成为日本冬季旅游的特有方式。另外，日本滑雪场多面向城市滑雪旅游群体，因此经营主体开发了很多关联冰雪旅游产品和服务，收到了很好的效果。

## 四、国内冰雪旅游发展现状与进程

与我国滑雪相关的最早文献资料可以追溯到1300年前大兴安岭地区室韦族的生活记载，历史的变迁使得他们在山野雪地上骑木而行，射猎生活。进入21世纪，经济的发展和生活方式的改变使得滑雪运动走进大众生活，中国的冰雪旅游进入飞速发展时期，在国民经济发展中的重要性越发凸显[①]。特别是随着我国2022年北京—张家口冬奥会成功申办，我国冰雪旅游迎来了最好的发展时期。目前，我国的冰雪旅游基本形成了一条以新疆为起点，连接京津冀三地和东北地区的北方冰雪旅游带的新格局。国家提倡东北、西北和华北冰雪旅游协调发展，这是改变中国冰雪旅游薄弱局面的新引擎，更是按照冰雪运动“南展西扩东进”的格局对冰雪旅游发展效应的双重拉动。根据冰雪旅游发展规模和学者普遍理解，我国冰雪旅游经历了以下四个阶段。

### （一）第一阶段：萌芽时期

相比西方发达国家，中国冰雪旅游发展起步较晚，市场化开发体量不足。中国最早的滑雪活动出现在新疆阿勒泰地区，但从冰雪转化成娱乐、旅游和运动方式，还是近五六十年的事。在“发展体育运动、增强人民体质”的方针政策下，

① 王玲. 国内外冰雪旅游开发与研究述评[J]. 生态经济，2010（3）：66–69，127.

各地区开始有序开展群众性冰雪运动[①]。冬季运动会和单项全国冠军赛、锦标赛成功举办，奠定了冰雪运动在我国的赛事基础[②]。总体而言，冰雪旅游的兴起与科技进步、工业文明息息相关。在中国，冰雪旅游的开端是黑龙江省哈尔滨市从1963年开始的兆麟公园冰灯游园会[③]，几十年持续不断，每年一届的冰灯游园会都是人们到哈尔滨的必去之处。自此，欣赏冰雕与雪雕艺术造型、体验冰雪游戏和运动相结合的冰雪旅游，极大地丰富了人们的冬季文化生活。

（二）第二阶段：兴起时期

1980年，我国首次参加冬奥会，国内冰雪运动热情日益高涨[④]。1985年，哈尔滨创办了“哈尔滨国际冰雪节”。1992年，国家旅游局开始推出“中国友好年”，正式拉开中国冰雪旅游序幕。1993年，我国颁布《关于培育体育市场加快体育产业化进程的意见》，奠定了我国冰雪运动产业化发展的基础[⑤]。1996年，为举办亚冬会开发建设了亚布力滑雪旅游度假区，第三届亚洲冬季运动会成功举行，赛事结束后吸引了大量的国内外游客。以此为引领，以体育运动为主题开发冰雪旅游资源开始了在全国各地的扩展。1997年，新疆首次推出体现民俗文化的冰雪旅游项目。1998年，哈尔滨一改原来冰雪节的“小打小闹”格局，建设规模性冰雪旅游基地。区域性国际性冰雪节庆转型升级，并逐步推广至内蒙古、新疆、吉林等地区。1999年新疆举行首届冰雪旅游节，2000年举办天山天池冰雪风情节，东雪西进的旅游格局初步成形。自此，各地纷纷开发冰雪资源，开展冰雪节庆，将中国冰雪旅游一举推向华北和西北。在这一阶段，游客接待量明显提升，但旅游人数的增长有限，还没有形成规模。中国的冰雪旅游尚处于投入

---

① 李壬冬，扈春荣．我国冰雪运动发展政策70年演进：历程、特征与趋势[J]．沈阳体育学院学报，2020，39（4）：46-51，59.

② 王籍．湖北省神农架青少年冰雪运动培训市场的发展现状与对策研究[D]．武汉：武汉体育学院，2021.

③ 何睦．我国智慧冰雪体育旅游建设路径研究[D]．哈尔滨：哈尔滨体育学院，2022.

④ 刘婷．成都市居民参与冰雪运动的制约因素及对策研究[D]．成都：成都体育学院，2020.

⑤ 刘婷．成都市居民参与冰雪运动的制约因素及对策研究[D]．成都：成都体育学院，2020.

期，由于规划不完善，大规模的盲目开发难免存在许多问题，冰雪景区的同质化严重，在旅游的市场方面出现了恶性竞争。

（三）第三阶段：发展时期

随着我国市场机制逐步走向成熟，冬奥会赛场不断创造佳绩，“百万青少年上冰雪”“百万市民上冰雪”等群众性冰雪活动蓬勃开展①。进入21世纪，中国经济快速发展。到2003年，全国建成近百家滑雪场，冰雪旅游已成为大多数旅游者冬季的活动首选。特别是滑雪场的普及，为冰雪旅游的二元化发展提供了平台，冰雪旅游进入了快速发展期。2003年新疆推出“丝绸之路冰雪风情节”，主打民族风情和自然冰雪的融合牌；同年，吉林省长春市首次联合社会力量举办“冰雪旅游节暨净月潭瓦萨国际滑雪节”，将越野滑雪引进国人视野。2007年吉林长春举办第六届亚洲冬季运动会，2009年黑龙江哈尔滨又成功举办了第24届世界大学生冬季运动会。冰雪赛事持续性举办促进了中国的冰雪旅游不断升温。特别是东北地区抓住冰雪赛事契机，提升冰雪旅游普及力度，进一步完善冰雪相关基础设施建设，促进东三省冰雪运动高质量发展。与此同时，黑龙江省各地推出更多旅游产品，自然冰雪和人文冰雪同步开发。大海林雪乡、镜泊湖冰瀑、扎龙雪地鹤舞、大庆雪地温泉、北极村极地观光、兴凯湖冬钓捕鱼等，冰雪旅游的内容更加多样化②，冰雪旅游多点式发展。与黑龙江遥相呼应的吉林雾凇节、查干湖渔猎节、内蒙古草原冰雪风情节等，不断推陈出新。冰雪自然资源景观关注度逐渐南移。冰瀑观赏、江河穿越颇受欢迎。随着社会对冰雪的关注，各地区也紧锣密鼓地发展冰雪旅游产业。例如，河南洛阳伏牛山开启中原冰雪旅游“中原冰雪节”，陕西、青海等地将民俗与冰雪艺术相结合打造冰雪旅游基地等，冰雪开发趋势由之前高纬度区域逐渐过渡到高海拔区域，部分区域借助海拔高优势开

① 王籍．湖北省神龙架青少年冰雪运动培训市场的发展现状与对策研究[D]．武汉：武汉体育学院，2021.

② 杨春梅．基于系统动力学的冰雪旅游业发展模式研究[D]．阜新：辽宁工程技术大学，2014.

发整合冰雪资源。

（四）第四阶段：快速发展时期

经过多年发展，我国冰雪旅游在群众、竞技和产业等方面都取得了一定的成绩，尤其是2014年7月北京成功申办2022年冬奥会，成为我国冰雪旅游对外交流乃至中国体育外交极具标志性的关键节点。全国从中央到地方、从北方到南方、从冬季到夏季、从企业到个人[①]，宣传力度前所未有，冰雪旅游活动丰富多样，群众参与热情空前高涨，成为冰雪运动产业发展的重要内容和主要力量。我国滑雪总人数相比发达国家较少，参与冰雪运动人数占比极小，而发达国家的滑雪转化率（滑雪人数占总人口比例）为 10%~15%，巨大的冰雪人口促进了冰雪产业的快速发展，也对冰雪运动发展提出挑战。2015—2016年度，全国大众冰雪季活动覆盖全国15个省（自治区、直辖市），3000万人参与冰雪运动。随着我国冰雪运动“南展西扩”战略的不断推进，开展冰雪活动的地域正在持续扩展，开发的冰雪活动产品日益丰富，吸引众多群众增加，极大地鼓舞了群众参与冰雪运动的热情[②]。基于冰雪场地运动功能不断丰富，室内冰雪场地崭露头角，其场景虚拟性、体验真实性、环境便利性使得投资热度极高，特别是缺乏冰雪环境资源的南方地区相继投资修建室内仿真冰雪场馆。可以说，北京联合张家口成功申办2022年冬奥会为推动我国冰雪运动“南展西扩东进”带来前所未有的信心与激情，全社会对冰雪旅游的需求呈现爆炸式增长。为全面贯彻落实习近平总书记关于发展冰雪运动和做好北京冬奥会工作重要思想、全维度发展冰雪运动，2017年12月，在第4届全国大众冰雪季启动仪式上，国家体育总局局长苟仲文首次提出了冰雪运动“东进”的要求。随着国家冰雪旅游政策不断调整，社会对冰雪旅游需求不断膨胀，冰雪旅游也急速扩张。

① 刘婷. 成都市居民参与冰雪运动的制约因素及对策研究[D]. 成都：成都体育学院，2020.

② 陈祥慧，杨小明，张保华，等. 我国冰雪运动的历史演进及发展趋向[J]. 体育学刊，2021，28（4）：28-34.

## 第二节　北京冬奥会推动我国冰雪旅游发展

### 一、北京冬奥会推动我国冰雪旅游发展的现状

从北京冬奥会申办、筹办过程来看，根据国家统计局最新数据，自2015年北京成功申办冬奥会以来，全国冰雪运动参与人数达到3.46亿人（截至2021年10月30日）。中国旅游研究院预计2021—2022年冰雪季，我国冰雪休闲旅游人数达3.05亿人次，冰雪休闲旅游收入达3233亿元。北京冬奥会成功举办后，冰雪旅游作为无形奥运遗产，冰雪旅游消费的社会认知已经普遍形成。这种消费需求的持续释放和政府政策的持续推动，必将继续促进冰雪旅游的普及和冰雪旅游的高质量发展。尤其在北京城区、延庆和张家口冬奥会赛事转播期间，我国冰雪健儿的优异表现在国内和国际外交媒体中形成巨大推动力，极大地调动了全国人民参与冰雪旅游的积极性。北京冬奥会完成了一场具有社会意义的冰雪旅游发展的认知教育，为全国冰雪旅游和冰雪运动融合发展奠定了最为坚实的市场基础。北京冬奥会给我国冰雪旅游发展带来巨大影响。一是随着我国社会、经济、文化、旅游、科技等事业的全面发展，人们对冰雪旅游发展需求逐渐提升，充分发挥了冰雪旅游促进人们健身和健康强大的影响力，冰雪旅游所产生的健身和健康的认知引导作用价值是巨大的。二是优化拓展冰雪旅游产品结构，助力全面乡村振兴。依托独特的自然景观和文化属性，冰雪旅游持续提供游客所需产品和服务。冰雪旅游者通过购买服务达到体验自然的目的。因此，在冰雪旅游产品开发过程中，一方面当地居民的实际收入有所提升，另一方面就业和创业的机会增多，实现地区产业经济高质量发展。三是推动冰雪旅游高质量发展的重点依然是供给侧结构性改革。随着2022年北京冬奥会的成功举办，全国各地在冰雪旅游场馆建设方面取得了很大进展，为国内外公众参与冰雪旅游需求释放构建了供求适配的实现机制，提升了我国冰雪旅游发展的国际影响力和竞争力。四是扩大冰雪旅游

发展规模，促进冰雪旅游跨越式发展，随着冬奥会成功举办，冰雪旅游产业作为区域经济发展的重要增长点，受到越来越多地区投资的青睐。生态冰雪旅游驱动了生态系统服务价值的高效转化，资源规模和体量已初步显现，实现了自然—社会—经济协调发展。北京冬奥会的举办，推动我国开展生态冰雪旅游，扩大生态冰雪旅游发展规模，实现生态冰雪旅游科技、生态冰雪旅游工程以及生态冰雪旅游价值，最终引领生态旅游全面发展①。五是北京冬奥会吸引了更多青少年对冰雪运动和冰雪旅游的关注。冰雪旅游的发展亟须通过机构的融合创新、市场融合创新、产品融合创新、营销融合创新、服务融合创新等方面不断扩大青少年群体参与的积极性和主动性，为冰雪旅游高质量发展持续注入新的活力和动力。

## 二、北京冬奥会推动我国冰雪旅游发展理论研究的趋势

（1）北京冬奥会推动我国冰雪旅游发展的基础理论与研究重点问题分析。目前，北京冬奥会推动我国冰雪旅游发展尚未形成自身的理论研究体系，其推动我国冰雪旅游发展的理论研究主要借鉴并融合其他相关理论，形成了北京冬奥会推动我国冰雪旅游吸引物创新的发展理论、北京冬奥会推动我国冰雪旅游景观美学的发展理论、北京冬奥会推动我国冰雪旅游景观生态学的发展理论、北京冬奥会推动我国冰雪旅游文化学的发展理论、北京冬奥会推动我国冰雪旅游需求层次的发展理论、北京冬奥会推动我国冰雪旅游人类学发展的理论、北京冬奥会推动我国冰雪旅游体验的发展理论、北京冬奥会推动我国冰雪旅游利益相关者的发展理论、北京冬奥会推动我国冰雪旅游生命周期发展的理论、北京冬奥会推动我国冰雪旅游空间结构的发展理论、北京冬奥会推动我国冰雪旅游系统的发展理论、北京冬奥会推动我国冰雪旅游人地关系的发展理论、北京冬奥会推动我国冰雪旅游生态文明建设发展的理论等，构成了北京冬奥会推动我国冰雪旅游发展理论研究

① 汪洋，王雅琴．“后冬奥时代”我国冰雪产业发展的战略研究[J]．黑龙江工业学院学报（综合版），2023，23（1）：119-126.

的基础框架。

（2）北京冬奥会推动我国冰雪旅游发展理论研究的核心问题。北京冬奥会推动我国冰雪旅游发展的相关理论的阐述和梳理，为其推动我国冰雪旅游发展内涵研究的不断深化奠定了一定的理论基础。其中，北京冬奥会推动我国冰雪旅游发展吸引物创新理论的新思维，是对北京冬奥会推动我国冰雪旅游发展本质特征及其相关特性理论研究的实践阐释与创新性、科学性、针对性的表达，北京冬奥会推动我国冰雪旅游发展的人地关系理论是在人地互动及其内在关联基础上形成的新系统创新理念。这两大理论构成了北京冬奥会推动我国冰雪旅游发展理论研究的核心价值。

一是北京冬奥会推动我国冰雪旅游发展吸引物的创新理论。北京冬奥会推动我国冰雪旅游发展理论研究的内涵可归纳为以下五个方面：①北京冬奥会推动我国冰雪旅游发展吸引物是吸引游客离开惯常环境到异地开展冰雪旅游活动的各种事物和现象的科学描述。②北京冬奥会推动我国冰雪旅游发展吸引物既具有吸引游客到访冰雪旅游景点的客观属性，又具有代表冰雪旅游目的地社会形象、冰雪旅游文化符号或被冰雪旅游景区宣传形象表征的社会文化资源的属性与象征地域文化特征的属性。③北京冬奥会推动我国冰雪旅游发展吸引物是基于开展冰雪旅游与其他活动融合发展的本质要求，是冰雪旅游主客体之间互动和共同作用的结果，通常具有吸引力的冰雪旅游事物和现象，如不能吸引游客离开惯常环境开展冰雪旅游与其他活动的融合，则不能构成北京冬奥会推动我国冰雪旅游发展吸引物。④北京冬奥会推动我国冰雪旅游发展吸引物是由冰雪旅游者参与的、北京冬奥会推动我国冰雪旅游吸引物核心要素耦合的系统，对冰雪旅游参与者产生吸引力并促使其参与冰雪旅游。⑤北京冬奥会推动我国冰雪旅游发展吸引物的动态演化和不断发展的过程，通过北京冬奥会推动我国冰雪旅游资源命名、界定范围、提升价值、宣传推广和社会认知，增强北京冬奥会推动我国冰雪旅游发展核心吸引力并促进冰雪旅游吸引物“神圣化”。

二是北京冬奥会推动我国冰雪旅游发展人地关系理论的研究。北京冬奥会推动我国冰雪旅游发展不仅要依托冰雪旅游新产品，满足人们对冰雪旅游和冰雪文化生活的新需求，促进区域社会、经济、文化、旅游等方面的协同发展，还要保证冰雪旅游产业开发、经营与消费行为不破坏冰雪旅游产业生态资源环境，不威胁冰雪旅游产业资源环境保护与高质量发展，这就要求最大限度地协调好冰雪旅游人地关系，因而北京冬奥会推动我国冰雪旅游发展的人地关系理论研究，也是实现北京冬奥会推动我国冰雪旅游发展研究的核心理论之一。①北京冬奥会推动我国冰雪旅游发展的人类生活与环境地理相互影响依附并形成了人地冰雪旅游关系系统，其中冰雪旅游活动和冰雪旅游资源环境是人地冰雪旅游关系系统的主要构成部分。②北京冬奥会推动我国冰雪旅游学以人地冰雪旅游系统作为研究的主要对象，探究北京冬奥会推动我国冰雪旅游发展的内涵与特征，是揭示人类冰雪旅游赛事与其他产业融合并服务冰雪旅游与区域社会、经济、文化发展及人类生活的一种学科类型。③人是实现北京冬奥会推动我国冰雪旅游发展人地关系中的主体；冰雪旅游地资源与环境是发展冰雪旅游人地关系中的客体，是北京冬奥会推动我国冰雪旅游发展的物质基础和空间场所，人地关系是实现北京冬奥会推动我国冰雪旅游发展客观存在的依存共生关系、相互制约关系和因果作用关系。④开展北京冬奥会推动我国冰雪旅游发展理论研究，必须坚持人与自然和谐共生可持续发展的理念，不断化解北京冬奥会推动我国冰雪旅游发展的人地关系对立矛盾，建立健全北京冬奥会推动我国冰雪旅游发展人地系统融合保障机制，加快北京冬奥会推动我国冰雪旅游资源的永续利用、冰雪旅游人地关系协调共生、冰雪旅游生态保护与高质量发展。

（3）北京冬奥会推动我国冰雪旅游发展研究转型。北京冬奥会推动我国冰雪旅游发展研究，面临重大的时代机遇和国家发展战略的新需求，亟须加快北京冬奥会推动我国冰雪旅游发展研究转型。科学运用北京冬奥会推动我国冰雪旅游发展观，加快北京冬奥会推动我国冰雪旅游研究从传统单一研究方法向先进科学研究思路创新转变，从单纯冰雪旅游资源开发利用向冰雪旅游资源多业态利用转变，从服务冰雪旅游产业向服务冬奥会战略和加快推进建设国家战略转变，从单纯的冰雪旅游原生功能向复合绿色低碳经济功能转变。特别是在加快北京冬奥会推动我国冰雪旅游研究中，重点从以下3个方面研究转型：一是坚持北京冬奥会推动我国冰雪旅游发展的需求导向，更好地服务冬奥会战略和加快推进健康中国战略以及大众冰雪旅游市场需求和冰雪旅游高质量发展需求，将北京冬奥会推动我国冰雪旅游发展理论研究与应用研究融合对接，更多地关注北京冬奥会推动我国冰雪旅游发展与京津冀协同发展、长江经济带发展、粤港澳大湾区建设、长三角一体化发展、海南全面深化改革开放、“一带一路”等国家发展战略，加快北京冬奥会推动我国冰雪旅游发展研究主题和研究内容转型。二是充分考虑北京冬奥会推动我国冰雪旅游发展的特点，更多地重视冰雪旅游产业协同性和前瞻性、冰雪旅游产业开发影响因素复杂性、冰雪旅游产业格局的系统性和差异性、冰雪旅游产业绿色发展理念和因地制宜的原则，加快北京冬奥会推动我国冰雪旅游发展从要素研究向系统研究转型。三是充分考虑北京冬奥会推动我国冰雪旅游发展认知的复杂性，运用整体性的系统创新思维，综合集成相关理论和科学研究路径，尤其要高度重视北京冬奥会推动我国冰雪旅游发展新理念和新科技，更好地阐述分析北京冬奥会推动我国冰雪旅游发展的理论，加快北京冬奥会推动我国冰雪旅游发展研究范式的转型，提升北京冬奥会推动我国冰雪旅游发展研究的竞争力和影响力。

（4）北京冬奥会推动我国冰雪旅游发展研究的新趋势。冰雪旅游产业不仅具有自然属性，同时具有空间属性。当前，国内外关于冰雪旅游研究主要聚集在冰雪旅游内涵属性与概念、冰雪旅游产业发展与规划、冰雪旅游自然资源与生态环境、冰雪旅游产业经济效应等方面。本书基于研究现状和学术脉络，提出当前和未来北京冬奥会推动我国冰雪旅游发展研究的新趋势。党的二十大报告明确提出了中国式现代化发展的战略，国家重大战略的规划和实施为北京冬奥会推动我国冰雪旅游发展研究指明了方向，当前和未来的研究将坚持国家需求导向，把理论研究与应用研究有机融合，重点围绕冬奥会战略需求下冰雪旅游产业发展研究的科学问题、文化强国战略需求下冰雪旅游产业发展战略选择及路径研究、加快建设体育强国战略需求下冰雪旅游产业发展研究的科学理论与实践问题、乡村振兴战略下的冰雪旅游产业发展模式及路径研究、推动“一带一路”高质量发展战略下冰雪旅游产业国际合作的效应及推进路径研究等国家战略问题，提炼相关科学问题，融合相关学科的理论和方法，深化学术研究，加快北京冬奥会推动我国冰雪旅游发展科学创新和学术水平提高，增加学科知识溢出，更好地服务国家战略、人民生活需要和冰雪旅游产业高质量发展。

## 第三节　冬季奥运会与国际冰雪旅游发展经验

从1924年法国夏蒙尼第一届冬奥会开始到2022年，冬奥会共举办了24届，其中，欧洲举办了14届，北美洲6届，亚洲4届。从世界冰雪旅游发展格局来看，欧洲的挪威、奥地利、瑞典、俄罗斯、德国、美国、加拿大等传统冰雪强国已经成为世界冰雪运动发展的核心，也是冰雪旅游经济产业链高度延伸发展的区域。这些地区冰雪旅游的快速发展，与冬奥会有着千丝万缕的联系。

### 一、挪威

（1）挪威冰雪运动与奥运政策及计划。挪威地处北欧，斯堪的纳维亚山脉贯穿全境，山区野地众多，冬季漫长，为开展冰雪运动创造了良好的先天自然条件。有史以来，挪威人的生活便和滑雪密不可分，即使在现代社会，滑雪依然是挪威人最热爱的运动。在挪威，冰雪运动被列为政府文化政策的一部分，政府通过这种机构制定政策，提供部分经费。但是这种机构不参与具体管理，真正行使体育管理职能的是全国性的体育联合会，例如挪威奥组委与体育联合会，二者协同合作，共同致力于全民体育的推广和普及。1990年，挪威人为了迎接第17届冬奥会，国家文化部和挪威奥组委在全国开展了“人民进入奥林匹克状态”运动，号召人们运动起来，真正热爱体育并投入到大自然中，通过计划和组织各项体育活动，全面开展全民健身运动。在利勒哈默尔市街头，踏着滑雪板、推着雪橇椅、拉着小雪车的人们随处可见。这里冰雪文化浓厚，人民生活富足，是世界公认的冰雪旅游产业高度发达的区域之一。作为世界上最富有的国家之一，挪威还拥有完善的冬季运动基础设施。挪威非常重视大众项目，强调大众运动与精英运动的紧密联系。挪威人长期生活在冰雪环境之中，对冰雪运动有着特殊的爱好和积极的参与意识。

（2）挪威冰雪运动产业与冬奥会。挪威是冰雪强国，其冰雪旅游产业高度发达，而且一直是世界的典范。冰雪旅游与经济的发展存在一定的相关关系，从冰雪旅游发展的经济性质来看，冰雪旅游的产业关联度非常大，与许多其他行业的发展密切相关，发展冰雪旅游不仅直接给航空、铁路、公路等交通部门，旅馆饭店、餐厅、商业网点、景区景点等带来客源和市场，而且间接地带动和影响城乡生态环境建设、基础设施建设、加工制造和文化等行业的发展，甚至可能衍生出一些新的行业。挪威的冰雪旅游作为以冰雪资源与相关产业融合发展为主要载体的新型旅游产品，已经覆盖其第一、第二、第三产业，并成为促进其发展的重要引擎，冰雪旅游与大型国际体育赛事高度融合尤其是与冬奥会融合理念已经植根于政府执政行为中。

以挪威冬奥会举办地哈杉为例，这里距离奥斯陆机场1小时车程，当地政府在奥运会结束后，把哈杉滑雪场转型成为哈杉度假村。哈杉度假村拥有完善的冰雪服务设施，入口处有滑雪商店，为冰雪旅游者提供滑雪所需要的一切装备。从雪票上看，哈杉度假村晚上的票价是白天的1/3，7岁以上的青少年票比成人票便宜1/5，7岁以下儿童免票，吸引了一大批青少年来此滑雪和度假，在一定程度上也促进了大众冰雪运动的发展。在哈杉冰雪旅游营销上，哈杉度假村曾陆续推出最优惠的价格套餐，例如5晚3800挪威克朗，约合人民币3000元。挪威度假村拥有良好的雪道、高山索道和度假别墅等，旅游者可以通过高速索道直接回到山间度假别墅，交通十分便利。度假别墅可提供挪威富有地方特色的美食和一切现代化的设备，可以说，哈杉成为欧洲最热的滑雪胜地之一与冰雪旅游资源同当地文化密不可分，尤其要指出的是，在这些冰雪旅游度假村的运行中，当地旅游企业采用的是冬季旅游，其他季节开展自行车运动，实现了冰雪旅游地四季营业，形成了完整的、高度发达的、完善的产业链条。据统计，2016—2017年雪季，挪威哈杉度假村营业收入为1.8亿挪威克朗，其中1亿挪威克朗为雪票收入，其他为酒店、租赁、滑雪学校、餐厅收入等。

## 二、美国

（1）盐湖城冬奥会提升了城市知名度，盐湖城冬奥会举办的国际活动为犹他州创造了至少10亿美元的收益。盐湖城冬奥会共有77个国家（或地区）的2399名运动员和8730名新闻记者参加，其中文字记者2661名，以及22000名志愿服务者。2002年盐湖城旅游人次达到了300万，2007年到盐湖城旅游的游客超过了500万人次。2002—2007年，美国犹他州树起了冬季项目的招牌，10年间共举办了62项国际大赛、90场相关活动。盐湖城冬奥会后，除了最负盛名的滑雪项目，在其他季节开展徒步旅行、登山探险和自行车越野等多种旅游活动，形成了四季游的旅游格局。盐湖城也成为世界度假胜地和世界知名滑雪胜地。

（2）冬奥会促使地区旅游业持续增长，运动餐饮、汽车租赁等服务业持续增长。美国政府注重对冬奥会各项基础设施的再利用，为开展大众冰雪旅游提供了重要保障。特别是冬奥会场馆继续发挥作用创造了很大的经济价值。2002—2010年，盐湖城日均游客5万人次，他们在当地的消费达到了1.23亿美元。冬奥会后，当地旅游相关服务业仍然以10%的速度增长。旅游酒店人满为患，酒店房价增幅可达300%，涨价至200~300美元/天，冬奥会后，900个民房出租，租金收入十分可观。街头摆满了五环标志、太阳镜，特许经营商品比预期增长一倍。盐湖城的餐饮、汽车服务等行业的收入，因冬奥会而持续增长到2005年。

（3）冬奥会直接收益巨大，其广告收入、电视转播权收益巨大。盐湖城冬奥会作为运行较为成功的一届冬奥会，其直接收益以广告赞助商收入为主，门票收入、出售转播权、政府支持特许商品销售作为辅助收入渠道。入场券共售出了15.2万张，创下了1.83亿美元的门票收入纪录。在全美有84%的家庭收看了盐湖城冬奥会，加拿大、欧洲几家电视台的收视率非常喜人，其中美国国内转播权收入为4亿美元，全球转播权收入为5000万美元。在特许商品销售方面，销售量比预期增多1倍，所有特许商品的销售收入在2000万~2500万美元。在赞助费方面，美国政府在安全与交通方面提供了部分资助，获得广告赞助商的收入超过了历届冬奥会，达到8.61亿美元。盐湖城冬奥会有1亿多美元的盈余，地方政府因冬奥会获得的财政纯收入为7600万美元。盐湖城冬奥会直接拉动就业岗位3.5万个，增收15亿美元，就业岗位主要分布在体育、交通、通信、服务等与冬奥会密切相关的行业。

（4）冬奥会对城市其他产业发展产生了深远影响。冬奥会的举办，填补了当地五星级酒店的空白，城市溪流中心现已成为全美最大的多功能购物中心项目，提供世界级的购物体验。冬奥会投资的3亿美元的冬奥会信息网络，成为后冬奥会时代居民享受网络便利的巨大的遗产。在交通方面，联邦政府投资交通基础设施，增加交通通道，解决赛事带来的巨大人流，同时政府执行交通减压管理举措，减少拥堵，居民享受到了便捷的交通，同时助推了旅游业的发展。

## 三、加拿大

2010年温哥华冬季奥运会是第21届冬奥会，这是时隔22年后冬奥会再一次在加拿大举办。为满足冬奥会赛事需要，展现温哥华社会、经济、文化和旅游发展以及地方的美丽程度，加拿大政府在冬季奥运会场馆建设、交通设施建设、奥运村住宿环境等方面的基础建设逐步增强，特别是在温哥华冬奥会场馆建设、举办城市开放与现代化、通信技术全覆盖方面做了大量前期工作。加拿大将温哥华冬奥会作为城市社会、经济、文化等方面发展的催化剂，有效地促进了现代化城市发展结构的进一步改变。温哥华冬奥会在建设期间恰巧遇到2008年经济危机，但大量的投资和经济刺激活动，使得温哥华依然获得了巨大的收益，为就业创业带来更多机会。温哥华冬奥会推动了城市冰雪旅游产业的发展，即使到现在，温哥华仍受益于温哥华冬奥会的宝贵遗产。从新建体育场馆和基础设施的完善，到一大批专业人才的培养，再到巨大的环境效益和经济效益，冬奥会成为温哥华打造一系列长久社会遗产的催化剂。如温哥华成功举办冬奥会后一年，作为雪上项目赛场的惠斯勒滑雪场收益以10%以上的幅度增长。

目前，加拿大冰雪旅游业已经成为该国旅游业的重要组成部分，也是未来旅游业发展的重要方向之一。此外，加拿大是一个充满自然美景的、拥有许多世界闻名景点的旅游胜地。冰雪旅游业是加拿大旅游业的重要组成部分。随着气候变化和技术的发展，加拿大冰雪旅游业正迎来新的发展机遇，政府开始关注保护环境的重要性，政府和旅游业界也将继续加大投资和宣传力度，并通过多种措施促进冰雪旅游业的健康发展。

# 第四章　北京冬奥会推动冰雪旅游核心区发展的理论构建

## 第一节　冬奥会推动冰雪旅游核心区发展的理论基础

### 一、产业融合理论及其应用

融合是新事物的出现引起不同系统向同一方向共同演进而形成一个新系统的过程[①]。从主流的观点来看，对于产业融合而言，这个“新事物”就是指新技术，产业融合是指由技术变革引发的产业边界重新界定[②]。也有学者从产品视角，认为产业融合是指不同产业或同一产业内的不同产品相互渗透、相互交叉，最终融为一体，逐步形成新的产业的动态发展过程[③]。还有学者综合以上观点，认为产业融合是由于技术变革和管制放松，在产业边界和交叉处发生了技术融合，改变了原来产业的产品特征和市场需求，导致企业之间的竞争合作关系发生改变，从而导致产业界线的模糊化甚至重划产业界线的经济现象[④]。产业

① 胡金星. 产业融合的内在机制研究[D]. 上海：复旦大学，2007.

② 植草益. 信息通信业的产业融合[J]. 中国工业经济，2001（2）：24-27.

③ Greenstein S，Khanna T. What does industrial convergence mean? [A]// David B Yoffie. Competing in the age of digital convergence[C]. Harvard Business School Press，1997.

④ 马健. 产业融合理论研究评述[J]. 经济学动态，2002（5）：78-81.

融合意味着原有价值链解体、产业边界发生变化、新的价值链重构，并产生新的竞争空间[①]。由此可见，产业融合是指两个或者两个以上原本相互独立的产业突破彼此的边界，相互渗透，逐渐形成兼具多个产业特性的新业态和新产品的过程。

产业融合即产业之间渗透、交叉、融合，逐步成为一体并形成行业新产业的动态发展过程。产业融合可分为产业渗透、产业交叉和产业重组三类。产业融合已经不仅仅被作为一种发展趋势来进行讨论，当前，产业融合已经成为产业发展的现实选择。诸多理论分析表明，产业融合是在经济全球化、高新技术迅速发展的大背景下，产业提高生产率和竞争力的一种发展模式与产业组织形式。

冰雪旅游作为体育旅游的一种全新业态，其融合主体包括体育产业和旅游产业两个方面，产业融合的结果是原来多个产业系统通过互动形成一个新兴的产业。就体育产业与旅游产业而言，体育产业与旅游产业通过互动形成了体育旅游产业。这里的互动是指体育企业、旅游企业之间的竞争行为与协同行为。体育企业在减少对环境依赖和获取竞争优势等内在动力的激励下，要么将旅游产业的某些要素渗透进自身的业务中，要么通过知识联盟、战略联盟与旅游企业展开协同，或者通过并购、多元化、设立子公司等方式，进入旅游业务领域，以加强对旅游企业知识、资源和能力的积累，与现有的体育企业、旅游企业展开竞争[②]。类似地，旅游企业在市场需求的驱动下，按照与体育企业类似的轨迹发展，与体育企业和其他旅游企业展开竞争与协同。体育产业与旅游产业的融合过程可分为体育企业或（和）旅游企业融合的微观演化阶段和体育企业或（和）旅游企业融

① Hacklin F，Niklas Adamsson，Christian Marxt，et al. Design for convergence：Managing technological partnerships and competencies across and within industries[R]. International Conference on Engineering Design ICED 05 Melbourne，2005（8）：15–18.

② 金媛媛，李骁天，李凯娜. 基于企业成长视角的体育产业、文化产业与旅游产业融合机制的研究[J]. 首都体育学院学报，2016，28（6）：488–492.

合扩散并向体育产业与旅游产业融合发展的阶段[①]。

## 二、产业集群理论及其应用

产业集群用来定义在某一主导产业特定领域中，产业产品相似并且联系密切的企业以及产业结构在空间上集聚并形成持续性竞争优势的现象[②]。这一理论最早由美国哈佛大学的战略管理学家迈克尔·波特引入，用来描述相关产业的企业集群在一定的地理空间上集聚，并形成强劲持续竞争优势的经济现象[③]。随着西方工业经济不断发展，产业集群理论主要对产业集群竞争力的分析展开研究，其代表性理论有马歇尔的外部经济理论[④]和威廉姆森等的交易费用理论等[⑤]。在我国，随着产业需求供给侧结构性改革和产业结构不断优化，产业集群现象开始受到关注，理论界和商业界对这种产业组织形式十分重视。研究成果主要围绕产业集群的"结构性"问题展开，或者说认为全球产业集群发展存在某种"路线图"。产业集群是工业化发展到一定阶段的必然产物[⑥]。

产业集聚的发生一般根源于区域自然禀赋的优势，也指区域经济发展具备的先天条件，包括区域土地、资本、劳动力、其他自然资源和信息与地理区位等因素[⑦]。在经济发展新常态下，我国政府宏观调控的产业集群发展，有利于优化要素配置、节省产业成本、推进技术进步、打造核心竞争力，是促进产业转型升级、推动区域经济快速发展的重要途径和举措[⑧]，表现在体育产业上为政府制定

---

① 朱珂. 产业集群理论发展概述[J]. 才智，2010（36）：13.

② 朱珂. 产业集群理论发展概述[J]. 才智，2010（36）：14.

③ Michael E Porter. Clusters and new economics of competition[J]. Harvard Business Review，1998（11）.

④ Marshall A. Principals of Economics[M]. London：ELBS and Macmillan，1890.

⑤ Stuart S Rosenthal，William C Strange. The Determinants of Agglomeration[J]. Journal of Urban Economics，2001（2）：16.

⑥ 黄宾，于淑娟. 产业集群理论研究新发展及其实践启示[J]. 技术经济与管理研究，2017（10）：101-105.

⑦ 宋昱. 中国体育产业的集聚进展与集群演化探论（1994—2012）[J]. 西安体育学院学报，2015，32（1）：1-10，21.

⑧ 韩旭，陈守则. 产业集群理论研究文献综述[J]. 当代经济，2016（27）：116-117.

政策推动体育产业集群模式发展，培育地方区域特色体育产业集群①。受到地域气候条件、大众普及程度以及科技实力的制约，相比夏季项目，我国冰雪运动科技水平与世界冰雪运动强国相比差距更大，体现在冰雪运动器材装备研发水平不高、国产品牌市场占有率偏低以及冬季竞技项目科技保障能力和科技支撑力度不强等方面，在一定程度上反映出，在疫情常态防控下，冰雪产业走集群发展道路既是应对新常态下多重危机与挑战的内在要求，又是通过转型升级适应和引领新常态的根本路径②。

## 三、产业链理论及其应用

产业链是产业经济学中的一个概念，即产供销，从原料到消费者手中的整个产业链条，是各个部门之间基于一定的技术经济关联，并依据特定的逻辑关系和时空布局关系客观形成的链条式关联关系形态③。有关产业链的理论思想最早可以追溯到18世纪中后期。古典经济学家亚当·斯密（Adam Smith）在阐述著名的分工理论时以“制针业”为例，形象地描绘了产业链的作用④。自20世纪90年代以来，产业链理论和实践发展迅速，在企业发展、提升产业竞争力、优化产业结构上的作用越来越重要⑤。一旦将某一产业培育出比较完整的产业链，必然会吸引更多的垂直和协作关系的企业前来投资配套与服务，由此带来产业集聚和产业集群，从而推动地方经济可持续、更快地发展⑥。现阶段中国经济转型升级进入关键时期，产业集群作为经济发展的重要支撑，其升级质量影响并决定了经济转型升级的成败。

---

① 郑滨，胡承波．中国体育产业集群发展模式的创新与构建[J]．沈阳体育学院学报，2014，33（2）：22-26.

② 董进，夏成前，战炤磊．新常态下体育用品制造业集群发展：动因、态势与路径[J]．沈阳体育学院学报，2016，35（6）：14-21.

③ 代春泉，韩松灿，张超，等．装配式建筑废弃物资源化产业链运作与对策研究[J]．价值工程，2022，41（34）：38-41.

④ 邹春燕．国内外产业链理论研究概述[J]．长江论坛，2011（3）：53-56.

⑤ 肖小虹．产业链理论研究综述[J]．科技创业月刊，2012，25（12）：74-75.

⑥ 廖其成．加快推进县域经济发展的步伐[J]．求实，2012（S1）：141-143.

体育产业链是指在体育最终产品的生产过程中，随着分工的不断深化，多个生产主体之间形成的供需关系的总和[①]。体育产业链是依托上游、中游、下游体育产业链主体之间资源供应市场和消费市场、地方体育产业政策等影响因素，形成的具有链式运行能力的经济关系[②]。当前，体育产业链有5个维度，即体育企业链、体育价值链、体育技术链、体育产品链和体育空间链[③]，通过这5个维度的相互联系实现区域之间、不同细分体育产业之间的大量价值交换，进而推动体育行业间、企业间的均衡发展。体育产业链虽已具雏形，但仍存在结构失衡、供需错位、价值增值能力弱、空间聚集与扩散失调等问题，与实现体育产业链现代化还有很大差距[④]。有学者指出，无论是产业链还是体育产业链，与高质量发展之间存在的5个矛盾都与其产业链结构和要素配置有关。要解决与高质量发展的5个矛盾，需要政府和企业在资源、技术、市场等布局时，培育产业链间的价值整合意识，对产业链结构和资源进行调整与优化[⑤]。

## 四、演化经济学理论及其应用

演化经济学为现代西方经济学的一门新兴学科，主要借鉴生物进化论的思想，以动态的、演化的视角看待经济现象，分析经济规律。最早提出“演化经济学”这一概念的是美国经济学家凡勃伦（Veblen），他于1898 年提出“经济学为什么不是一门演化的科学”[⑥]。他的主要贡献在于首次将达尔文的遗传、变异和环

① 鲜一，程林林. 体育强国建设背景下体育产业链现代化研究[J]. 体育文化导刊，2020（3）：78–84.

② 邵桂华，王晨曦. 新发展格局下体育产业链现代化发展：问题论域、动力机制与实践路径[J]. 沈阳体育学院学报，2022，41（4）：111–117.

③ 代春泉，韩松灿，张超，等. 装配式建筑废弃物资源化产业链运作与对策研究[J]. 价值工程，2022，41（34）：38–41.

④ 刘志彪，凌永辉. 论新发展格局下重塑新的产业链[J]. 经济纵横，2021（5）：40–47.

⑤ 李子彪，王思惟，高光琪. 高质量发展背景下中国冰雪体育产业链的整合模式及对策[J]. 当代经济管理，2022，44（12）：63–72.

⑥ Veblen T B. Why is economics not an evolutionary science [J] . Quarterly Journal of Economics，1898，12（4）：373–397.

境选择理论应用于经济研究领域。美国经济学家博尔丁（Bouding）于1981年出版了《演化经济学》一书，标志着现代演化经济学的诞生[①]。纳尔逊（Nelson）和温特（Winter）于1982年合著的《经济变迁的演化理论》[②]，标志着现代演化经济学的基本形成。达尔文的生物进化论在这本书中得到了充分运用，熊彼特提出的创新理论和西蒙创立的人类行为理论与组织行为理论得到了批判性继承。他们提出的经济演化理论，是对经济理论的重构，为演化经济学的发展奠定了坚实的基础。20世纪90年代以来，演化经济学理论被广泛应用于社会经济研究领域，在分析各种经济现象和经济规律时，越来越多的学者开始采用动态的、演化的观点看问题。

演化经济学既强调企业演化的作用，也强调外部环境的影响，因此，从企业微观层面的融合到产业宏观层面的融合的发展是内外部环境、多种要素共同作用的结果。基于比较优势理论和竞争优势理论，内外部环境会对一个企业成长的范围和程度产生直接影响。根据企业成长理论，外部环境包括政策环境、制度环境、市场环境、人才环境、技术环境。作为一个企业系统，子系统由制度、市场、技术、企业、产品（包括有形产品和无形的服务）构成，系统之间的互动构成了企业的主要生态环境。作为企业集合体的产业，也是由制度、市场、技术、企业、产品等子系统以及这些子系统之间的竞争与协同关系构成的[③]。不同子系统之间以协同关系为主导，而各子系统内部以竞争关系为主导[④]。

## 五、战略管理理论及其应用

随着18—19世纪欧洲产业革命爆发，西方出现了以亚当·斯密为代表的欧洲管理思想，美国产生了泰罗科学管理学派，重点研究科学性组织内部管

① 于斌斌.演化经济学理论体系的建构与发展：一个文献综述[J].经济评论，2013（5）：139-146.

② 纳尔逊，温特.经济变迁的演化理论[M].胡世凯，译.北京：商务印书馆，1997.

③ 金媛媛，李骁天，李凯娜.基于企业成长视角的体育产业、文化产业与旅游产业融合机制的研究[J].首都体育学院学报，2016，28（6）：488-492.

④ 芮明杰，胡金星.产业融合的识别方法研究：基于系统论的研究视角[J].上海管理科学，2008（3）：33-35.

理。20世纪初，法约尔对企业内部的管理活动进行整合后提出管理的五项职能。其观点被看作是最早出现的战略管理思想[①]。进入21世纪以来，动荡的经营环境动摇了企业对战略规划的信仰。随着环境不确定性的急剧增加，企业越来越难以保持持续的竞争优势，而传统的战略理论对此又无能为力，反叛传统战略理论的呼声日益高涨。正是在这样的背景下，以环境不确定性、未来不可预测性、系统复杂性和发展非均衡性为基础的“后现代”企业发展战略理论应运而生。

当下主流战略管理理论提出，战略管理主要经过分析环境、制定战略、实施战略、控制战略四个步骤，根据过程阶段性，管理者会制定科学弹性的战略管理系统，随时随刻应对外界环境变化，这也是战略管理理论的核心思想。我国的战略管理研究尚处于发展阶段，企业管理者逐渐认识到管理理论在企业运行中的重要性，并科学应用到企业运行中。

## 六、协同治理理论及其应用

“协同”来源于希腊文，表示共同工作的意思。德国科学家哈肯提出将协同作为一门系统科学的理论，即协同学。其核心思想是，在现代社会中，人们不得不越来越多地面对复杂系统，这就要求建立一种用统一的观点和模式去处理复杂系统的方法，使系统从无序向有序转化[②]。“治理”（governance）是西方政治学家和管理学家在20世纪90年代基于社会资源配置中的“国家失效”和“市场失效”现象提出的概念。治理不是一整套固定的制度或规则，而是为了实现某一目标而协同不同利益主体并持续采取联合行动的过程，其过程不是“管制”而是“协作”，治理中的相关主体以共同的价值观协作解决各个层面的矛盾和冲突，以实

① 靳磊，夏龙君.“战略管理”理论回顾及研究趋势[J].经济研究参考，2010（24）：45-49.

② 哈肯.协同学和信息：当前情况和未来展望[M].昆明：云南大学出版社，1994：1.

现共同目标[①]。联合国全球治理委员会认为，“治理”是使相互冲突的不同利益主体得以调和并且采取联合行动的持续过程，包括具有法律约束力的正式制度和规则，以及各种促成协商与和解的非正式的制度安排[②]。强调了治理主体的多中心化、治理权威的多样化、子系统之间的协作性、系统的联合动态性、子组织的协调性和社会秩序的规范化[③]。

协同治理（collaborative governance）理论是在协同学和治理理论基础上发展起来的。Donahue（2004）首次将“协同治理”的概念应用于公共治理领域，他将协同治理定义为政府与其他行为者以共享自由裁量权的方式共同努力追求官方选择的公共目标[④]。Ansell和Gash（2007）认为，协同治理是指单个或多个公共机构与非政府性的利益相关者在正式的、以达成共识为导向的、旨在制定或执行公共政策或管理公共项目或资产的共同决策过程中，进行协商式对话的一种治理安排[⑤]。李辉等（2010）提出，协同治理是基于资源和要素在政治国家、社会公民、社会组织等多元主体间的良好匹配，实现善治目的的一种治理方式[⑥]。李汉卿（2014）指出，协同治理是寻求有效治理结构的过程，在这个过程中，多个主体之间通过关系和行为的协同，以实现整体功能大于部门功能之和的效果[⑦]。可见，协同治理是一种新兴的治理安排，其核心内涵是强调多元治理主体之间的协作。在西方，该理论已被应用到管理学、社会学、政治学等诸多研究领域，在社会科学研究领域已经成为一种不可或缺的方法工具和分析框架。该理论被引入中

① Commission on Global Governance. Our global neighborhood[M]. Oxford：Oxford University Press，1995：2.

② 秦总根，阮惠风 . 新精神活性物质类毒品问题的协同治理研究[J]. 云南警官学院学报，2022（5）：19–28.

③ 姬兆亮，戴永翔，胡伟 . 政府协同治理：中国区域协调发展协同治理的实现路径[J]. 西北大学学报（哲学社会科学版），2013，43（2）：122–126.

④ Donahue J. On Collaborative Governance[R]. Corporate Social Responsibility Initiative Working Paper. Cambridge，MA：Harvard University，2004.

⑤ Ansell C，Gash A. Collaborative governance in theory and practice [J]. Journal of Public Administration Research and Theory，2007（18）：543–571.

⑥ 李辉，任晓春 . 善治视野下的协同治理研究[J]. 科学与管理，2010（6）：55–58.

⑦ 李汉卿 . 协同治理理论探析[J]. 理论月刊，2014（1）：138–142.

国，经本土化、中国化后逐渐被不同学科的研究者关注和研究①。

依据以上定义，本书将协同治理定义为多元主体基于信任关系，通过制度设计以产生有序的治理结构，从而形成共同决策、联合行动、共担风险、共享利益的局面的过程。

## 七、可持续发展理论及其应用

可持续发展是20世纪80年代提出的一个新的发展观。它是顺应时代的变迁、社会经济发展的需要而产生的②。1987年，布伦特兰女士在世界环境与发展委员会（WCED）的报告《我们共享的未来》中第一次正式使用了可持续发展这一概念，并将其定义为："既能满足当代人的需求，又不对后代人满足其需求的能力构成威胁的发展。"该报告中不仅给出了可持续发展的定义，还围绕可持续发展展开了系统性的阐述，该报告对可持续发展的定义也成为在所有对可持续发展的定义中最被人们认可且影响深远的一个，此后学者们对可持续发展的定义多数都是在这一定义的基础上发展演化而成的③。1989年5月举行的第15届联合国环境署理事会经过反复磋商，通过了《关于可持续发展的声明》。核心思想是，社会健康发展应建立在生态可持续能力之上。

在我国，可持续发展战略是指实现可持续发展的行动计划和纲领，是多个领域实现可持续发展的总称，它要使各方面的发展目标，尤其是社会、经济与生态、环境的目标相协调。因此，可持续发展战略具有基础性、长期性、全局性等特征，是指导我国实现经济、社会、生态可持续发展的综合战略④。可持续发展，

---

① 李云峰. 协同治理视域下高职院校安全治理策略研究[J]. 领导科学论坛，2022（12）：148-152.

② 王峥. 基于可持续发展战略的廊坊经济运行态势分析[C]// 廊坊市应用经济学会. 创新对接京津体制机制：京津冀协同发展论坛（对接京津与环首都沿渤海第11次论坛）论文集. [出版者不详]，2015：22-29.

③ 戴云菲. 可持续发展理论文献综述[J]. 商，2016（13）：111.

④ 马涛，谭乃榕，洪涛. "十四五"时期中国可持续发展战略的地方分解与响应[J]. 学习与探索，2022（5）：127-134.

无论从哪个角度观察，都是一个极为复杂的系统工程。1992年联合国环境与发展大会发布的《21世纪议程》，以及国内外关于可持续发展的讨论、可持续发展所覆盖的领域等，均可以证明这一点[①]。新时代要把实现可持续发展作为一个重要参考点。实现人、社会与自然的和谐、协调发展，这也是马克思主义的一贯思想。面对世界整体人口众多、资源相对不足的现状，可持续发展战略在社会发展进程中更具有特殊的重要性和紧迫性。要把保护环境放到重要位置，使经济建设与生态环境相协调，实现二者良性发展[②]。

今后，面对复杂国际形势和当前我国发展现实状况，应更加高度重视经济发展与环境保护、资源规划有机统一，更加重视提出新旧动能转化和绿色低碳发展，坚持贯彻“两山理论”。

## 八、生命周期理论

生命周期理论一直是学术界关注的重要论题。出生、成长、老化、死亡，几乎是每个生命经历的一种过程并具有周期规律，企业作为人类管理组织体同样具有生命体周期性。美国伊查克·爱迪斯经过20多年的研究于1989年提出了著名的企业生命周期理论，他把企业生命周期划分为几个阶段，准确生动地概括了不同阶段的特征，并提出了相应的对策。其理论随后得到美国学者哈特和凯利等的丰富和完善[③]，现已成为一个应用非常广泛的概念，其应用领域涉及生物、政治、经济、社会等诸多方面。不同领域产业生命周期理论即相关领域产业从产生到消亡所经历的导入期、成长期、成熟期和衰退期四个阶段发展过程。[④]

根据生命周期理论，本书认为：区域冰雪运动与生态旅游融合生命周期演

---

① 周宏春，史作廷，江晓军. 中国可持续发展30年：回顾、阶段热点及其展望[J]. 中国人口·资源与环境，2021，31（9）：171–178.

② 段秋月. 郑州经济与生态可持续发展研究[D]. 西安：西北大学，2009.

③ 舒基元. 生命周期理论对企业可持续发展的启示[J]. 政策与管理，2002（9）：43–47.

④ 李玥峰. 基于生命周期理论的体育健身休闲业高质量发展研究[C]//第十二届全国体育科学大会论文摘要汇编：专题报告（体育产业分会）. 2022：123–125. DOI：10. 26914/c. cnkihy. 2022. 003205.

化是指冰雪运动与生态旅游融合创新能力的经济寿命，它是指策略创新能力发展中冰雪运动与生态旅游的产品从开发、上市、在市场上由弱到强，又从盛转衰，直到被市场淘汰的全过程，也是指冰雪运动与生态旅游融合企业实施冰雪运动与生态旅游融合创新生产的产品从出现直至完全退出经济活动（消失）所经历的演化过程。通常根据销售曲线变化来划分这些冰雪运动与生态旅游融合企业实施冰雪运动与生态旅游融合的生命周期，但其他融合企业实施体育与旅游融合发展的生命周期各不相同。目前，国内外的生命周期演化理论对冰雪运动与生态旅游融合生命周期动态演化进行分析和描述，主要是指从冰雪运动与生态旅游融合生命周期演化的进入、成长、退出、死亡以及在整个冰雪运动与生态旅游融合生命周期演化过程实施创新策略的生命周期，从诞生向成熟演进的基本发展规律。

实践证明，以一定的核心创新技术或工艺创新为基础形成的冰雪运动与生态旅游融合产品的实施过程中，融合创新的产品从出现到发展，再到消失，都遵循一定的生命周期创新规律，即模仿、创新成长、规模成熟、成熟和衰退期等5个发展阶段，时间长度相当于其他企业战略创新产品的导入、成长、成熟和衰退期4个发展阶段。创新的产品需要在创新后才能在价格方面具有一定的竞争力，因而能够获得不同国家的大批量订单，由此企业成长初具规模。随着科技的不断发展，创新产品在市场进入大规模衰退时期后，融合产品也开始快速衰退。因此，区域冰雪运动与生态旅游融合生命周期和一般体育运动与旅游融合产品创新的生命周期不同，它具有自己的生命周期特点和规律。

根据区域冰雪运动与生态旅游融合生命周期的演化理论可知，区域冰雪运动与生态旅游融合要获得相对竞争优势，就必须根据区域冰雪运动与生态旅游融合生命周期的不同特点，作出正确的创新策略的选择。假如区域冰雪运动与生态旅游融合企业没有明确地选定一种创新策略，就会处于左右为难的境地。那种试图在不同生命周期之间摇摇摆摆走钢丝的做法，会画虎不成反类犬，更不可能获得创新策略实施的应有效果。

因此，区域冰雪运动与生态旅游融合若想创造更多的应用价值，就必须在不同的生命周期开发的原则下制定出不同的创新策略，高质量地促进区域冰雪运动与生态旅游融合整体水平的提升，为冰雪强国建设提供服务。

## 第二节　冬奥会推动冰雪旅游核心区冰雪运动与生态旅游深度融合的学理探析

冰雪运动与生态旅游融合作为冰雪运动与生态旅游交叉融合而产生的具有冰雪运动和旅游资源产业特点的新兴体育旅游产业的发展方式，伴随着2022年北京冬奥会成功举办，正在逐步成为继生态体育旅游产业之后的现代体育旅游产业的一个新亮点，成为推动区域经济发展的重要载体。近年来，受到我国申办冬奥会的影响，体育旅游产业备受关注。冰雪运动与生态旅游融合作为一项横跨生产、服务与消费，兼容公益性与商业性的新兴产业，是目前被世人公认的最具活力的朝阳产业、白色产业、健康产业和民生产业。由于冰雪运动与生态旅游融合具有范围广、带动性强等明显特征，加快核心区冰雪运动与生态旅游深度融合高质量发展正在成为促进区域冰雪运动和冰雪旅游产业健康发展的助推器。

1. 区域冰雪运动与生态旅游融合系统性特征

区域冰雪运动与生态旅游融合系统是指冰雪运动与生态旅游融合要素按照一定区域冰雪运动与生态旅游融合规律组合而成的有机整体，是在满足区域冰雪运动与生态旅游融合基本要求的特定地域范围内，与区域冰雪运动与生态旅游融合资源密切关联的各要素按一定的区域冰雪运动与生态旅游融合市场运行机制而构成的动态有机整体。这个系统以区域冰雪运动与生态旅游融合市场活动为中心，由诸多有机关联的因素构成，包括区域冰雪运动与生态旅游融合的供给、区域冰雪运动与生态旅游需求、区域冰雪运动与生态旅游融合。4个子系统主要涵盖冰雪运动与生态旅游融合市场系统、政府支持系统、出行系统、目的地系统，推动区域冰雪运动与生态旅游深度融合的高质量发展。区域冰雪运动与生态旅游融合是一个相对复杂的系统。与其他体育运动与生态旅游融合的差异在于，区域冰雪运动与生态旅游融合的发展与区域冰雪旅游资源、区域冰雪旅游设施、区域冰雪旅游接待服务设施、区域冰雪旅游交通设施、区域冰雪培训、区域冰雪旅游营销创新等多个方面密切相关。

从广义上看，区域冰雪运动与生态旅游融合和农业、商业、制造业、金融、教育、卫生、公安等众多部门有着千丝万缕的联系；从狭义上看，区域冰雪运动与生态旅游融合系统涉及区域冰雪旅游客源市场、区域冰雪旅游目的地供给、区域冰雪旅游企业以及区域冰雪旅游资源支撑与区域冰雪旅游资源保障等诸多要素，可以说，区域冰雪运动与生态旅游融合是具有特定的结构、功能和目标的综合体，是一项牵扯到社会、经济和环境诸多要素的复杂系统。研究表明，区域冰雪运动与生态旅游融合和120个行业有直接或间接的关系，这也从侧面说明了区域冰雪运动与生态旅游融合的复杂性。对于现代冰雪运动产业这样一个要素多、潜力大、涉及面广的庞大产业来说，传统的研究方法难以准确地把握和驾驭，因此，借助现代系统的哲学理论加以研究和分析，是全面把握其发展动向的必要选择。

2. 区域冰雪运动与生态旅游融合生态性特征

区域冰雪运动与生态旅游融合是促进区域冰雪运动产业与生态环境保护发展的新模式。它具有明显的“绿色、低碳和循环”生态特征。

（1）区域冰雪运动与生态旅游融合的绿色性特征。区域冰雪运动与生态旅游融合绿色性特征是引人注目的新经济发展理念之一，关于区域冰雪运动与生态旅游融合的绿色性特征，从广义上说，是社会、经济、环境三者静态和谐发展和动态可持续发展；从狭义上说，是在发展过程中自然资源全面节约和高效利用没有污染，从而不超出环境承载能力。因此，低碳绿色生态是区域冰雪运动与生态旅游融合发展的显著标志。所以，大力发展区域冰雪运动与生态旅游融合的绿色产品和项目，特别强调在区域冰雪运动与生态旅游融合开发过程中的绿色理念的创新，要求在区域冰雪运动与生态旅游融合中将自然环境影响降到最低程度，或其对区域冰雪运动与生态旅游融合开发中自然环境的负面影响至少降到自然生态系统可以承受的较大范围内。

区域冰雪运动与生态旅游融合的绿色品牌是冰雪运动与生态旅游融合目的地的外在形象，是冰雪运动与生态旅游融合目的地和旅游路线之间竞争的法宝。区域冰雪运动与生态旅游融合的绿色品牌体现在不可复制的冰雪运动与生态旅游融合的价值文化内涵中，由共同参与者和相关利益者联合维护，冰雪运动与生态旅游融合创新度和游客满意度直接相关。基于当前发展态势，从两个方面推动：一是亟须升级区域冰雪运动与生态旅游融合绿色低碳旅游新理念，逐步实现区域冰雪运动与生态旅游融合的绿色化程度；二是在区域冰雪运动与生态旅游融合产品供给领域，需要推行政府绿色购买制度，政府制定区域冰雪运动与生态旅游融合标准的服务，实行区域冰雪运动与生态旅游融合开发的创新品牌。

区域冰雪运动与生态旅游融合的绿色性特征是实现冰雪运动与生态旅游融合绿色公共服务保障体系构建的内在动力，以内力和外力的结合实现冰雪运动与生态旅游融合的绿色发展，以践行习近平总书记的“两山”创新理念，实现“绿水青山就是金山银山，冰天雪地也是金山银山”的理念，以增强区域冰雪运动与生态旅游融合绿色旅游经济增长的新模式。

（2）区域冰雪运动与生态旅游融合的低碳性特征。低碳性是实现区域冰雪运动与生态旅游融合高质量发展的重要保障。低碳性是指在区域冰雪运动与生态旅游融合资源开发过程中，通过低碳技术的应用和低碳消费理念的落实，不断降低碳排放强度和能源消耗强度，减少区域冰雪运动与生态旅游融合资源开发对全球气候变暖的贡献。加强区域冰雪运动与生态旅游融合的低碳性，是实现区域冰雪运动与生态旅游融合高质量发展的本质要求。但区域冰雪运动与生态旅游融合低碳性的特殊性，使得区域冰雪运动与生态旅游融合的低碳性发展面临巨大挑战，必须通过低碳科学技术的研发及应用，推动区域冰雪运动与生态旅游融合、低碳冰雪运动与生态旅游融合企业新型经济发展的科学运营，提供不同于区域冰雪运动与生态旅游融合的低碳冰雪运动与生态旅游融合的服务产品，并且要求政府制定区域冰雪运动与生态旅游融合低碳发展的政策，通过区域冰雪运动与生态旅游融合企业和生态旅游者低碳冰雪运动与生态旅游融合消费理念的落实，得到区域冰雪运动与生态旅游融合企业的认可，践行低碳冰雪运动与生态旅游融合的核心价值观念，实现区域冰雪运动与生态旅游融合的低碳化发展，为区域冰雪运动与生态旅游融合高质量发展提供支持。

（3）区域冰雪运动与生态旅游融合的循环特征。区域冰雪运动与生态旅游融合具有循环性，面对区域冰雪运动与生态旅游融合经济发展新常态，区域冰雪运动与生态旅游融合的循环性发展也会进入一种以新战略、新需求、新供给和新业态等为特征的“新常态”，实现区域冰雪运动与生态旅游融合的高质量发展。

在区域冰雪运动与生态旅游融合新常态空间生产与空间重构的新动力下，构建区域冰雪运动与生态旅游封闭循环系统，达到降低消耗能源的目的，推动区域冰雪运动与生态旅游融合中废物资源的科学利用。鉴于区域冰雪运动与生态旅游融合中的资源与环境保护、空间效率与公平发展的需求，循环性不仅要求建成微观层面上的循环性区域冰雪运动与生态旅游融合企业，而且要建成中观层面上的企业与企业之间的循环机制，通过政府在区域冰雪运动与生态旅游融合循环性发展中作用的发挥，最终建成宏观层面上的行业与行业之间的区域冰雪运动与生态旅游融合的循环新体系，形成区域冰雪运动与生态旅游融合系统内物质、能源输入/输出平衡的“闭路循环网”，最终实现区域冰雪运动与生态旅游融合价值链的全程生态化，提升区域冰雪运动与生态旅游融合发展社会价值、经济价值和生态价值。

区域冰雪运动与生态旅游融合作为一种新型的特色冰雪运动旅游产业类型，具有一定的季节性、观赏性、参与性和生态性的内涵。目前我国区域冰雪运动与生态旅游融合的发展主要以东北地区为龙头，东北地区（黑龙江、吉林和辽宁）各地的区域冰雪运动与生态旅游融合独具风采，占据全国领先地位。新疆和内蒙古是位于我国西北边疆和北部边境的两个民族自治区，永久自然形成的积雪和冰川的区域冰雪运动与生态旅游融合资源是发展冰雪运动产业的最佳载体。为支持2022年北京冬奥会的成功举办，京津冀地区凭借良好的现代交通区位与生态环境的治理优势，重点发展大众需求的生态旅游融合视角创新发展方式，增加区域冰雪运动与生态旅游融合发展的科技能力，促进区域冰雪运动与生态旅游融合产品的升级。

3. 区域冰雪运动与生态旅游融合经济性特征

我国是世界上最大的冰雪运动与生态旅游融合资源国家之一。其中，我国四大平原（东北平原、华北平原、长江中下游平原和关中平原）、四大高原（青藏高原、黄土高原、内蒙古高原、云贵高原）、诸多山脉（喜马拉雅山脉、昆仑山脉、天山山脉、唐古拉山脉、南岭山脉、秦岭山脉、大兴安岭山脉、太行山脉、小兴安岭山脉、横断山脉、贺兰山脉、阿尔泰山脉、祁连山脉）和诸多流域（长江、黄河、珠江、淮河等）具有丰富的冰雪运动与冰雪自然旅游资源、人文冰雪旅游资源和民俗冰雪旅游资源等，特别是东北地区的冰雪运动与冰雪旅游资源在我国占有主导地位。《国家统计局国家旅游及相关产业统计分类（2018）》分为旅游业和旅游相关产业两部分。旅游业是指直接为游客提供出行、住宿、餐饮、游览、购物、娱乐等服务活动的集合；旅游相关产业是指为游客出行提供旅游辅助服务和政府旅游管理服务等活动的集合。[①]随着人们生活水平的不断提高，特别是北京冬奥会的成功申办，游客正在从食、住、行、游玩、购物、娱乐、康养活动向参与冰雪体育活动、冰雪培训活动、冰雪赛事活动不断扩展，大大丰富了冰雪与生态旅游的内容和形式。

从我国区域冰雪运动与生态旅游的融合发展以及经济性来看，区域冰雪运动与生态旅游产业融合发展的关联度加大，促进相关行业快速发展，如为冰雪与生态旅游提供出行服务的铁路、公路、水上、航空；与冰雪和生态旅游相关的银行服务、旅游人身保险、旅游财产保险等金融服务；与冰雪和生态旅游人才培养相关的中等职业教育、旅游高等教育、旅游培训等教育服务以及在冰雪与生态旅游过程中安保、翻译、旅游娱乐体育设备出租、旅游日用品出租、旅游广告服务等其他旅游辅助服务都得到很大程度的发展。

政府对冰雪与生态旅游管理服务工作不断加强。从体育产业发展角度，冰雪运动作为体育产业的组成部分，《国家统计局体育产业统计分类（2019）》在体育用品及相关产品制造和体育场地设施建设分类中增加了冰雪器材装备及配件制造、冰雪场地设施工程施工，对冰雪运动与生态旅游相关产业发展起到基础保障作用。

随着北京冬奥会成功举办的辐射和带动效应，区域冰雪运动与生态旅游融合这种新崛起的、具有强大未来意义的产业形态，对促进我国区域经济发展将起到一定的积极作用。

4. 区域冰雪运动与生态旅游融合文化性特征

区域冰雪运动与生态旅游融合是区域冰雪运动与生态旅游融合企业所提供的冰雪运动和生态旅游业服务相关集合体。因此，区域冰雪运动与生态旅游融合是多元化的组成。区域冰雪运动与生态旅游融合发展得如此之快，得益于北京冬奥

① 田纪鹏，刘少湃，丁烨. 都市旅游产业结构的影响因素及其作用机制——以上海市为例[J]. 城市问题，2015（11）：60-68.

会和文化等方面的动力。

区域冰雪运动与生态旅游融合的目标在于满足人们因自身的文化需求而前往日常生活以外的文化景观所在地进行的非营利性活动。通过具体的文化属性呈现方式，让游客有机会欣赏、体验和感受区域冰雪运动与生态旅游融合旅游目的地文化的深厚内涵，从而丰富其区域冰雪运动与生态旅游融合的冰雪运动旅游体验。丰富的区域冰雪运动与生态旅游融合的文化资源给冰雪运动旅游产业的发展提供了一种潜能。一项美国冰雪旅游调查发现：78.54% 的美国冰雪旅游者在旅行过程中参与各种冰雪运动与生态旅游融合的文化旅游活动。美国冰雪运动旅游产业不仅是冰雪文化旅游产业的重要细分市场，在其国内旅游产业中同样占有较大的市场份额。

在未来我国区域冰雪运动与生态旅游融合发展的市场条件下，区域冰雪运动与生态旅游融合发展要了解区域冰雪运动与生态旅游融合的自身文化发展的内涵、特征和功能，开发出满足各类区域冰雪运动与生态旅游融合发展的文化产品。依托区域冰雪运动与生态旅游融合资源和设立文化与冰雪健身休闲产业，从地脉与文脉维护、文化功能与影响、文化投入与效果、文化景观与传播的角度出发，明确文化责任意识，服务区域冰雪运动与生态旅游融合的发展，优化文化投入机制，实现文化功能和冰雪运动旅游产业功能的统一，创新文化传播机制，推动文化创造和传播功能的统一，集冰雪运动旅游产业健身休闲、健康娱乐、康复疗养与保健于一体，将冰雪运动竞赛、冰雪会展、冰雪旅游等作为主题文化的载体融入冰雪运动旅游产业的发展之中，形成完善的区域冰雪运动与生态旅游融合文化系统的维度与结构。

5. 区域冰雪运动与生态旅游融合场所的游憩空间特征

区域冰雪运动与生态旅游融合所具有的关联特征已得到社会的广泛认可，目前区域冰雪运动与生态旅游融合场所的游憩空间特征也成为学术界研究的主要内容。根据冰雪旅游者对区域冰雪运动与生态旅游融合场所游憩空间的感知规律，对于区域冰雪运动与生态旅游融合场所游憩空间特征的构建，必须基于游客的感知与游客行为的空间属性，[①]主要包括以下4个方面的要素。

（1）区域冰雪运动与生态旅游融合场所游憩空间的可达性和可获性。可达性和可获性对于区域冰雪运动与生态旅游融合场所游憩空间重要性的影响有所不同。通常情况下，便利的交通条件可以使冰雪旅游者和区域冰雪运动与生态旅游融合场所游憩空间有更多的接触，从而提高其在社会生活秩序中的影响力，进而提高其在社会生活秩序形成中的作用，但在特定条件下，到达的困难可能会给旅游者带来一定的神秘感，激起冰雪旅游者到达的欲望，从另一方面提高区域冰雪运动与生态旅游融合场所游憩空间在冰雪旅游者心中的地位。[②]

可达性和可获性取决于以下几个方面：首先，区域冰雪运动与生态旅游融合场所游憩空间的规模，取决于区域冰雪运动与生态旅游融合场所游憩空间对冰雪旅游者的容纳力（一个区域冰雪运动与生态旅游融合场所游憩空间能容纳的冰雪旅游者越多，其可入性就越强），尤其是区域冰雪运动与生态旅游融合场所游憩空间使用的时间预设。所谓时间预设，是指人为限制场所开放时间。一般来说，开放时间越长，越有利于冰雪旅游者的使用，就越容易使更多的冰雪旅游群体相互接近，从而增强区域冰雪运动与生态旅游融合场所游憩空间冰雪旅游群体的可入性。其次，区域冰雪运动与生态旅游融合场所游憩空间冰雪旅游群体的身份预设。在某些情况下冰雪旅游群体场所游憩空间会对冰雪旅游群体的身份作出某些限定。这在一定程度上造成了场所只对特定的冰雪旅游群体开放，从而限制了区域冰雪运动与生态旅游融合场所游憩空间冰雪旅游群体在组织人们生活上的作用。[③]在同样的条件下，对区域冰雪运动与生态旅游融合场所游憩空间冰雪旅游群体身份限制越少的场所其可入性越强。

---

① 刘晓霞，王兴中，李九全. 体验经济时代旅游场所的构建[J]. 经济地理，2008（5）：882–886.

② 王鲁民，袁媛. 场所和社会生活秩序的形成[J]. 城市规划，2003（7）：76–77.

③ 王鲁民，袁媛. 场所和社会生活秩序的形成[J]. 城市规划，2003（7）：76–77.

（2）区域冰雪运动与生态旅游融合场所游憩空间的舒适性和康益性。冰雪运动在经济社会发展进程中的主要目标是满足人们日益增长的物质文化需求，区域冰雪运动与生态旅游融合场所游憩空间必须满足冰雪旅游体验者的物质文化需求，也就是冰雪旅游活动的舒适性，包括生理舒适性（自然环境舒适性、配套设施丰富性以及交通住宿条件优越性）和心理舒适性（亲人朋友认可性、社会组织支持性以及赛事活动公平性）。

区域冰雪运动与生态旅游融合场所游憩空间的康益性主要包括良好的绿化、优美的景观，保持生态平衡和良性循环，还包括度假区建筑的艺术化，除冰雪运动以外的各种康体设施和健康休闲娱乐活动，为旅游者创造一种健康有益的度假环境。

（3）区域冰雪运动与生态旅游融合场所游憩空间环境生态性和可持续性。生态文明建设和可持续发展理论是引导区域冰雪运动与生态旅游融合场所游憩空间高质量发展的重要观念，区域冰雪运动与生态旅游融合场所游憩空间如何才能既增加区域冰雪运动与生态旅游融合发展冰雪旅游业的经济效益，又减少对区域冰雪运动与生态旅游融合发展冰雪旅游业环境影响和破坏，是北京冬奥会推动区域冰雪运动与生态旅游深度融合的重要课题。北京冬奥会推动区域冰雪运动与生态旅游融合发展强调个性冰雪旅游、小众冰雪旅游，更注重在日常实现和享受冰雪旅游的过程，从而避免对区域冰雪运动与生态旅游融合场所游憩空间环境的任意改造和破坏。①

（4）区域冰雪运动与生态旅游融合场所游憩空间功能聚集性。区域冰雪运动与生态旅游融合场所游憩空间聚合度越高，越有利于吸引冰雪旅游人群利用该场所的游憩空间进行冰雪旅游活动，从而提高区域冰雪运动与生态旅游融合场所游憩空间的利用率。区域冰雪运动与生态旅游融合场所游憩空间功能整合状况越

---

① 刘晓霞，王兴中，李九全. 体验经济时代旅游场所的构建[J]. 经济地理，2008（5）：882-886.

好，就越能提高区域冰雪运动与生态旅游融合场所游憩空间的利用率。

6. 区域冰雪运动与生态旅游融合学术研究特征

冰雪运动与生态旅游融合是指在自然界或人类社会中能对冰雪运动与生态旅游融合产生吸引力，并能进行冰雪运动与生态旅游融合活动，为冰雪运动与生态旅游融合活动所利用，会产生一定的经济功能、社会效益和生态价值的各种因素和条件的综合。冰雪运动与生态旅游融合不仅是冰雪运动学科中最基本的概念，也是构建冰雪运动旅游学科的基本点和出发点，一直是冰雪运动和冰雪旅游学术界探讨的热点。但从目前区域冰雪运动与生态旅游融合学术研究的特点来看，区域冰雪运动与生态旅游融合具有多学科和跨学科的特点。从区域冰雪运动与生态旅游融合社会学和经济学研究的最新探索来看，能够让人们深刻认识到跨学科研究视野对区域冰雪运动与生态旅游融合发展所产生的重要影响。由此可见，区域冰雪运动与生态旅游融合是在社会学和经济学研究框架下的跨学科研究，具有明显的学术研究属性特征。

# 第五章 北京冬奥会推动冰雪旅游核心区发展效应分析

## 第一节 北京冬奥会推动冰雪旅游核心区发展的联动效应

冬奥会与举办国家冰雪旅游发展息息相关。尤其是冬奥会推动举办地冰雪旅游发展将会发挥巨大的联动效应。2014年俄罗斯索契冬奥会的商业价值超过了5000亿美元，创造了冬奥会历史上的最高纪录[①]。冬奥会举办直接拉动冰雪竞技运动项目、冰雪旅游产业、冰雪健身休闲产业、体育场馆工程建筑等相关产业的发展，不仅具有巨大的白色经济价值，而且具有很强的联动效应，特别是会对举办城市冰雪旅游的发展带来动力，是实现推动现代化城市建设发展的催化剂。因此，北京冬奥会的举办不仅对促进我国冰雪旅游发展具有重要影响，而且对推动冰雪旅游核心区发展具有重要作用。

从冰雪旅游产业链聚集发展的层面来看，冰雪旅游是生产冰雪旅游产品与提供冰雪旅游资源公共服务相关的集合，因此，冰雪旅游自身是多元化旅游的重要组成成分[②]。冰雪旅游作为全域旅游重要的组成部分，包括主体旅游与相关

① 薛福岐.2014年索契冬奥会：俄罗斯需要成功故事[J].当代世界，2014（3）：5-7.

② 佟安娜.辽宁复合型冰雪全域旅游战略研究[J].旅游与摄影，2022（7）：39-41.

旅游。主体冰雪旅游包括冰雪健身旅游娱乐、冰雪竞技比赛观赏旅游娱乐以及主体冰雪旅游人才培训等，主体冰雪旅游生产的产品应为劳务，以符合冰雪旅游产品的界定标准。其中，作为冰雪旅游重要内容的冰雪旅游资源属于生态冰雪旅游资源的范畴，其功能和作用是满足冰雪旅游者身心放松和强身健体的需求。以冰雪旅游资源活动集审美体验和冰雪运动旅游娱乐于一体的冰雪旅游发展形势，深受不同年龄和性别冰雪旅游爱好者的欢迎[①]。冰雪旅游资源作为一项极具参与性、体验性和刺激性的冰雪旅游服务性产品，会产生巨大的冰雪旅游的经济、社会、文化、生态保护等重要价值[②]。冰雪旅游是冰雪运动与生态旅游深度融合新型体育旅游模式，继冬奥会成功举办之后的重要经济增长点[③]。多年来，冰雪旅游只属于东北三省，“不均衡”制约着我国冰雪旅游的发展。北京联合张家口成功申办并举办2022年第24届冬奥会，成为促进北京城区、延庆区和张家口市核心冰雪旅游发展的重要驱动力。由此可见，通过2022年北京冬奥会推动冰雪旅游核心区发展的联动效应具有关联度高、联动性强和辐射面大的特点。有关资料显示，北京冬奥会推动冰雪旅游核心区发展所涉及的相关产业有50多项[④]（见图5-1）。

---

① 杨强．冰雪旅游产业融合发展的动力与路径机制[J]．体育学刊，2016，23（4）：23-28.

② 陈麦池．中国冰雪体育旅游的创意开发模式与产业升级路径研究[J]．中国发展，2016，16（2）：25-26.

③ 张欣，牟维珍．冰雪旅游产业与文化产业融合发展探究[J]．边疆经济与文化，2013（5）：10-12.

④ 王飞．冰雪旅游业治理结构与运行机制研究[J]．北京体育大学学报，2016，39（6）：32-35.

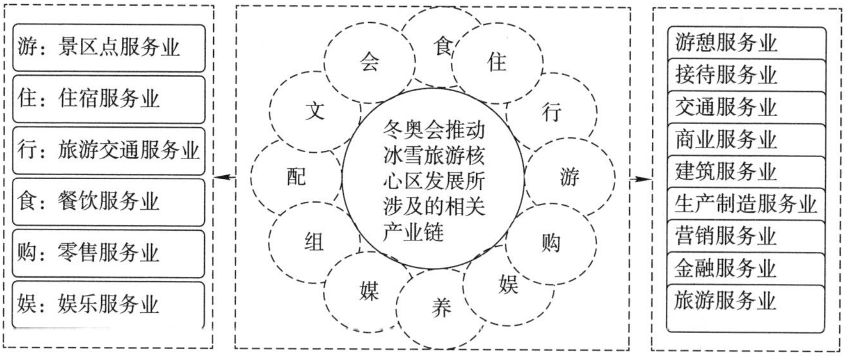


**图 5-1　北京冬奥会推动冰雪旅游核心区发展所涉及的相关产业链**

## 第二节　北京冬奥会冰雪旅游核心区发展的“触媒”效应

“触媒”是指一种能够在化学反应里改变反应物的化学反应速率的物质且物质本身的质量和化学性质在化学反应前后不发生改变①。近年来，国外举办冬奥会国家和城市的经验证明，冬奥会推动举办城市冰雪旅游发展的“触媒”效应的典型成功案例已经成为一个不争的事实。冰雪旅游是一种独具特色的以冰雪资源为主要依托的发展体育旅游产业的重要形式。纵观冬奥会的发展历程，尤其是20世纪90年代以来，冬奥会推动举办城市冰雪旅游发展的“触媒”效应更加明显。据此，在北京冬奥会的筹办、举办和赛后的不同发展阶段，北京冬奥会冰雪旅游核心区发展的“触媒”效应全面释放。北京联合张家口举办2022年冬奥会是一种非物质的“触媒”效应，北京冬奥会推动冰雪旅游核心区发展的“触媒”效应可分为3个阶段。北京冬奥会推动冰雪旅游核心区发展是一个长期且复杂的系统工程。

① 赵敏燕，朱少卿，李宇. 基于事件旅游效应理论的张家口冬奥城市发展研究[J]. 城市发展研究，2015（8）：105-109.

## 一、北京冬奥会筹备阶段的前期先导效应

北京冬奥会筹备阶段具有冰雪旅游核心区发展的显著辐射效应①，北京冬奥会在筹备前期对冰雪旅游核心区发展的助力主要表现在冰雪旅游的发展早于冬奥会活动的开展，就像一个营养丰富的“母体”滋养着冬奥会各项活动的开展。特别是在北京冬奥会筹备阶段显现构建效应对企业参与冰雪旅游具有较强的吸引力，由于北京城区、延庆区和张家口市的冰雪场馆建设、奥运村建设、奥运基础设施建设等投入大量的资金，能给举办城市冰雪旅游发展带来新的商机，形成新的冰雪旅游经济，给城市社会、经济、旅游等领域建设带来巨大的资金支持。北京冬奥会赛前筹办阶段对冰雪旅游核心区发展的效应，主要是通过蝴蝶效应形成举办地冰雪旅游发展的聚集效应。这是北京冬奥会对举办地冰雪旅游发展形象重新定位与跨越提升的渐进过程。在北京冬奥会的赛前筹办阶段，北京城区、延庆赛区和张家口赛区在各个领域进行广泛的准备，例如，冬奥会期间朝阳区共有13处冬奥场馆及设施，包括北京冬奥会开闭幕式及竞赛场馆所在地，朝阳区协助相关部门在推进冬奥场馆建设及氛围营造等各项工作中成绩显著②。作为北京城区冬奥会标志性建筑，国家速滑馆冰丝带、国家体育馆、国家游泳中心的改造、国家游泳中心“水立方”“水冰转换”、北京冬奥村建设等为北京冬奥会成功举办提供了重要支撑。延庆赛区通过提供配套场地、营造举办氛围和完善综合服务，实现与冬奥联动。延庆区成功入选首批国家全域旅游示范区，迎来了冰雪旅游与产业融合高质量发展的新阶段③。作为延庆的三张金名片之一，世园品牌在冰雪旅游产业发展中责任重大。北京延庆区建设国际化

---

① 李建臣，任保国，顾波波.冬奥会促进北京和张家口冰雪旅游产业发展效应研究[C]//中国体育科学学会，河北省体育局，河北省张家口市崇礼区人民政府.2017科技冬奥论坛暨体育科技产品展示会论文摘要汇编，2017：90-91.

② 董城，张景华.冬奥工程陆续完工　冰雪活动吸引群众[N].光明日报，2021-01-20（004）.

③ 王月华，任保国，吴玲敏，等.我国冰雪旅游产业发展效应及提升路径研究：基于冰雪运动“南展西扩东进”战略的分析[J].吉林体育学院学报，2020，36（1）：53-60.

冰雪旅游休闲度假和冰雪旅游生态康养目的地，借助筹备和成功举办北京冬奥会的契机积极思考城市规划，并构建冬奥会城市冰雪旅游发展的新布局[①]。整个北京冬奥会的筹办和举办过程直接促进了北京城区、延庆赛区和张家口赛区冰雪旅游设施的改善及冰雪旅游发展形象的提升。北京冬奥会推动北京城区、延庆赛区和张家口赛区冰雪旅游发展的效应主要体现在冰雪旅游“硬形象”的提升上，既包括发展北京城区、延庆赛区和张家口赛区冰雪旅游的基础设施，也包括发展冰雪旅游的大型滑雪场等吸引游客的旅游目的地。同时还涉及城市冰雪旅游发展定位，城市居民接待游客服务素质的培育，城市冰雪旅游公共服务体系框架的构建，冰雪旅游行政管理体制的完善，以及冰雪旅游形象传播的谋划策略等[②]。《北京市人民政府关于加快冰雪运动发展意见（2016—2022年）》明确提出，“支持冰雪健身和旅游等产业的发展，不断扩大冰雪体育产业的发展规模。到2022年，全市冰雪体育产业收入规模达到400亿元左右，实现增加值80亿元左右”[③]。特别是在筹办2022年冬奥会过程中，延庆赛区在做好场馆规划设计、建设国家高山滑雪中心、国家雪车雪橇中心、延庆奥运村和山地媒体中心等场馆设施的同时，建设赛区配套基础设施，加快建设延庆至崇礼路等连接北京城区、延庆、张家口崇礼3个赛区的交通运输网络和直升机停机坪，为中外游客参与冰雪旅游提供良好的服务设施。随着北京市属公园冰雪游园会的启动，打造出的各具特色的冰雪旅游主题项目，吸引了国内外游客的参与，目前已接待游客近30万人次，很好地促进了区域冰雪旅游产业的发展，不仅为北京市冰雪旅游产业提供了大量的资金，还为居民就业提供了许多岗位。《中国滑雪产业白皮书》数据显示，2016年北京滑雪人次为171万，同比增加2万，总人数排

---

① 潘文焰. 大型活动与旅游业的互动研究：基于“触媒效应”与“母体效应”理论[J]. 人文地理，2012，27（6）：124-129.

② 潘文焰. 大型活动与旅游业的互动研究：基于“触媒效应”与“母体效应”理论[J]. 人文地理，2012，27（6）：124-129.

③ 我国将评定国家级和省级滑雪旅游度假地[N]. 中国体育报，2021-10-21（001）.

在全国首位。仅在2016年春节期间，滑雪场就接待游客8.4万人次，比2015年增长了8.6%。由于2017年元旦和春节的滑雪人数并未在此次统计之中，因此，2016/2017年雪季，北京周边滑雪场实际的滑雪者数量要远远高于171万人次[①]。河北省体育局努力打造京张体育文化旅游一体化品牌，组织筹办的“京张全季体育旅游嘉年华”在2021年9月19日亮相张家口崇礼。以“京张全季体育旅游嘉年华”为品牌引领，融合冰雪赛事品牌、冰雪旅游线路品牌、民俗文化体验品牌、京张体育研学品牌，逐步形成国际知名、国内一流的全域旅游高品质品牌体系。同时，河北省体育局加快建立电视、广播等传统媒体渠道与新媒体渠道相结合的全媒体宣传矩阵，建立多层次的京张体育文化旅游宣传推广创新和保障体系。携手冬奥、多彩京张，文化传承、冰雪文体旅融合高质量发展等战略得以实施，京张高铁拉近了两地距离，北京2022年冬奥会的筹办深化了两地体育赛事合作。随着“京张全季体育旅游嘉年华”的启动，“体育牵引、文化赋能、旅游带动”的京张体育文化旅游带建设思路逐渐清晰，京张两地全方位融合发展迈向更深层次。

2017年，文化和旅游部会同国家体育总局编制行业标准《滑雪旅游度假地等级划分》（LB/T 083—2021），文化和旅游部将推动该标准的实施，会同有关部门开展滑雪旅游度假地认定工作[②]。该标准对国家级和省级滑雪旅游度假地的认定条件作出具体规定，包括滑雪旅游场地面积、场地条件、规模结构、旅游设备、综合服务、基础设施等方面[③]，为北京冬奥会筹备阶段推动核心区冰雪旅游的前期先导效应发挥了重要作用。

---

① 中国冰雪旅游消费大数据报告（2019）[EB/OL].（2020-02-28）[2020-12-25]. https：//www. sohu. com/ a/299912518_410307.

② 赵腾泽. 我国将评定国家级和省级滑雪旅游度假地[N]. 中国旅游报，2021-10-21（001）.

③ 体育牵引文化赋能旅游京张全季体育旅游嘉年华打造“四季八线”[N]. 中国体育报，2021-09-29（004）.

## 二、北京冬奥会举办的阶段效应

北京冬奥会举办对推动冰雪旅游核心区发展具有直接传播、显形强化和隐形强化效应，这3个效应相互作用，共同推动冰雪旅游核心区高质量发展。北京冬奥会举办期是北京城区、延庆赛区和张家口赛区冰雪旅游发展的最佳时机，以北京冬奥会的举办而增加的各项冰雪运动和冰雪旅游消费带动为主，推动北京城区、延庆赛区和张家口赛区冰雪旅游消费增势强劲。有关资料显示，在2006年都灵冬奥会举办期间，有150万的游客来到皮埃蒙特大区。俄罗斯政府为了成功举办2014年索契冬奥会，投入510亿美元资金修建超大规模的场馆和基础设施，助推索契成为国际旅游胜地，冬奥会期间每日接待游客超过10万人次，索契冬奥会带动了整个索契冰雪旅游产业的快速发展。在北京冬奥会举办期间，大批运动员、工作人员、官员和游客的到来将带动北京城区、延庆赛区和张家口赛区冰雪旅游快速发展，各项消费服务业将驱动冰雪旅游人数的增长，促进冰雪旅游的全面发展。

## 三、北京冬奥会后期效应

北京冬奥会后期推动北京城区、延庆赛区和张家口赛区冰雪旅游发展具有明显的“触媒”后延续效应，主要表现为显性淡化和隐性强化效应。北京城区、延庆赛区和张家口赛区冰雪旅游发展“触媒”后延续效应是比赛结束后游客离开赛事目的地，伴随着时间消逝，参与游客对冰雪旅游的关注减少，关于冰雪旅游目的地的信息被慢慢遗忘，只有少部分经常提取和记忆的信息存储在脑海中。根据对北京冬奥会北京城区、延庆赛区和张家口赛区冰雪旅游发展“触媒”效应的分析可知，在各自不同阶段具有不同的特征。但最关键和最重要的是明确北京冬奥会北京城区、延庆赛区和张家口赛区冰雪旅游发展的目标，推动三大赛区冰雪旅游强大“触媒”效应的运行机制和管理机制，推动三大赛区冰雪旅游与文化、科技、会展等相关产业的深度融合发展，使三大赛区冰雪旅游产业规模不断扩大，质量和水平不断提升，这才是有效提升北京冬奥会推动核心区冰雪旅游高质量发展的关键所在。

## 第三节 北京冬奥会推动冰雪旅游核心区发展的周期时间效应

2022年北京冬奥会的成功举办正值中国社会再次转型的关键时期，也是国际奥委会《奥林匹克2020议程》改革方案推行的重要开端。它将是冬季奥林匹克运动会历史上第一次举办的具有开创性、独特性的冬奥会。2022年北京冬奥会起到了一种综合度高、人流量大和涉及多项产业活动的冰雪旅游白色经济价值的回馈效应。它不仅是国际重大冰雪体育事件中促进北京城区、延庆赛区和张家口赛区冰雪旅游发展的重要载体，也是对举办城市北京和张家口有着长期影响效应的重大国际冰雪旅游事件。北京冬奥会冰雪旅游具有3个周期的时间效应，具体可分为申办期、筹办期和举办后期3个阶段。根据对北京冬奥会推动北京城区、延庆赛区和张家口赛区冰雪旅游发展不同阶段特征的分析，北京冬奥会北京城区、延庆赛区和张家口赛区冰雪旅游发展具有明显的阶段性效应。自北京申办冬奥会以来，为了成功举办这次冬奥会，北京城区、延庆赛区和张家口赛区均投入了大量的资金建设冬奥会场馆和基础设施，并从数量和质量上逐渐增加，改进了住宿接待及商务活动设施，以满足冬奥会参与者和冰雪旅游者的需求，从而带动了冰雪旅游核心区整体服务水平的提升，营造了良好的冰雪旅游营商环境，促进冰雪旅游核心区的游客量和旅游收入大幅提升[①]。北京冬奥会推动北京城区、延庆赛区和张家口赛区冰雪旅游发展效应的事实证明，北京

① 黄兆媛，臧德喜，蒋艳杰．“外来因子”激活中国冰雪旅游产业的分析与探究[J]. 沈阳体育学院学报，2010，29（2）：22-24.

冬奥会推动三大赛区冰雪旅游增长周期时间效应的扩散事实已经印证，北京冬奥会推动三大赛区冰雪旅游增长的人数将随着北京冬奥会成功举办呈现稳定快速增长的发展趋势。但在北京冬奥会后期充分利用传统媒体与新媒体及时传播北京冬奥会后期推动北京城区、延庆赛区和张家口赛区冰雪旅游发展的信息，制作大量冰雪旅游宣传品，客源地发放是提升北京冬奥会后期推动三大赛区冰雪旅游发展的重要战略举措①。

## 第四节　北京冬奥会推动冰雪旅游产业核心区发展系统循环效应

冬奥会成功举办能够提高城市形象和知名度，保障城市基建的完善和全民健身服务的优化升级，尤其是举办地大型体育场馆等运动设施供给能力大大提升，一些冰雪旅游项目将成为国内和北京城区、延庆赛区和张家口赛区市民充分利用的资源②。如北京城区的冬奥会体育场馆、奥林匹克公园内的冰雪体育设施将在冬奥会后进入循环利用阶段。随着2022年北京冬奥会筹办期、举办期和成功举办后在环境治理、大气污染控制、节能环保新技术应用、治理交通拥堵、志愿服务等方面采取的有效措施融入现代化城市常态管理中，尤其是北京市在进一步推动城区以冰雪旅游建设引领和推进世界体育城市加快实现转型升级，全面提高世界体育城市建设的国际影响力和竞争力。特别是在北京冬奥会后以冰雪旅游的可持续发展，引领北京世界体育城市建设的“创新、绿色、协调、和谐和共享”的发展理念，将北京冬奥会推动城区冰雪旅游发展的成果与

① 杨毅然. 冬奥会背景下我国体育特色小镇建设路径探讨：以崇礼冰雪小镇为例[C]// 中国体育科学学会，河北省体育局，河北省张家口市崇礼区人民政府. 2017科技冬奥论坛暨体育科技产品展示会论文摘要汇编，2017：91–92.

② 李建臣，任保国，顾波波. 冬奥会促进北京和张家口冰雪旅游产业发展效应研究[C]// 中国体育科学学会，河北省体育局，河北省张家口市崇礼区人民政府. 2017科技冬奥论坛暨体育科技产品展示会论文摘要汇编，2017：90–91.

其他旅游产业结构调整相融合，提高北京城区冰雪旅游发展的智能化、信息化水平，在加快培育和推动一批冰雪旅游企业及大数据冰雪旅游产业项目建设的同时，依托北京冬奥会推动北京城区冰雪旅游发展系统循环效应积极向外界展示全面提升北京建成世界体育城市的国际形象，吸引更多国内外知名冰雪旅游企业参与到北京全面建成世界体育城市的发展中来，实现北京冬奥会推动北京城区冰雪旅游发展加快带动北京向全面建成世界体育城市目标迈进的步伐①。尤其是在后奥运时代，北京将充分利用冬奥会体育场馆举办大型的文化盛会、体育赛事和学术论坛等多项大型国际赛事活动，进一步促进北京城区和延庆赛区冰雪旅游的高质量发展，推动北京全面建成世界体育城市。

## 第五节　北京冬奥会推动冰雪旅游核心区发展的可持续效应

北京冬奥会作为一项重要的国际冰雪竞技赛事，其推动北京城区、延庆赛区和张家口赛区冰雪旅游发展将会产生连锁反应，重点是带动三地相关产业（交通业、旅游业、体育制造业和餐饮业）快速发展，促进当地冰雪旅游基础设施建设，加快北京冬奥会推动三大赛区冰雪旅游可持续发展。如北京市以优化首都核心经济功能为发展目标，为北京全面建成世界体育城市和国际一流和谐宜居之都提供资金服务。特别是北京在筹办和成功举办冬奥会的发展过程中，带动京冀地区至少3亿人参与冰雪运动，促进冰雪运动在中国乃至亚洲范围内的普及，将极大地提升中国冰雪运动员的竞技水平和冰雪运动爱好者的参与程度。

在2022年北京冬奥会筹备工作的推动下，北京市多个滑雪场包括室内外滑

① 吴玲敏，任保国，和立新，等. 北京冬奥会推动京津冀冰雪旅游发展效应及协同推进策略研究[J]. 北京体育大学学报，2019，42（1）：50–59.

冰场投入运营，与此同时，投入建设多处全民健身户外滑雪场地供市民使用。此外，在北京延庆、张家口崇礼核心试点投资建设简易冰场。北京市体育局局长孙学才表示，近几年，北京市规划建设规模性社区的滑冰场，不断扩大室内室外滑雪场数量和规模。由此可见，2022年北京冬奥会不仅为促进北京城市社会发展提供了千载难逢的机遇，也将成为推动北京由夏奥会城市向冬奥会城市转型升级和向世界体育城市发展的不竭动力。

在北京筹办冬奥会的过程中，随着北京城市社会、经济、文化、科技和冰雪竞技体育运动的发展，2010年引进的世界顶级单板滑雪大跳台赛、花样滑冰等一批高水平的国际冰上运动赛事陆续落户北京，不仅为促进北京冰雪旅游产业发展带来新的生机，更对冰雪旅游产业经济发展产生了巨大的拉动作用，为促进北京冬奥会的成功举办带来了重要的国际影响。

在北京冬奥会的筹办和举办过程中，对北京乃至中国冰雪运动发展、冰雪产业打造、冰雪人才培养、生态发展、组织办赛、基础设施建设和经济结构调整优化升级等方面产生一系列重要影响的同时，在北京筹办和成功举办冬奥会后的发展过程中，随着北京城区、延庆赛区和张家口赛区冰雪旅游发展需求的日渐明晰，冰雪旅游的发展在用好冬奥会战略机遇的同时，也会逐渐明确自身的发展方向，借助北京冬奥会成功举办效应逐步完善自身的创新发展，为城市建设的可持续提供资金支持，从而刺激三大赛区冰雪旅游的可持续发展，为提升三大赛区的公共服务便捷化、城市管理精细化、生活环境宜居化、基础设施智能化和网络安全长效运行保障体系的构建提供重要的保证。尤其是在北京全面建成世界体育城市的国际影响力与国际地位和形象中产生的重要影响，使城市市民的家庭生活变得更加和谐、更加美满和更加幸福。而且有效地优化和提升城市的社会生活环境，进而提升城市的社会凝聚力，优化社会结构，创新社会管理，促进冰雪旅游产业的可持续发展，将为北京全面建成中国特色世界体育城市注入新的动力和活力。

# 第六节 北京冬奥会推动我国冰雪旅游发展效应

## 一、加快了冰雪运动“南展西扩东进”战略的进程

随着北京冬奥会成功举办效应以及国家提出的《冰雪运动发展规划（2016—2025年）》《全国冰雪场地设施建设规划（2016—2022年）》《“带动三亿人参与冰雪运动”实施纲要（2018—2022年）》等多项文件的全面实施，目前，我国“国家—省级—市级”三级政策网络促进冰雪运动产业体系正在逐渐形成。

（一）冰雪运动南展区

从湖北、湖南、贵州等全面贯彻落实国家推动冰雪运动“南展西扩东进”政策的情况来看，将冰雪运动产业发展纳入《全民健身实施计划（2016—2020年）》《关于加快发展健身休闲产业的实施意见》《国家文化公园建设实施方案》等文件中，从政策上加快引导冰雪运动产业的健康发展。以湖南省为例，2016年和2017年湖南省政府发布的《湖南省全民健身实施计划（2016—2020年）》和《关于加快发展健身休闲产业的实施意见》中明确提出，根据国家提出的“三亿人参与冰雪运动”和冰雪运动“南展西扩东进”战略的要求，从政策支持、教育推广、基础设施建设、机制体制改革等多个方面为冰雪运动产业的健康发展提供有力保障。目前，湖南省各市全力落实促进冰雪运动产业发展的政策，尤其是对冰雪运动场馆建设的政策落实效应显著。随着湖南省首个室外可拆装可移动真冰场“长沙冬奥广场”在长沙贺龙体育中心东广场的启动，在株洲、常德、郴州等地正在规划建设一批室内外冰雪运动场馆，部分场馆已经投入使用。

（二）冰雪运动西扩区

为了确保冰雪运动“南展西扩东进”战略西扩区目标的实现，目前，陕西省、山西省和新疆维吾尔自治区等制定出台了推动冰雪运动产业发展的相关政策，如陕西省制定的《关于加快发展健身休闲产业的实施意见》明确提出，充分

抓住陕西独特的地理环境和人文景观自然资源优势，积极推动区域冰雪运动产业发展。随着《陕西省冰雪运动发展规划（2018—2025）》的出台，北京冬奥会推动陕西冰雪运动产业发展的效应将会不断提升。新疆在北京冬奥会效应和全面落实《关于加快发展体育产业促进体育消费的实施意见》中提出的“将冰雪运动产业作为促进体育消费发展的支柱性产业”发展目标政策的引领下，通过各项政策的全面落地，凭借优质的冰雪运动产业资源、得天独厚的自然条件和地理优势，以乌鲁木齐市和阿勒泰地区冰雪运动产业为引领，打造以自治区冰上运动中心为核心的冰雪运动产业园，逐步形成一批以乌鲁木齐南山、天山天池、阿勒泰将军山、伊犁新源等为重点的冰雪运动产业园①，强化冰雪运动产业优势集聚的效应，构建具有新疆特色的现代冰雪运动产业体系。四川省位于我国西南，是我国“北冰南展西扩”战略实施的重要区域，四川滑雪运动旅游产业也迎来了发展的黄金时期。②随着四川领域内西岭雪山、茂县九鼎山太子岭、广元曾家山、毕棚等区域滑雪场的完善和成都周边冰雪旅游产业集聚发展，四川滑雪运动产业链延伸成形。

（三）冰雪运动东进区

上海市和江苏省是竞技体育强市与强省，其冰雪运动产业是“东进”区的典范。支持冰雪运动产业等具有消费引领性的健身休闲项目的发展，“制定专项规划，支持冰雪、水上、山地户外、汽车摩托车和航空等具有消费引领性的健身休闲项目发展”，是上海市人民政府从政策落实上为冰雪产业发展深化“放管服”改革，放大冰雪产业效应，推动冰雪产业发展，增强冰雪产业国内外的竞争力、影响力和辐射力带来驱动力的战略举措。2018年江苏省发改委、江苏省体育局、江苏省教育厅和江苏省旅游局四部门联合印发的《江苏省加快发展

① 把握机遇　务求实效　做大做强新疆体育产业[EB/OL]. https://www.sport.gov.cn/n20001280/n20745751/n20767279/c21270133/content.html.

② 苏芮. 基于SCP分析范式的四川滑雪运动旅游产业发展研究[D]. 成都：成都体育学院，2018.

冰雪运动产业行动方案》，从发展基础、总体要求、主要任务和保障措施等方面提出了推动冰雪运动产业发展的行动方案，并在政策落实上为促进北京冬奥会推动冰雪运动产业“东进”区的快速发展提供了重要保障。

## 二、冰雪运动场馆建设数量明显提升

冰雪场馆是推动冰雪运动的普及和提高，促进冰雪运动产业快速发展，实现北京冬奥会“带动3亿人参与冰雪运动”目标的重要战略举措之一。根据《冰雪蓝皮书：中国滑雪产业发展报告（2018）》的数据，在北京冬奥会效应的影响下，我国冰雪运动场馆建设数量逐年增加，截至2017年底，全国共有滑雪场703座，分布在27个省（市、区），增速为8.82%，而这个数据在前两个雪季都保持在20%左右。从我国冰雪运动产业“南展西扩东进”区滑雪场总数量来看，从2002年的不足10座发展到2017年的193座。建设数量均在2015年［华东地区（36座）、华中地区（17座）、西南地区（9座）］达到了历史峰值，2015—2017年华东、华中、西南和华南地区的冰雪场馆建设数量及接待人数趋于理性增长，这可能与我国成功申办、承办北京冬奥运会效应有很大的关联（见图5–2和图5–3）。

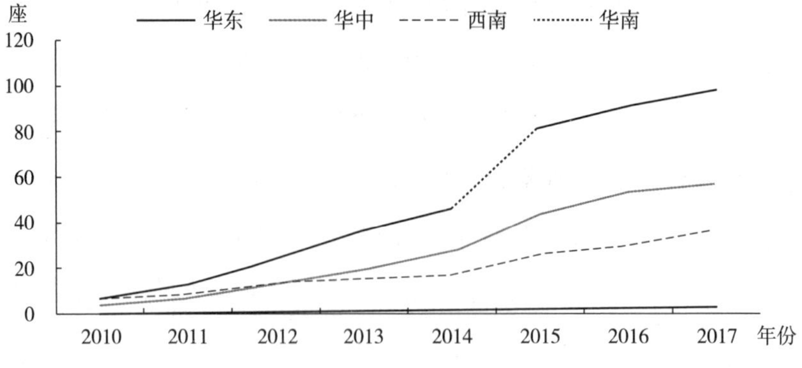


**图5–2　2010—2017年我国冰雪产业“南展西扩东进”区滑雪场数量变化**

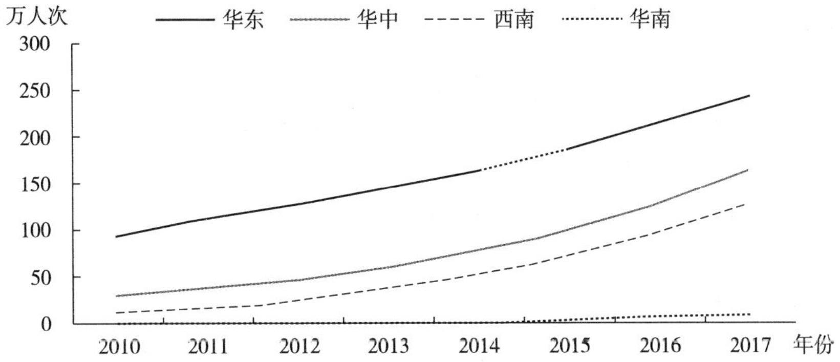


**图 5-3　2010—2017 年我国冰雪产业“南展西扩东进”区滑雪场人数变化**

“带动3亿人参与冰雪运动”是北京申办2022年冬奥会的重要目标之一。针对这一目标，2017年国家体育总局全面提出冰雪运动“南展西扩东进”战略，期望将冰雪运动产业的影响在地域上不断扩展，实现冰雪运动场馆建设品牌效应的放大，提升冰雪运动产业发展的质量和服务水平。由图5-2和图5-3可知，目前在我国冰雪运动产业“南展西扩东进”区冰雪场馆建设步伐加快，尤其是滑雪场接待游客人数逐年提升。以“南展”和“西扩”的湖南省和陕西省为例，湖南省2017年底已经开放的大小室内外滑雪场、真冰场有10多个。陕西省在国家冰雪运动“南展西扩东进”政策的带动下，冰雪场地设施逐渐完善。在陕西省制定的“500万人上冰雪”的目标带领下，目前，西安市、汉中市、铜川市、渭南市和延安市等地相继建成大型专业滑雪场地。截至2018年7月底，在西安市的长安区高山滑雪娱乐中心、翠华山和沣峪庄园大坝沟等7家室外滑雪场和1家室内滑雪场（莲湖区乐海室内滑雪场），以及莲湖区的奥佳真冰场、碑林区的民生真冰场、新城区的欧悦真冰场3家室内滑冰场，每年接待游客近40万人次。另外，延安是冰雪运动“西扩”的重点区域，在北京冬奥会推动冰雪运动产业“南展西扩东进”发展效应和体育精准扶贫政策的扶持下，根据延安冰雪产业项目的特点，按照“省建场馆省负责、市建场馆市负责、校建场馆校负责”的原则，冰雪场馆建设经费以各级政府及相关单位自筹为主的前提下，鼓励新建和改造的冰雪场馆吸引社会资本，采取PPP等建设冰雪场馆模式筹集所需资金，使冰雪场馆建设的数量和质量明显提升，在冰雪场馆建设效应的带动下，通过举办具有国际影响力、以延安市为品牌形象的冰雪精品赛事，提升延安的国际知名度和影响力。

## 三、冰雪旅游产业发展速度加快

### （一）冰雪旅游接待数量明显提升

冰雪旅游接待游客数量是2022年北京冬奥会推动冰雪旅游核心区“南展西扩东进”发展效应的重要参考指标，在我国旅游强国战略和北京冬奥会效应的共同推进下，我国冰雪旅游“南展西扩东进”呈现高质量发展[①]。根据《中国滑雪产业发展报告2018》，在南展区冰雪旅游接待游客从2011年28万人次增加到2017年的164万人次，增加了4.86倍；2002—2017年，冰雪旅游发展南展区冰雪旅游游客接待人数高速增长。如湖南省大围山滑雪场自2011年开放以来，游客每年都出现大幅度增加，2016年超过8万人次，仅2017年春节黄金周大围山滑雪场景区就接待游客5000人次，实现门票收入130万元；华南地区也从2011年的不到1万人次增加到2017年的9万人次，增长了14倍。[②]西扩区从2011年冰雪旅游接待人数13万人次，增加到2017年的128万人次，增加了8.8倍。如在西扩区的陕西省，通过冰雪旅游联盟成立等多项措施，推出了滑雪一卡通，太白山冰雪大会、照金镇滑雪锦标赛和黄龙县冰雪节等活动进一步助推了冰雪旅游市场的发展。据陕西省冬季运动管理中心统计，2018年春节期间，全省33家滑雪场共接待游客28.5万人次，收入8500万元，增幅分别达到14%和71%。在西扩区四川省茂县九鼎山太子岭滑雪场、贵州省的六盘水玉舍雪山滑雪场和凉都梅花山滑雪场，仅在2017—2018年春节黄金周就接待滑雪游客近30万人次。东进区冰雪旅

① 王月华，任保国，吴玲敏，等. 我国冰雪旅游产业发展效应及提升路径研究：基于冰雪运动“南展西扩东进”战略的分析[J]. 吉林体育学院学报，2020，36（1）：53-60.

② 王月华，任保国，吴玲敏，等. 我国冰雪旅游产业发展效应及提升路径研究：基于冰雪运动“南展西扩东进”战略的分析[J]. 吉林体育学院学报，2020，36（1）：53-60.

游接待量从2011年的110万人次，增加到2017年的240万人次，增加了1.18倍，2002—2017年，“南展西扩东进”东进区冰雪旅游接待游客人数稳定持续增长；仅浙江省的绍兴乔波、杭州大明山、安吉江南天池3家滑雪场馆接纳的滑雪者就近50万人次，为浙江率先在全国建成旅游经济强省提供了支持。

（二）冰雪旅游产业生态化

从北京冬奥会推动冰雪旅游产业“南展西扩东进”生态化发展效应来看，区域地方政府响应国家号召发展白色经济，并且把冰雪旅游作为地方旅游重点发展对象，在政策优惠、资金支持基础投资、设施建设、交通环境方面给予很大支持。例如，新疆各级地方政府运用自身各种冰雪旅游产业资源和优势，宣传本区域特有的冰雪旅游产业的生态资源，很好地弥补了冰雪旅游企业的高成本性、高消费性和保护性特征。尤其是在习近平总书记“绿水青山就是金山银山”理论的指导下，通过北京绿色办奥理念创新引领，逐步扩大了新疆冰雪旅游产业生态化发展效应的全面释放，特别是在阿尔泰山、天山山脉，新疆克拉玛依、阿勒泰、伊犁、乌鲁木齐等地区，绿色、生态、低碳发展理念在冰雪旅游发展进程中贯穿前后。由此可见，在北京冬奥会绿色理念办会的推动下，冰雪旅游产业发展“南展西扩东进”区的很多政府实现了冰雪旅游产业“绿色”“低碳”和“循环”发展理念的创新，运用多种方法和手段实现了“冰雪旅游产业＋生态化”的“绿色”“低碳”和“循环”冰雪旅游产业生态圈，打造出一流精品冰雪旅游生态景区。同时，也涌现了一批特色冰雪体育旅游小镇。

（三）冰雪旅游产业与相关产业融合成效显著

当前，冰雪旅游产业发展关联性强、功能性多，冰雪旅游产业具有与其他产业深度融合的优势，并且具有经济、投资、消费、休闲、政治、生态、社会和文化等多方面价值[①]。在北京冬奥会举办效应下，区域冰雪产业深度融合发展，北京

① 王月华，任保国，吴玲敏，等. 我国冰雪旅游产业发展效应及提升路径研究：基于冰雪运动“南展西扩东进”战略的分析[J]. 吉林体育学院学报，2020，36（1）：53-60.

冬奥会推动冰雪旅游核心区“南展西扩东进”效果显著。

（1）冰雪旅游产业与相关产业融合南展区。南部地区冰雪旅游产业借助自然风景区修建大型滑雪场，打造前景广阔的冰雪旅游产业与相关产业深度融合发展模式。其冰雪场馆与相关产业的融合业态成为一种新型主流模式，并且在吸引顾客、提高人气、回笼租金等方面具有非常显著的效果①。作为华中地区冰雪场馆与相关产业深度融合发展的典型，湖北省的神农架滑雪场在北京冬奥会效应和地方政策与市场需求的激励下，已成为集户外滑雪、观光游览、休息度假、户外探险为一体的综合性生态旅游胜地。②

（2）冰雪旅游产业与相关产业融合西扩区。在西扩区的“西部、西南部和西北部”等诸多地区以冬奥会为契机，通过冰雪旅游产业与相关产业的融合，构建以生态冰雪资源为核心的冰雪旅游产业链，共建冰雪旅游产业与相关产业融合生态圈的旅游发展方式，积极探索冰雪旅游产业与相关产业融合的新模式，打造“冰雪+体育+赛事+旅游”的融合发展模式，打造区域冰雪旅游与相关产业融合发展新坐标。尤其是在西扩区的陕西省陕北地区（榆林冰上运动馆、延安新区国际滑雪场，榆林天池滑雪场、榆林红石峡生态公园滑雪场、榆林沙漠公园滑雪场等）、陕南地区（汉中留坝紫柏山滑雪场、安康秦岭四季滑雪场、安康必捷滑雪场、商洛柞水九天山滑雪场、商洛牧户关滑雪场等）和关中地区（蓝田竹林畔滑雪场、宝鸡鳌山滑雪场、宝鸡太白山滑雪场、铜川照金滑雪场等），结合这些冰雪运动场馆的特色，在开发冰雪运动产业的同时，通过冰雪旅游产业与相关产业的融合，为促进冰雪运动产业的发展提供了重要基础，特别是在旅游景点周围建立冰雪运动场地，将旅游资源与冰雪资源进行整合，通过举办一系列冰雪赛事活动，使冰雪体育成为旅游亮点，融入旅游市

① 於航. A公司的竞争战略研究[D]. 南京：南京大学，2018.

② 王月华，任保国，吴玲敏，等. 我国冰雪旅游产业发展效应及提升路径研究：基于冰雪运动“南展西扩东进”战略的分析[J]. 吉林体育学院学报，2020，36（1）：53-60.

场，促使冰雪旅游产业与相关产业融合，形成冰雪运动产业资源共享，起到了“1+1>2”的显著效果。在西北地区重点发展冰雪旅游产业的新疆，充分发挥新疆作为“丝绸之路”冰雪旅游产业经济带核心区的优势，带动西北地区利用冰雪旅游产业与相关产业的深度融合，确保冰雪旅游产业成为西部旅游产业发展的新动力。

（3）冰雪旅游产业与相关产业融合东进区。上海市和浙江省是我国冰雪产业“南展西扩东进”区“东进”的领头羊。特色冰雪旅游产业与相关产业的融合是上海和浙江借北京冬奥会战略机遇，推动冰雪产业与相关产业融合的亮点。上海市借助国家经济发展中心区域优势，打造品牌冰雪运动赛事，培育冰雪运动新业态，促进冰雪旅游与其他产业的深度融合。基于上海市筹办、举办短道速滑世锦赛和花样滑冰世锦赛国际最高级别赛事，逐渐以冰雪赛事为牵引，推动冰雪旅游产业与旅游业、交通业、康养业等相关产业的深度融合，成为促进经济增长和产业转型的内驱动力。加快冰雪运动场馆与相关产业融合发展，提高冰雪运动产业创新能力，提供多样化的冰雪运动场馆与相关产业的融合模式，是浙江省改革冰雪运动场馆运营的一大重要措施。浙江省目前建有滑雪场（室外6座、室内4座）10座，随着滑雪产业的升温，又将有一批冰雪运动场馆项目乘势而上，其中冰场4座，这些滑雪场和滑冰场全部由社会资金修建。随着北京冬奥会推动冰雪运动产业东进，以绍兴乔波滑雪场、杭州大明山滑雪场、安吉江南天池滑雪场为引领，充分利用滑雪场的资源优势，积极推进冰雪运动场馆与其他运动项目实现有机融合，打造青少年雪地足球、冰雪汽车拉力赛等浙江本土特色的国内外品牌赛事，推动冰雪旅游与其他产业深度融合，为冰雪旅游产业与相关产业的深度融合发展赋能增色，使冰雪旅游产业与相关产业融合催生更多旅游新职业。

## 第七节　北京冬奥会推动京津冀冰雪旅游核心区发展效应分析

京津冀地区由北京市、天津市以及河北省的保定（包括雄安新区）、唐山、廊坊、沧州、秦皇岛、石家庄、张家口、承德、邯郸、邢台、衡水11个地级市组成，是我国的“首都圈”和区域发展总体战略部署的重要组成部分①。京津冀地缘相接、人缘相亲，地域一体、文化一脉，具有丰富的冰雪旅游资源。在京津冀协同发展国家战略和北京冬奥会成功效应的推动下，冰雪旅游成为京津冀地区行动最迅速、百姓受益最直接的新旅游类型之一。在京津冀协同发展战略实施的6周年进程中，北京冬奥会推动京津冀冰雪旅游协同发展在社会、经济、生态等方面的地位越来越重要，对促进京津冀冰雪旅游综合发展的影响日渐明显，成为带动京津冀冰雪旅游经济发展的重要驱动力。京津冀作为北京冬奥会推动区域冰雪旅游协同发展的核心，主要依托京津冀冰雪旅游的文化底蕴、丰富的自然资源、优越的地理位置优势，以京津冀冰雪旅游发展为中心点，向周围地区辐射，带动周边地区冰雪旅游发展的同时，相应壮大京津冀冰雪旅游规模，构建冰雪旅游“由点向面”逐步铺开发展的新格局，实现北京冬奥会推动京津冀冰雪旅游协同发展的目标。特别是借北京和张家口共同承办2022年北京冬奥会契机，积极推进京津冀冰雪旅游协同发展，重点落实冰雪旅游组织一体化、冰雪旅游管理一体化、冰雪旅游市场一体化、冰雪旅游协调一体化“四个一体化”的发展目标。经过10多年的实践，北京冬奥会推动京津冀冰雪旅游协同发展效应明显。

### 一、政策落实成效显著

首先，政策文件出台为冰雪旅游协同发展提供了制度支撑。京津冀地区作为拥有1亿多人、21.6万$km^2$、近20个5A级景区的城市群，拥有丰富的冰雪旅游资

① 王海英，仲雪婷，陶犁.协调视角下京津冀地区交通与区域旅游一体化发展研究[J].资源开发与市场，2022，38（11）：1390-1400.

源，加快北京冬奥会推动京津冀冰雪旅游协同发展效应是全面贯彻落实《京津冀旅游协同发展行动计划（2016—2018年）》《京津冀健身休闲运动协同发展规划》《京津冀旅游一体化协同发展规划》《京津冀文化和旅游协同发展战略合作框架协议》《深入推进京津冀体育协同发展议定书》《京津冀大运河旅游观光带规划》等多项文件的先行者。《京津冀旅游协同发展工作要点（2018—2020年）》明确提出冰雪旅游作为京津冀协同发展的重要领域，必须紧密对接和服务京津冀协同发展国家战略，探索新的实施路径，加速实现高质量发展，形成冰雪旅游经济链条，促进内需发展，为北京冬奥会推动京津冀冰雪旅游核心区发展提供强有力的制度支撑。

其次，政策落实成为重要保障。自2014年3月京津冀体育协同发展上升为国家战略后，紧跟北京联合张家口申办2022年冬奥会，国家陆续出台了一系列支持京津冀冰雪旅游协同发展的政策，京津冀通过《冰雪旅游发展行动计划（2021—2023年）》《北京2022年冬奥会和冬残奥会可持续性计划》《京津冀旅游一体化协同发展规划》《京津冀文化和旅游协同发展2019—2020年工作要点》《京津冀文化和旅游协同发展战略合作框架协议》《北京市“十四五”时期文化和旅游发展规划》《北京市“十四五”时期现代服务业发展规划》《北京旅游中长期规划》《河北省冰雪产业发展规划（2018—2025年）》《河北省冰雪装备器材产业发展行动计划（2019—2022年）》《河北省冰雪旅游发展实施方案（2021—2023年）》以及河北省发改委、省工信厅等六部门印发的《支持冰雪产业发展的政策措施》《张家口奥运旅游三年行动计划》《张家口市全域旅游发展规划》等国家和地方级文件的全面落实，为全力以赴决战决胜北京冬奥会推动京津冀冰雪旅游协同高质量发展注入了动力和活力。上述政策的出台对加快北京冬奥会推动京津冀冰雪旅游协同发展在社会、经济、生态等方面的地位越来越重要，对提升京津冀冰雪旅游综合发展的影响日渐明显，成为带动京津冀冰雪旅游市场发展的重要驱动力。加快北京冬奥会推动京津冀冰雪旅游协同发展效应的提升是随着各项政策的落实，逐渐形成协同发展新体制机制，打造共建新形象、共融新天地、共享新局面，通过全域规划形成共建共融共享的“三位一体”创新引领京津冀冰雪旅游协同发展的新模式。目前，京津冀冰雪旅游协同发展各项政策全面落实给冰雪旅游项目投资带来巨大的发展空间，《河北省冰雪产业发展规划（2018—2025年）》明确提出：借北京冬奥会战略机遇，将冰雪旅游发展融入京津冀协同发展，打造京津张冰雪旅游文化带。

再次，政策执行成为重要依据。京津冀地区冰雪旅游具有协同发展的区域优势，目前在我国华北地区的冰雪旅游资源中占有主导地位，已经成为我国华北地区冰雪旅游发展的核心聚集区。如京津冀冰雪旅游核心区北京城区、延庆区和张家口市地缘相接、人缘相亲，地域一体、文化一脉成为北京和张家口联合成功举办2022年第24届冬奥会的重要基础，京津冀冰雪旅游核心区北京城区、延庆区和张家口市拥有丰富的冰雪旅游资源。自京津冀协同发展上升为重大国家战略、申办冬奥会纳入进京津冀协同发展战略规划和北京携手张家口获得了2022年冬奥会举办权后，京津冀借冬奥会申办和筹办机遇，以国家连续出台的一系列支持京津冀冰雪旅游发展的政策为依据，进一步丰富京津冀冰雪旅游产品，培育精品冰雪旅游线路，点燃冰雪旅游激情，推进京津冀冰雪旅游高质量发展。特别是在常态化疫情防控期间，国家及相关政府机构适时制定和出台的保障冰雪旅游高质量发展的新政策，为北京冬奥会推动京津冀冰雪旅游协同发展实现了平稳过渡。2020年2月26日，文化和旅游部出台了关于延长旅游企业2020年度亏损的结转年限，对提供文化、体育、冰雪旅游娱乐等服务所取得的收入免征增值税等专门政策，同时加大资金支持力度，这对常态化疫情防控下冰雪旅游企业无疑是极大的利好。尤其是2020年文化和旅游部办公厅颁布的《关于文化和旅游推进旅游企业扩大复工复业有关事项的通知》、延庆区《关于应对新冠肺炎疫情影响鼓励冰雪产业持续健康发展的若干措施》等文件，从国家和地方政策层面对北京冬奥会促进京津冀冰雪旅游协同高质量发展起到了重要的保障作用。另外，京津冀的文化和旅游部门根据冰雪旅游发展的实际，制定并出台了促进冰雪旅游发展的相关政策，打出了政策体系建设的组合拳，最大限度地激活常态化疫情防控下冰雪旅游供应与需求市场，推动了京津冀冰雪旅游协同的高质量发展。尤其是北京冬奥会与京津冀协同发展的双重政策叠加对推动京津冀冰雪旅游协同高质量发展在社会、经济、生态等方面的地位越来越重要，对提升京津冀冰雪旅游品牌的竞争力和影响力的作用日渐凸显，成为带动京津冀冰雪旅游市场发展的重要驱动力。随着京张冬奥会的成功举办，全民冰雪运动的热情被点燃，京津冀高标准、高质量加快推进北京冬奥会遗产工作，通过京张冬奥会推动京津冀冰雪旅游协同高质量发展各项政策的全面落实，给京津冀冰雪旅游核心区北京、延庆和张家口冰雪旅游高质量发展带来巨大的空间，特别是在京张冬奥会申办、筹办和成功举办与城市建设紧密结合效应的带动下，京津冀冰雪旅游协同高质量发展效应明显提升，形成了优势互补高质量发展的新格局，为推进京张体育文化旅游带建设提供了重要的战略支撑。

最后，政策引领成为重要驱动力。在北京冬奥会推动京津冀冰雪旅游协同高质量发展政策的引领下，政策对推动冰雪旅游协同高质量发展驱动作用显著。《中国冰雪旅游行业发展现状分析与投资前景研究报告（2022—2029年）》显示，在京津冀地区106个冰雪旅游投资项目中，冰雪旅游企业投资商27个，占比26.7%；非冰雪旅游企业投资商占比73.3%。在2019年的中国·廊坊国际经济贸易洽谈会上，京津冀联合举办京津冀文化旅游项目合作对接恳谈会，联合发布了115个文化和旅游投资招商项目，与会专家就推动京津冀冰雪文化和旅游深度融合、协同发展提出了自己的见解，对提升京津冀冰雪旅游产品和服务供给质量等问题从案例、发展模式和创新路径等领域进行了研讨，并对未来各项政策的全面落实，借北京冬奥会的战略机遇，加快推动京津冀冰雪旅游协同发展提出了新的建议。近年来，为进一步推动京津冀协同发展战略各项政策的全面落实，充分展现京津冀冰雪旅游资源的区位优势和自然环境优势，构建京津冀冰雪旅游协同发展的平台，推动京津冀冰雪协同发展效应的全面释放，实现“1+1+1>3”的社会、经济和生态平衡发展的综合价值。特别是在北京冬奥会筹办各项工作全面展开的重要机遇期，京津冀冰雪旅游协同发展从各项政策的全面落实和有效性方面实现了北京冬奥会推动京津冀冰雪协同发展的目标。京津冀通过联合编制《冬奥旅游带规划》《旅游业与冰雪运动融合发展规划》等文件、推出10条京津冀冰雪旅游线路、举办冰雪文化旅游节、助推“3亿人参与冰雪运动”目标的实现等措施，主要围绕北京冬奥会筹办期和成功举办与建设京津冀冰雪旅游生态圈的新机遇，通过多项政策的扶持，加大了京津冀冰雪旅游协同发展的力度，以冰雪旅游引领京津冀休闲旅游、健康养生旅游、绿色旅游等新兴旅游业的发展，通过加快京津冀地区健康养生示范基地和冬奥会经济可持续发展示范区等产业链的构建，实现了北京冬奥会推动京津冀冰雪旅游高质量协同发展的新格局，为服务北京冬奥会推动京津冀冰雪旅游协同发展、便民共享冰雪旅游文化美好生活提供了良好的环境。

## 二、冰雪旅游产业高质量发展进入快车道

冰雪旅游具有推动区域低碳、绿色和循环经济发展的特征。京津冀冰雪旅游资源丰富，抓住京张冬奥会契机，加快京津冀冰雪旅游协同高质量发展，是将京津冀转变为冰雪旅游核心区的关键。目前，京津冀冰雪旅游协同高质量发展作为京津冀协同发展国家战略深入推进的重要元素，随着京张冬奥会成功举办效应的全面释放，京津冀冰雪旅游市场规模不断扩大，冰雪旅游高质量发展进入快车道。①

首先，北京市冰雪旅游产业高质量发展。北京市以冬奥会筹办和成功举办、京津冀体育协同发展战略为契机，以推动冰雪运动“南展西扩东进”带动“3亿人参与冰雪运动”为目标，先后开发冰雪文化、北京生态冰雪旅游圈、京西南

① 张秀丽. 以大型滑雪场建设带动滑雪产业发展的研究——以兰州市为例[J]. 冰雪体育创新研究，2023（7）：19-21.

生态冰雪旅游经济、冰雪健康养生旅游、休闲度假冰雪旅游、红色冰雪旅游等主题线路，创新不同冰雪旅游产品供给，打造了近100个冰雪旅游体验基地。尤其是在2020年疫情对北京城区和延庆赛区冰雪旅游市场形成严重冲击的情况下，面对疫情防控和消费升级倒逼冰雪旅游市场需求结构加速变迁，采取多项有针对性的政府主导制定和出台的冰雪旅游市场恢复政策，通过编制疫情防控常态化冰雪旅游发展规划和大力开发冰雪旅游产品等策略，实施“冰雪旅游+”和“数字冰雪”战略，补齐疫情防控常态化冰雪旅游发展政策的短板，强化北京冰雪旅游经济带动作用。多产业深度融合发展的“冰雪旅游+”正在成为各地冰雪旅游发展的新趋势。其中，“冰雪旅游+电竞”“冰雪旅游+养生”“冰雪旅游+文创”“冰雪旅游+休闲农业”“冰雪旅游+研学”“冰雪旅游+会展”“冰雪旅游+节庆”等创新模式受到广泛重视，冰雪旅游与各产业的深度融合推动冰雪旅游向纵深高质量发展，为各个地区冰雪旅游经济发展提供了更多机遇。作为京张冬奥会赛区之一，延庆区拥有优质的冰雪旅游资源优势，在冰雪资源整合、京张合作、冰雪旅游线路开发等方面有所突破，“冰雪旅游+文化+体育”成为延庆特色。随着延庆赛区住宿业的提升、高端冰雪旅游资源的开发、精品冰雪旅游线路的推出，延庆逐渐成为国际化的冰雪旅游休闲度假目的地。其中，延庆赛区在2018—2019年雪季滑雪旅游56.4万人次，冰雪旅游收入近1亿元，2019年春节假期延庆冰雪旅游游客量达6.5万人次。目前，在北京冬奥会推动京津冀冰雪旅游核心区北京市冰雪旅游高质量发展的带动下，北京市立足冰雪旅游资源丰富、冰雪旅游设施齐备等优势，充分利用申办、筹办、举办和赛后带动全民参与冰雪旅游的热潮，积极打造具有国际影响力和竞争力的冰雪旅游度假胜地，吸引众多国内外游客玩冰赏雪，将冰雪旅游作为全面振兴、全方位振兴新的北京市白雪经济增长点。根据北京市2014—2020年国民经济和社会发展统计公报的数据，2015年接待入境旅游者420万人次；2016年接待国内旅游者2.8亿人次；2017年接待国内旅游者2.9亿人次；2018年接待国内旅游者3.1亿人次；

2019年接待旅游总人数3.22亿人次；2020年接待旅游总人数1.84亿人次（注：2020年受疫情影响有所下降）。

其次，河北省冰雪旅游产业高质量发展。河北省是我国冰雪旅游资源大省。从北京冬奥会推动河北省冰雪旅游发展效应的实际情况来看，在突出发展冰雪旅游丰富冰雪旅游产品，着力培育市场主体，加大宣传推广力度，加快（特色小镇、冰雪旅游度假区）重点建设项目和提高服务水平等方面成效明显。如秦皇岛渔岛滑雪温泉旅游度假区、承德大黑山国际滑雪旅游度假区、邢台天河山滑雪旅游度假区等多处冰雪旅游度假区给河北省冰雪旅游经济发展带来了红利，张家口万龙、云顶、太舞、银河、富龙等多个滑雪旅游度假区以及赤城新雪国、冰山梁、温泉、张北草原、蔚县年俗等滑雪度假旅游区成为特色冰雪旅游目的地[①]。张家口作为2022年北京冬奥会主要雪上项目赛事承办地，在北京冬奥会的筹办和成功举办的过程中不仅全面提升了张家口地区的公共知名度，更为张家口地区冰雪旅游高质量发展带来了前所未有的机遇与资源。自2015年北京冬奥会申办成功后，张家口作为2022年北京冬奥会雪上项目承办地，进一步明确了冰雪旅游高质量发展的方向。在京津冀一体化发展政策推动下，形成了张家口崇礼、北京延庆等世界级冰雪旅游度假胜地[②]。

从北京冬奥会推动张家口市冰雪旅游核心区高质量发展的实际情况来看，张家口在突出发展冰雪旅游丰富冰雪旅游产品、着力培育发展冰雪旅游市场主体、加大冰雪旅游宣传推广力度、加快冰雪旅游（特色小镇、冰雪旅游度假区）重点建设项目和提高冰雪旅游服务水平等方面成效明显。近年来，张家口凭借2022年北京冬奥会举办地的优势，全面落实《冰雪旅游发展行动计划（2021—2023年）》提出的“加快发展冰雪运动和冰雪产业，加大冰雪旅游产品供给，推动冰

---

① 河北省人民政府办公厅关于印发《河北省冰雪产业发展规划(2018—2025年)》的通知[J]. 河北省人民政府公报，2018（5）：47-63.

② 吴军霞，李静. 北京冬奥会背景下张家口地区冰雪旅游品牌提升路径研究[J]. 体育文化导刊，2021（6）：13-18，54.

雪旅游高质量发展”目标和任务，以及在北京冬奥会成功举办的效应的带动下，张家口市冰雪旅游成为引领冬季旅游发展的新风向标，冰雪旅游消费人群遍布多个行业。《河北省冰雪活动蓝皮书（2020—2021）》的数据显示，张家口崇礼在成功申办2022年冬奥会后，在2018—2019年雪季举办国际竞技赛事、大众冰雪活动、冰雪文化交流、冰雪旅游和培训4大类专业赛事以及群众冰雪活动100多项，参加人数达7万人次以上。张家口凭借天然的地理条件、极佳的空气质量等资源优势，打造崇礼冰雪旅游产业新品牌，推动了冰雪旅游的快速发展。仅在2018—2019年雪季，崇礼就接待游客281.2万人次，旅游收入达20.5亿元。特别是随着2019年12月30日京张城际高铁开通，张家口不仅能满足京津冀等大城市游客冰雪旅游的需求，而且正在成为全国性有吸引力的大众冰雪旅游目的地，为河北省冰雪旅游人数实现约30%的高速增长提供了动力和活力。根据《河北日报》报道，2020年在统筹推进疫情防控和张家口赛区冬奥会筹办中，通过落实《张家口市冬奥项目复工疫情防控专项方案》等文件，统筹疫情防控和赛事组织，落实好每一项筹办工作，提升冰雪运动全民化普及，协同多部门举办国际国内赛事。推进“111M”冰雪运动培训教学体系构建，加强产学研合作，打造多种冰雪运动业态模式，研发丰富的冰雪旅游产品，挖掘冰雪旅游市场发展潜力①。

目前，张家口冰雪旅游核心区紧紧抓住京津冀协同发展、京张携手成功举办冬奥会等一系列重大战略机遇，深挖冰雪旅游资源优势，着力建设环绕北京和张家口，集滑雪、休闲、观光等为一体的京张体育文化旅游带。在充分做好疫情防控和克服疫情带来的不利影响情况下，统筹推进北京冬奥会成功举办带动冰雪旅游高质量发展的效应，以张家口为核心的冰雪旅游区位优势明显。张家口积极探索冰雪旅游高质量发展的新方向，通过精耕细作高质量发展冰雪旅游与其他产业的深度融合，打造冰雪旅游市场高质量发展的新格局，加快推动冰雪旅游和其他

---

① 王雪威，张学冰. 今年努力完成七个阶段目标[N]. 河北日报，2020-04-17（012）.

产业的深度融合发展，让冰雪旅游成为张家口冬季旅游和冰雪经济的核心引擎。调查显示，张家口赛区76个场馆在北京冬奥会期间，通过举办单板滑雪、自由式滑雪、越野滑雪、跳台滑雪、北欧两项、冬季两项等项目的比赛，充分展示了中国式现代化冰雪场馆的功能和作用。其中，崇礼区依托云顶、万龙、太舞、富龙、多乐美地、长城岭、银河以及冬奥会北欧中心越野滑雪场、北欧中心跳台滑雪场、冬季两项中心，以太子城冰雪小镇为中心，在10 km半径范围内形成国内最大的雪场集群。①张家口崇礼区建成的7所（含2所冬奥会比赛用）雪场，雪道166条159.7 km，索道魔毯拖牵67条44.5 km，为承担2022年北京冬奥会雪上两大项六分项五十小项的比赛项目在场地设施上做出重要贡献。

随着冬奥会的成功举办和京张高铁的开通运营，乘高铁前往崇礼滑雪，成为不少国内外滑雪爱好者的新选择。数据显示，京张高铁开通一周以来，到崇礼滑雪的游客共计47639人次，游客总数达90882人次，崇礼接待游客数量同比增长7%。由中国旅游研究院（文化和旅游部数据中心）联合携程旅游大数据联合实验室发布的数据显示，冰雪旅游游客数排名前10的分别是拉萨、乌鲁木齐、张家口、石家庄、神农架、西宁、林芝、银川、呼伦贝尔和承德。张家口位列第3名，与张家口独特的冰雪旅游资源密不可分，尤其是崇礼冰雪游的资源优势更是得天独厚。崇礼区因其雪期长、雪质好，颗粒硬度、黏度等各项雪质参数均符合滑雪标准，是中国滑雪旅游最适宜的地方之一，②拥有冰雪运动场所较多，崇礼12万人口中，有近2万人从事冰雪旅游相关产业，从2018年接待游客量近500万人次到2022年接待游客量近亿人次。近年来，崇礼区在2020年北京冬奥会筹办效应的带动下，凭借滑雪场的地理自然条件优势、各项配套设施日臻完善、空气质量等资源优势，充分打造崇礼冰雪旅游新品牌，冰雪旅游高质量发展成为引领

① 李杰桃. 北京冬奥会筹备对运动休闲基地建设的示范作用研究[J]. 广州体育学院学报，2020，40（3）：43-45，57.

② 陈伟. 基于SWOT分析下的崇礼地区冰雪旅游发展前景研究[J]. 运动，2018（3）：112，146.

冬季旅游发展的新风向标，[①]2017—2018年雪季滑雪旅游人次为280万。其中，崇礼区七大滑雪场在2018—2019年雪季接待滑雪游客首次突破百万人次，同比增长25.9%。2020—2021年雪季，尽管受到新冠疫情的影响，张家口市冰雪旅游逆势上扬，崇礼区接待游客235.02万人次，同比增长78%；旅游收入19.4亿元，同比增长83%。随着北京冬奥会的成功举办效应的全面释放，张家口市冰雪旅游品牌效应仍在提升，打造京张体育文化旅游带和冰雪旅游胜地的步履日益铿锵。目前，河北省以张家口崇礼为核心的冰雪旅游区位优势明显，积极探索冰雪旅游发展的新方向，打造冰雪旅游市场发展的新格局，推动了冰雪旅游的深度融合和高质量发展。

最后，天津市冰雪旅游产业高质量发展。天津作为冰雪运动“南展西扩东进”战略衔接北方与南方地区的枢纽，其冰雪旅游是实现北京冬奥会推动冰雪运动“南展西扩东进”战略的“梁”与“柱”。近年来，天津市面向京津冀协同发展和2022年北京冬奥会两个国家战略的交汇期，深度挖掘冰雪旅游与其他相关产业深度融合发展的功能和内涵，尤其是通过冰雪旅游与休闲体育的深度融合，丰富冰雪旅游产品和冰雪旅游市场品牌，带动天津冰雪旅游市场发展。目前，随着天津冰雪旅游消费能力不断增强和冰雪文化日益繁荣，更多国内和国外冰雪爱好者前往天津进行冰雪旅游体验，冰雪旅游形成了巨大的市场效应。天津市冰雪旅游协同发展目标明确，精耕细作释放新活力效果显著、冰雪旅游民生工程建设落实有声、冰雪旅游深度融合带来的红利明显提升。

## 三、京津冀冰雪场馆建设数量明显增长

冰雪场馆不仅为举办大型国际体育赛事提供重要保障，也逐渐成为发展冰雪旅游促进区域经济增长重要的载体。在北京成功举办2022年冬奥会效应的推动

① 吴玲敏，任保国，和立新，等. 北京冬奥会推动京津冀冰雪旅游发展效应及协同推进策略研究[J]. 北京体育大学学报，2019，42（1）：50-59.

下，京津冀冰雪场馆建设的数量和质量明显提升。

（一）北京市冰雪场馆建设数量

北京市作为举办2022年冬奥会的主要赛区，在筹办和举办冬奥会的过程中，严格按照习近平总书记提出的“办好北京冬奥会、残奥会”的要求，加快北京冬奥会场馆建设的速度。在北京冬奥会场馆建设效应和红利的带动下，冰雪场馆建设数量和质量显著提升。截至2018年12月31日，北京市共有90座滑冰场（室外53座、室内37座）、20家雪场和41个冰面。其中，北京天坛体育中心冰雪场地、八达岭滑雪场地、万龙滑雪场等冰雪场馆在接待国内外游客、发展区域冰雪旅游经济、助推精准扶贫等方面发挥了重要作用。截至2018年底，国内旱雪场总数达32家，其中，北京、上海和广东列前三位。从目前京津冀冰雪场馆的发展情况来看，高端和专业化的冰雪场馆更多地集中于北京，北京市的冰雪运动场馆依托周边巨大的冰雪运动客源市场，冰雪运动设施更加大型化、专业化和高端化。与此同时，冰雪场馆建设带动冰雪旅游项目建设、景区建设和特色冰雪旅游小镇建设的发展加快，为推动北京市冰雪旅游快速发展提供了重要的物质基础。

（二）河北省冰雪场馆建设数量

河北省作为北京冬奥会雪上项目的主承办地，冰雪场馆设施的建设呈高速发展趋势。截至2022年底，《河北省冰雪产业发展规划（2018—2025年）》提出滑冰场馆达到200个的目标已经实现。其中，2018年，河北省已建成滑雪场156家，居全国第3位，共有雪道272条，总长度1860.62 m；建成滑冰场33家，其中室内冰场6家，总面积49.62 $m^2$。2022年全省滑雪场馆达到80个，滑冰场馆达到200个。张家口是京津冀地区最理想的天然滑雪区域，如万龙滑雪场、富龙滑雪场、密苑云顶乐园滑雪场、太舞滑雪场、长城岭滑雪场等。张家口赛区作为北京冬奥会雪上项目的重要比赛场地，在8个奥运场馆（5个竞赛性场馆、3个非竞赛性场馆）的建设中面临着承担冬奥会的雪上项目和赛后服务大众冰雪旅游的重要任务。北京冬奥会自由式滑雪、单板滑雪比赛地云顶滑雪公园、国家跳台滑雪中心、国家越野滑雪中心和国家冬季两项中心施工进展顺利。

（三）天津市冰雪场馆建设数量

天津市在京津冀冰雪旅游发展中具有一定的代表性，受北京冬奥会筹办期推动京津冀冰雪场馆建设效应的影响，天津市冰雪场馆建设的数量不仅逐年增多，而且冰雪场馆建设的质量也在不断提升。天津市冰雪场馆（包括室内滑雪、旱雪场、滑雪模拟器等）发展势头强劲，天津蓟洲国际滑雪场、玉龙滑雪场、盘山滑雪场、动物园滑雪场、蓟县毛家峪滑雪场、水滴滑雪场、华金山滑雪场和东丽湖滑雪场等是目前中外游客首选的大型滑雪场。例如：蓟洲国际滑雪场是按照中国滑雪协会标准设计的坡道，坡道加长，坡度在10°~15°，非常适合初学者滑雪，独特的地理环境条件使场地雪量大、雪质好、不易化，先进进口压雪车可以维持雪质松软有弹性，使游客在体验滑雪乐趣之外确保安全。盘山滑雪场是天津市第二家大型山地滑雪场，造雪面积8万平方米，设有初学者练习区和儿童戏雪区，可容纳3000人同时滑雪。在冬季由专业的教练指导滑雪活动，显著增加了冰雪旅游的人数。

## 第八节　冰雪旅游体验季效应明显

在京津冀冰雪旅游多元化的需求下，以冰雪旅游休闲功能为主导，融合休闲、旅游、度假、居住、文化等多功能的冰雪旅游综合体顺势而生。冰雪旅游体验季是京津冀地区综合发展冰雪旅游的一种新的表现形式。京津冀冰雪旅游体验季是由河北省体育局协同北京市体育局、天津市体育局、河北省文化和旅游厅、北京市文化和旅游局及天津市文化和旅游局共同主办的“冰雪+旅游”系列公益活动。

以冰雪旅游休闲为载体，以打造城市冰雪旅游名片为宗旨，以参与冰雪旅游体验为主要形式，借助新媒体力量宣传城乡冰雪旅游形象，向世人展示冰雪旅游发展的新成果，通过冰雪旅游体验季，让大众参与到冰雪旅游活动中，不仅满足大众新诉求，更丰富冰雪旅游体验新产品，充分发挥优势和努力打造更具吸引力的冬季冰雪旅游项目和品牌活动，不断做大做强冰雪旅游的蛋糕，促进“带动3亿人参与冰雪运动”计划的落实。推动大众对冰雪旅游的参与，促进冰雪旅游发展，拉动京津冀冰雪旅游消费增加。

自2017年至今，京津冀冰雪旅游体验季利用京津冀不同区域冰雪旅游资源、冰雪旅游品牌，打造具有区域特色的冰雪旅游休闲营地、冰雪旅游特色小镇和世界级冰雪旅游目的地。如天津市蓟州区的奥悦冰雪旅游度假小镇项目的建设，为“冰雪+旅游”深度融合发展带来无限可能。该项目建设占地1000亩，总投资50亿元，以绿色、低碳和生态理念引领全面冰雪旅游度假小镇项目的建设，打造天津最大的全季、全域、无时差冰雪旅游目的地，为大众参与冰雪旅游活动提供了重要的物质基础。经过京津冀冰雪旅游体验季5年的发展与实践，京津冀地区围绕冰雪旅游体验季打造一季变四季冰雪旅游发展的新模式。首先，重点围绕冬奥会冰雪旅游资源，打造北京冬奥会冰雪文化旅游品牌，深度挖掘北京冬奥会冰雪文化资源，打造一系列北京冬奥会冰雪文化旅游活动，带动京津冀冰雪旅游从单一要素向全域资源整合转变。其次，围绕京津冀冰雪旅游的区位优势，打造经济带，创新品牌体系，凸显文化内涵、资源内涵，推动京津冀冰雪旅游全年运营，形成“全景、全业、全时、全民”冰雪旅游发展新格局。如京北生态冰雪旅游圈推出坝上草原、国家1号风景大道、密承金秋和冬季冰雪等特色旅游精品线路；京西南生态冰雪旅游经济带推出冰雪健康养生旅游、休闲度假冰雪旅游和红色冰雪旅游等主题线路。[①]再次，依托京津冀滑雪场和滑冰场自身的环境条件，积极

① 潘福达. 京津冀五大旅游示范区建成[N]. 北京日报，2019-06-28（021）.

开展冬春季节的室内外冰雪旅游，以崭新的面貌为京津冀冰雪旅游协同发展注入新的活力和动力，为区域经济转型做出新贡献。最后，加快京津冀冰雪旅游的深度融合发展，深入开展冰雪旅游与“红色文化”融合，以“不忘初心、牢记使命”主题教育为创新理念，建设京津冀冰雪旅游与“红色文化”深度融合冰雪运动休闲旅游度假区。

## 第九节　推动高质量共建“一带一路”沿线冰雪旅游发展效应

习近平总书记提出的“一带一路”倡议是全新国际合作与全球治理模式。共建“一带一路”倡议9年的创新实践证明，政策是加快促进高质量共建“一带一路”沿线冰雪旅游发展效应的重要催化剂。到目前为止，全国31个省、自治区、直辖市先后出台了一系列推动“一带一路”高质量发展的政策和规划的文件，从制度层面为沿线冰雪旅游发展提供了重要保证。从“一带一路”各省份的定位看，新疆是丝绸之路经济带核心区，自治区党委、自治区人民政府关于《新疆建设丝绸之路经济带核心区的指导意见》为新疆冰雪旅游发展提供了重要制度支撑；甘肃、宁夏、青海、陕西作为形成面向中亚、南亚、西亚国家的通道、商贸物流中枢、重要产业和人文交流基地，在全面落实高质量共建“一带一路”倡议的目标下，从不同的地方制度领域提出促进冰雪旅游发展的政策实施措施，如《西安高新区加强文化建设促进文化旅游产业融合发展三年行动方案（2020—2022年）》提出，打造国际文化旅游交流平台，积极践行高质量共建“一带一路”倡议，加大对外开放，借助丝绸之路文化交流中心等平台机构，推动“一带一路”沿线冰雪旅游的高质量发展。北京、内蒙古、辽宁、黑龙江、吉林是向北开放的重要窗口。《北京市推进共建“一带一路”三年行动计划（2018—2020年）》明确提出“通过高水平筹办举办重大国际活动，打造具有国际影响力的文化交流品牌，成为共建‘一带一路’文化产品交流的重要渠道”具体任务。经过近几年的实践，北京在共同参与高质量共建“一带一路”沿线冰雪旅游中发挥了重要作用，特别是通过北京冬奥会的成功举办掀起了冰雪旅游产业发展的热潮，为高质量共建“一带一路”沿线冰雪旅游发展做出了重要贡献。

## 第十节　冰雪旅游消费需求回馈效应增强

### 一、以“赛”吸“睛”激发冰雪旅游消费需求回馈效应明显

以“赛”吸“睛”，利用好冰雪赛事激发冰雪旅游消费需求是实现北京冬奥会推动冰雪旅游核心区发展回馈效应的关键。围绕冰雪赛事这一核心资源，链接冰雪旅游、广播传媒、“互联网+”、数字体育多产业，形成冰雪运动项目、赛事、品牌、营销广告矩阵。通过多层面、多角度、整体化冰雪运动信息传播，提升人们冰雪运动兴趣，刺激相关消费需求，真正实现激发冰雪旅游消费需求回馈，以“奥”促“产”，提升冰雪旅游产业升级民众意愿[①]。

### 二、以智慧冰雪旅游激发冰雪旅游消费需求回馈效应提升

面对传统性、被动性和低效性冰雪旅游公共服务供给问题，借助互联网、大数据、云平台等智慧化集成技术从横向、纵向、深度多维向探索智慧化供给三维立体模式与运行机制体系，实现北京冬奥会推动冰雪旅游核心区冰雪旅游消费需求回馈效应是关键所在。目前，核心区冰雪旅游通过促进产品数字化转型以5G、VR、无人机等科技手段的创新与发展，逐步提升了核心区冰雪旅游体验“互联网+”智慧核心区冰雪旅游项目的功能和作用，正在成为提高核心区冰雪旅游影

① 尹宏，王苹. 文化、体育、旅游产业融合：理论、经验和路径[J]. 党政研究，2019（2）：120-128.

响力，促进核心区冰雪旅游产业转型升级的重要手段。而具有鲜明特色核心区冰雪旅游产品，充分利用智慧化集成技术进行多渠道、跨区域的精准宣传推介，并以此推动智慧核心区冰雪旅游产业的高质量发展，以智慧冰雪旅游激发冰雪旅游消费需求回馈效应提升，吸引更多国内外游客关注，特别是利用互联网平台为自由行乘客设计组合冰雪旅游服务，创新以智慧冰雪旅游激发冰雪旅游消费需求回馈效应提升，成为北京冬奥会推动冰雪旅游核心区发展冰雪旅游产业的最佳方式。

# 第六章　北京冬奥会推动冰雪旅游核心区发展的战略谋划

## 第一节　北京冬奥会推动冰雪旅游核心区发展战略设计

### 一、北京冬奥会推动冰雪旅游核心区发展的动态模型

随着2022年北京冬奥会的成功举办带来的国内影响，其推动冰雪旅游核心区发展的冰雪经济消费热潮会不会“偃旗息鼓”，成为短期现象？从赛前、赛中和赛后3个阶段系统地看，2022年北京冬奥会推动冰雪旅游核心区发展效应显然不会是一个短期现象。从近几年冬奥会举办地发展冰雪旅游的科学规律来看，冬奥会结束后3年内，受到冬奥会筹办期的大量投资、消费过度扩张等因素影响，可能产生房地产闲置、冰雪旅游发展不景气等低谷效应。因此，长期以来后冬奥会时期冰雪旅游发展效应都是奥运举办国必须认真审视的问题。北京冬奥会的举办时间是有限的，冰雪旅游核心区要抓住后冬奥会时期冰雪旅游高质量发展契机，科学性、前瞻性地提出具有较强针对性的发展战略，突出旅游核心区优势，妥善采用科学措施，高效利用旅游核心区优势资源，突出核心区亮点，从而凸显后冬奥会时期冰雪旅游奥运风格，延伸核心区冰雪旅游产业链条，为冰雪旅游核

心区社会、经济、文化等方面的发展提供支持和服务[①]。

北京和张家口成为2022年冬奥会举办城市，其冬奥会推动冰雪旅游核心区发展和冬奥会周期形成全面对接，根据不同的冬奥会周期的特征进行不同发展战略的定位，实现冬奥会筹办期、举办期和举办后期推动冰雪旅游核心区发展效应全面释放是重要研究课题之一。从近几届举办城市开发冬奥会冰雪旅游的实践来看，冬奥会冰雪旅游作为旅游吸引物和形象塑造者，通过相关的冬奥会旅游活动（如冬奥会改善旅游基础设施、冬奥会旅游促销、冬奥会旅游媒体宣传等）提升主办城市冬奥会促进冰雪旅游产业发展的竞争力，最终的影响效果主要表现为新增加冬奥会促进冰雪旅游者数量、优化冬奥会促进冰雪旅游产业经营状况和塑造良好的冬奥会促进冰雪旅游产业形象。因此，在冬奥会推动冰雪旅游核心区发展的进程中，北京应扣紧冬奥会推动冰雪旅游核心区发展的3个周期的不同特征，根据北京冬奥会筹办期、举办期和举办后期冰雪旅游的发展定位，制定出不同的发展战略。本书根据冬奥会冰雪旅游的不同周期特征，参考有关学者的研究成果构建了冬奥会推动冰雪旅游核心区发展的动态模型（见图6–1），并依据动态模型设定不同的发展战略和实现路径，以期能助力北京冬奥会推动冰雪旅游核心区的高质量发展。

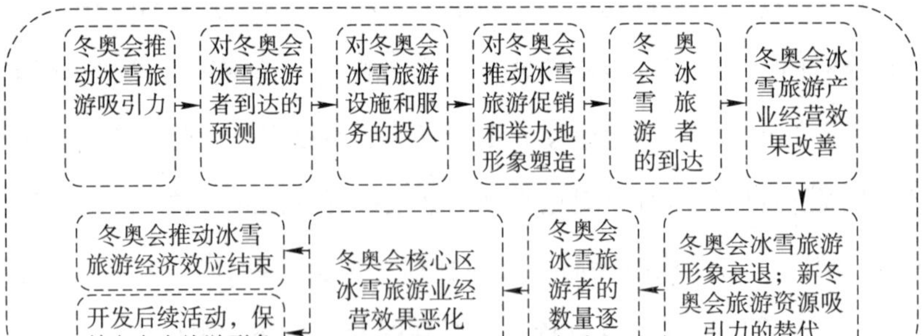


**图 6–1　北京冬奥会推动冰雪旅游核心区发展的动态模型**

① 陈峰. 后奥运时期中国体育旅游产业可持续发展的策略研究[J]. 体育与科学，2010，31（5）：44–49.

冬奥会筹备期以区域性冰雪运动体验旅游度假地为主体，冬奥会举办期以冬奥会旅游为主体，冬奥会举办后期以冬奥会场馆遗产旅游与新开发的冬奥会旅游项目为主体，培育新的冬奥会旅游开发模式，激发群众参与后冬奥会旅游的热情、营造全社会积极支持参与北京张家口后冬奥会旅游的浓厚氛围。因此，后冬奥会旅游对冬奥会举办城市冰雪旅游业的直接影响较大，在其推动和促进下，冬奥会旅游资源得到了较为高效的利用，冰雪旅游的特色也在此过程中得以真正凸显。2022年，部分人群没有机会现场观看冬奥会，为了丰富其体验，北京冬奥会旅游这一主题应运而生，也可以认为这些人群是北京冬奥会旅游人力资源的中坚力量。故而这一旅游形式的影响力应该是深远而巨大的，其持续时间较长，影响范围广泛，参与人数众多，我国应当针对其制定可持续发展战略，使北京冬奥会冰雪旅游成为人们喜闻乐见、群众乐于接受的大众化旅游形式①。

## 二、北京冬奥会推动冰雪旅游核心区发展战略设计的框架

制定北京冬奥会推动冰雪旅游核心区发展战略，不仅是实现北京冬奥会推动冰雪旅游核心区高质量发展的保障条件，也是实现北京冬奥会推动冰雪旅游核心区高质量发展的重要保证。北京冬奥会以其广泛的冬奥会促进冰雪旅游+其他旅游产业关联效应和乘数效应推动冰雪旅游核心区高质量发展，将日益凸显出北京、延庆和张家口冰雪旅游发展的重要功能。北京冬奥会推动冰雪旅游核心区冰雪旅游与其他旅游产业融合创新的互相波及、动态竞合，将进一步提升核心区冰雪旅游的整体热度，并促进其与其他旅游产业高效融合发展，增强不同旅游形式的发展可持续性。当前，北京和张家口冰雪旅游产业起步晚、发展快、规模大，已经跻身于全国最重要的冰雪旅游产业强市的行列。在2022年北京冬奥会成功

① 陈麦池. 中国冰雪体育旅游的创意开发模式与产业升级路径研究[J]. 中国发展，2016，16（2）：25-26.

举办后，应积极探索制定北京冬奥会推动核心区冰雪旅游与其他旅游产业融合创新的策略，为北京冬奥会推动核心区冰雪旅游产业可持续发展带来强大的驱动力，形成北京冬奥会推动核心区冰雪旅游产业高质量发展的新格局（见表6–1）。

**表 6–1　北京冬奥会推动冰雪旅游核心区发展战略设计的框架**

| 设计手段 | 设计目的 | 具体发展战略设计 |
|---|---|---|
| 宏观手段 | 冰雪旅游策略手段 | 1. 加强文化和旅游部门、体育部门、高校、科研单位等部门的强强联合，加快冰雪旅游发展策略的设计和制定；<br>2. 制定冰雪旅游发展策略原则，形成冰雪旅游发展生态集群区，推动区域全面提升冰雪旅游产业经济增长速度，推动冰雪旅游业的可持续发展；<br>3. 充分认识冰雪旅游产业与其他旅游产业融合创新投资者的主体作用；<br>4. 就冰雪旅游产业与其他旅游产业融合商机对冰雪旅游与其他旅游机构进行培训，推进冰雪旅游产业与其他旅游产业融合专业化建设的快速发展；<br>5. 提高相关管理部门对冰雪旅游产业与其他旅游产业融合经营与管理的技巧；<br>6. 制定针对冰雪旅游产业与其他旅游产业融合创新的长远发展规划 |
| 合作交流 | 加强北京城区、延庆赛区和张家口赛区3个层面的交流 | 1. 加速冰雪旅游产业与其他旅游产业的融合和创新，使各部门能够通力合作，推动冰雪旅游产业与其他旅游产业融合创新的可持续发展；<br>2. 推进现代化信息共享，加快冰雪旅游产业与其他旅游产业融合信息的传播；<br>3. 加快冰雪旅游产业与其他旅游产业融合和研究成果的开发和利用；<br>4. 加强冰雪旅游产业与其他旅游产业融合投资者之间的联系；<br>5. 鼓励相关部门共同开发冰雪旅游产业与其他旅游产业融合客源市场 |
| 区域发展 | 加快冰雪旅游发展策略设计的创新，清除策略设计创新障碍 | 1. 为冰雪旅游产业与其他旅游产业融合经营者提供专门资料库并及时向其通报统计结果；<br>2. 建立各个地区的冰雪旅游组织，促进冰雪旅游产业与其他旅游产业融合发展；<br>3. 重视举办冰雪体育赛事活动对促进举办地冰雪旅游产业与其他旅游产业融合基础设施建设的特有功能；<br>4. 提高媒体、交通、赞助商等相关部门、行业在促进冰雪旅游产业与其他旅游产业融合创新中的运作水平；<br>5. 鼓励各地区之间协作，减少冰雪旅游产业与其他旅游产业融合设施的重复建设，避免产品的同一性；<br>6. 考虑在本地区内冰雪旅游产业与其他旅游产业融合创新发展的可能性；<br>7. 鼓励各地区轮流举办冰雪旅游产业与其他旅游产业融合创新成果的交流活动 |

续表

| 设计手段 | 设计目的 | 具体发展战略设计 |
|---|---|---|
| 科学研究 | 建立健全冰雪旅游发展策略研究机构 | 1. 对冰雪旅游产业与其他旅游产业融合创新进行明确的界定，明确发展目标；<br>2. 协调各研究部门的发展，引导有关冰雪旅游产业与其他旅游产业融合创新对促进经济和社会发展影响研究的进一步深入，并向投资者推广研究成果；<br>3. 引导研究机构对冰雪旅游产业与其他旅游产业融合创新已有市场和潜在市场进行精细实证研究；<br>4. 分析研究市场需求，使不同特色的旅游产业同步创新和融合，高效满足当前的现实市场需求；<br>5. 开展纵向研究，对冰雪旅游产业与其他旅游产业融合创新效益进行长期追踪 |
| 基础设施建设发展 | 采用科学合理的方法和手段设计策略的内容 | 1. 普查冰雪旅游产业与其他旅游产业融合所需设施和相关基础设施的情况；<br>2. 鼓励充分利用和改进已有的设施（包括场馆、宾馆和交通设施等）；<br>3. 考虑两者融合设施投资的效益，尽量使用多用途的旅游设施 |
| 资金来源融资渠道 | 解决冰雪旅游产业与其他产业融合中遇到的资金问题 | 1. 使政府意识到在获得冰雪旅游产业与其他旅游产业融合所需资金和赞助方面面临的各种困难；<br>2. 与有关部门交流，了解资金可以如何获得资助，通过哪些渠道获得发展资金，制定资金来源融资渠道发展规划；<br>3. 政策上鼓励冰雪旅游企业上市融资，加速冰雪旅游产业与其他旅游产业的融合<br>4. 鼓励政府、市场和企业合作，发挥三者的合作作用 |
| 教育培训发展规划 | 发展和满足冰雪旅游产业与其他旅游产业融合创新的教育与培训的需求 | 1. 促进冰雪旅游产业与其他产业融合创新的发展，从中发现教育、就业与参与的机会，加快冰雪旅游产业与其他旅游产业融合创新相关课程的开设；<br>2. 发展冰雪旅游产业与其他旅游产业融合创新的专业课程；<br>3. 对各个机构包括志愿者进行有效的专门训练，提高冰雪旅游产业与其他旅游产业融合创新市场运作技能，鼓励发展和传播冰雪旅游产业与其他旅游产业融合信息和教育培训的资源 |
| 规范制度 | 利用规范的方法评价冰雪旅游产业与其他旅游产业融合创新 | 1. 建立适应经济、文化和社会发展的融合创新运作模式；<br>2. 制定适合各地实际、规范的冰雪旅游产业与其他旅游产业融合创新评价模式；<br>3. 寻找合适的方式，向影响产业融合创新发展的行业部门发布相关信息；<br>4. 对具体冰雪旅游产业与其他旅游产业融合创新效益进行评估 |
| 公众参与 | 提高公众参与冰雪旅游发展策略设计的创新程度 | 1. 认清公众参与提升冰雪旅游发展策略制定的重要性；<br>2. 了解不同公众参与冰雪旅游发展策略制定的需求；<br>3. 建立鼓励和支持公众参与冰雪旅游发展策略制定的机制政策 |

## 三、北京冬奥会推动冰雪旅游核心区发展战略设计

### （一）北京冬奥会推动冰雪旅游核心区发展战略设计的目标

举办2022年冬奥会是实现核心区冰雪旅游产业高质量发展，推动冬奥会城市建设的良好机遇，在人们满怀期望的同时，我们应该充分认识到北京冬奥会推动冰雪旅游核心区发展可能产生不良影响的情况，尽量发挥北京冬奥会推动冰雪旅游核心区发展效应的全面释放，使冰雪旅游高质量发展成为核心区社会、经济、文化等方面发展的强大杠杆。为此，本书针对北京冬奥会推动冰雪旅游核心区发展的特点，结合国外城市举办冬奥会后获得的冰雪旅游实践经验，制定符合中国发展特色的冰雪旅游核心区发展战略（见图6-2）。

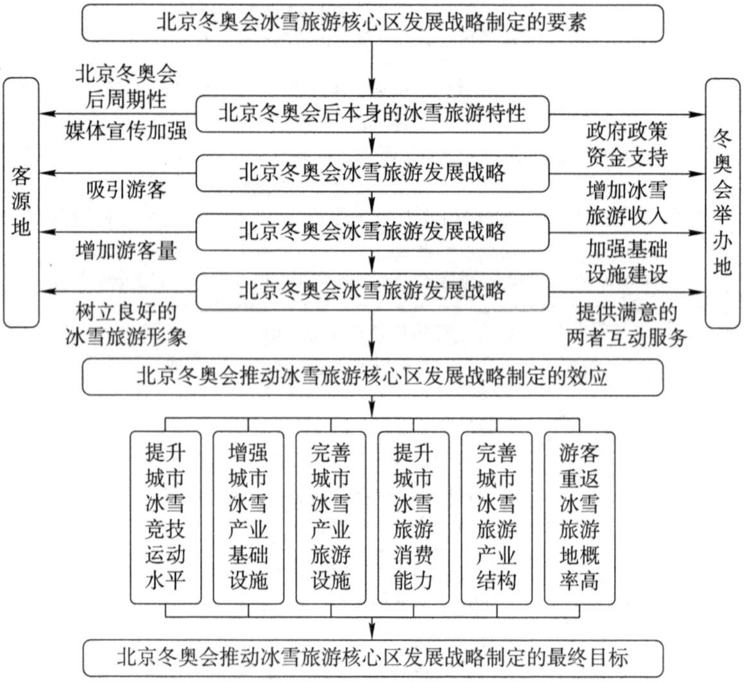


**图 6-2　北京冬奥会推动冰雪旅游核心区发展战略制定的基本框架**

1. 加速制定冰雪旅游产业及信息产业深度融合发展战略

目前，冰雪旅游产业与相关产业的深度融合对信息和信息技术的依赖性很

强，信息化建设对促进冰雪旅游产业与相关产业的深度融合有着不可代替的作用。从宏观层面看，信息化建设对促进冰雪旅游产业与相关产业的深度融合发展的作用主要体现在可以增加二者深度融合发展中的知识含量和科技含量，实现冰雪旅游产业与相关产业的深度融合发展从依赖大量物质和人力资源的粗放式发展模式转变为提高投入要素使用效率的集约式发展模式，促使冰雪旅游产业与相关产业的深度融合从传统服务业转型为现代服务业。从微观层面看，信息化建设能够优化冰雪旅游产业整体形象，促使其更为快速和有效地与相关产业融合发展，使冰雪旅游产业与相关产业的深度融合的产品更加形象化、特色化和个性化，并有效满足旅游者群体的信息需求[①]。故而在促进冰雪旅游核心区冰雪旅游产业与相关产业深度融合发展策略的制定中，应根据信息化建设从冰雪旅游产业与相关产业的深度融合发展的市场需求、产品质量提升等方面加大投入量，进一步制定冰雪旅游产业与相关产业深度融合发展的策略，使冰雪旅游与信息产业以及其他有关产业的深度融合发展凸显信息化特色，使其与冰雪旅游产业相融合，使其在各产业深度融合的同时发挥积极的推动作用，通过策略的制定保障信息化建设促进冰雪旅游产业与相关产业深度融合发展空间的延伸，从政策上保证加快信息化建设对促进冰雪旅游产业与相关产业深度融合发展功能的全面释放。

2. 加快“互联网+”App平台推动冰雪旅游产业与相关产业深度融合发展战略的制定

“互联网+”App平台是实现冰雪旅游产业与相关产业深度融合的一种新方式。App是指通过手机终端植入应用平台及应用软件运行环境，节约硬件成本，支持下载应用软件。近年来，App平台创新性地应用在各种冰雪旅游产业与相关产业深度融合发展中，成为很多冰雪旅游企业通过互联网对外沟通与宣传的有效途径。从北京冬奥会推动冰雪旅游核心区冰雪旅游产业与相关产业深度融合发展的

---

① 佟安娜. 辽宁复合型冰雪全域旅游战略研究[J]. 旅游与摄影，2022（7）：39-41.

整个过程来看，在冰雪旅游产业与相关产业深度融合发展中构建“互联网+”App平台，是借助互联网形成对冰雪旅游产业与相关产业深度融合发展的产品、营销策略和服务推广的重要路径。App平台是在互联网和大数据时代下对冰雪旅游产业与相关产业深度融合发展服务理念的创新推动，借助“互联网+”创新模式激发冰雪旅游产业与相关产业深度融合发展，形成潜在的冰雪旅游消费潜力，在提高冰雪旅游产业经济效益和丰富其产业链的同时，也要促进相关产业资源开发与环境保护的可持续发展。目前在“互联网+”App平台推动冰雪旅游产业和相关产业深度融合方面仍旧存在一些短板，相关发展策略的完善度稍显不足，需要冰雪旅游核心区相关部门加快发展策略的制定和完善。

3. 加快信息技术在冰雪旅游产业与相关产业深度融合发展应用与推广中战略的制定

目前，在国际上冰雪旅游产业与相关产业深度融合发展程度较高的国家和地区，信息技术从冰雪旅游产业与相关产业深度融合发展的经济功能、社会效益和生态保护价值等方面推进冰雪旅游产业发生深刻变革，在冰雪旅游产业与相关产业深度融合发展中，信息化建设已经成为推动冰雪旅游产业发展的重要途径。北京冬奥会推动冰雪旅游核心区冰雪旅游产业与相关产业深度融合发展促进冰雪旅游产业结构升级转型，也要依赖冰雪旅游产业与相关产业深度融合发展信息的及时准确传播与共享，以及信息技术应用的广度和深度等要素能力的发挥，为冰雪旅游产业与相关产业深度融合发展提供科技服务，加快冰雪旅游产业转型升级，提升冰雪旅游产业发展科技竞争力。

北京冬奥会推动冰雪旅游核心区的冰雪旅游产业与其他旅游产业之间的联系十分密切，要推动冰雪旅游产业发展，其必要前提之一就是要发挥其他旅游产业的基础作用，冰雪旅游产业是促进其他旅游产业发展的重要形式之一。制定北京冬奥会推动冰雪旅游核心区的冰雪旅游产业与其他旅游产业融合发展策略，要立足本地实际，通过渗透型、拓展型、创新型深度融合的发展模式，转变政府职能，净化冰雪旅游产业与其他旅游产业融合创新的发展环境，在制定好冰雪旅游产业与其他旅游产业融合创新发展规划的基础上，建好冰雪旅游产业与其他旅游产业集群基地；在重视冰雪旅游产业与其他旅游产业融合创新人才培养的同时，要使地域文化产业和冰雪旅游产业相融合，使冰雪旅游产业形象更为突出，时刻跟进消费者需求，对冰雪旅游产业市场进行深入调研，在产品创新的同时打造更为繁荣的冰雪旅游产业带，为冰雪旅游产品赋予地域性特色，实现北京冬奥会推动冰雪旅游核心区冰雪旅游产业与其他旅游产业深度融合的高质量发展。借助北京冬奥会成功举办的后续效应，通过信息技术在冰雪旅游产业与相关产业深度融合发展应用与推广中策略的制定，实现北京冬奥会推动冰雪旅游核心区发展效应的辐射功能，为推动京张体育文化旅游带建设高质量发展提供信息服务。

（二）北京冬奥会推动冰雪旅游核心区发展战略的设计

北京冬奥会的举办不仅将为北京城市生态环境建设提供塑造自身价值和向世界展示自己的机会，同时也将为冰雪旅游产业发展促进核心区城市建设的可持续发展提供战略机遇。其发展战略的制定要在尽量延长冰雪旅游产业促进核心区城市建设可持续发展的同时，将环境保护意识刻入发展全程，在求发展的同时积极保护生态环境，使冰雪旅游成为更加环保和清洁的旅游形式，尽可能节约自然资源及能源，从而使冰雪旅游产业发展和生态保护事业并驾齐驱。冰雪旅游产业促进核心区城市建设可持续发展战略的制定，应被看作是一个基于空间智能体的战略生态体系，由于冰雪旅游产业开发所依赖的生态环境具有较强的脆弱性，特别是在冬奥会举办城市核心区的冰雪旅游产业的开发过程中，人们对于环境及生态保护的认识度较为浅显，重视程度不足，故而很有可能出现“重经济，轻环境”的情况，而在这种观点的影响下，虽然冰雪旅游产业的发展可以得到有效促进，但这种竭泽而渔的意识却会导致可持续发展链条断裂，导致“盲目开发”的问题频发，这对城市冰雪旅游产业而言只是一种短暂的繁荣和推动，最终的后果必将由冰雪旅游产业承担，因此，这种旅游形式的完整性遭到破坏，不利于冰雪旅游产业促进核心区城市建设的可持续发展。北京冬奥会推动冰雪旅游发展战略的制定，应遵循2014年国际奥委会第127次全会通过的《奥林匹克2020议程》中提出的40条改革建议的指导思想，明确冰雪旅游可持续发展战略制定的发展目标、主要任务、核心内容和实施措施等，并符合北京冬奥会推动举办城市的智慧化、数字化和科技化冰雪旅游产业可持续发展的要求，制定切实可行的北京冬奥会推动冰雪旅游产业核心区发展的战略（见图6-3）。

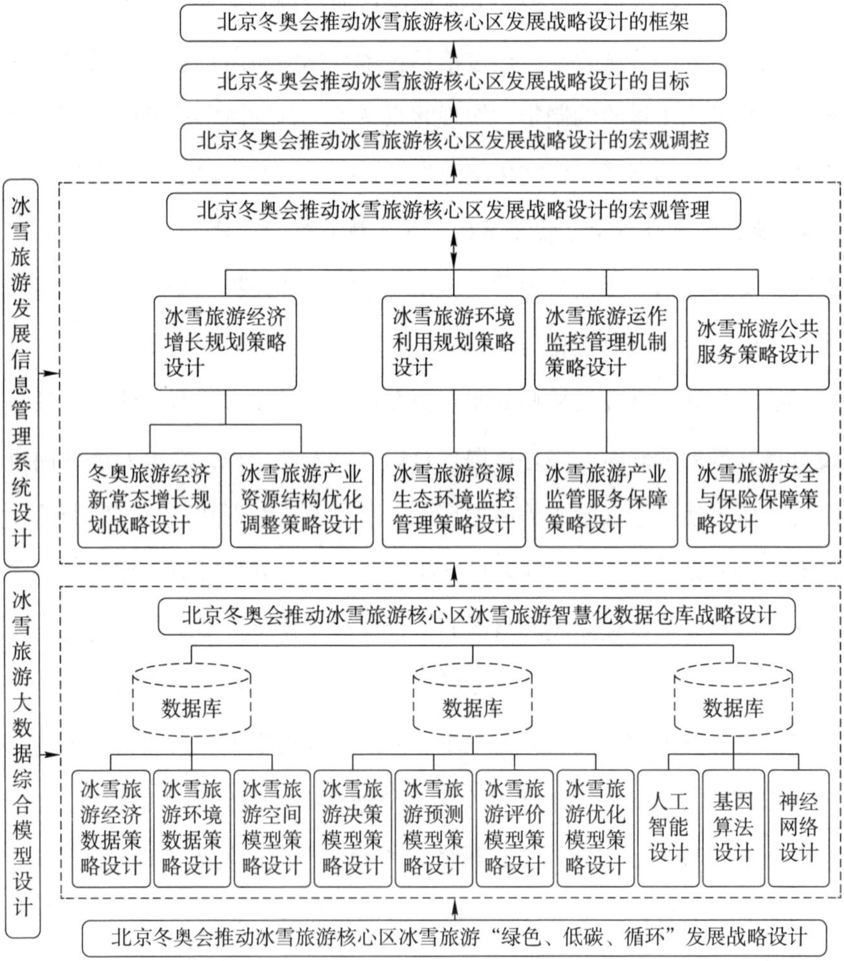


**图 6-3　冰雪旅游产业促进北京世界体育城市建设保障机制**

由图6–3可见，北京冬奥会推动冰雪旅游产业核心区发展战略的制定是对实现冰雪旅游产业促进核心区城市建设发展的根本需求。例如，《北京市大数据和云计算发展行动计划（2016—2020年）》明确提出，到2020年，北京城市副中心、北京新机场和冬奥会场馆等将率先开展第5代移动通信（5G）网络商用示范。2022年是举办城市北京冰雪旅游产业促进世界体育城市建设的快速发展之年，但这一年能否真正成为冰雪旅游产业促进世界体育城市建设的丰收年，并非自然而就。因此，在制定北京冬奥会推动冰雪旅游产业核心区发展战略的过程中，应该将冰雪旅游接待、冰雪旅游产业公共服务设施建设融入其中，充分考虑在冬奥会后把赛事设施转化为冰雪旅游产业设施，并且确保冰雪旅游产业的宣传推广、策划组织与冬奥会的筹办工作同步推进。

为了更好地促进冰雪旅游产业高质量发展，实现核心区城市建设可持续发展战略的目标，以北京冬奥会推动冰雪旅游产业核心区发展的战略为引领，在制定冰雪旅游产业区域联动、全面融合和创新驱动发展战略实施的目标下，设立专门的职能部门，强化冰雪旅游产业北京冬奥会推动冰雪旅游产业核心区发展的战略目的。

## 第二节　冰雪旅游核心区冰雪旅游发展战略创新

### 一、冰雪旅游核心区冰雪旅游总体发展战略设计

冰雪旅游核心区冰雪旅游总体发展战略设计是实现冰雪旅游核心区冰雪旅游企业内外部环境的匹配，有效实施冰雪旅游核心区冰雪旅游总体发展战略、组织结构和管理体制的整体性、多层次和非连续性的全面改革。但是目前冰雪旅游核心区冰雪旅游总体发展战略的顶层设计与一般的战略设计不同，它更加强调形成

冰雪旅游核心区冰雪旅游总体发展战略顶层设计的多个组织要素的系统性变化，冰雪旅游核心区冰雪旅游总体发展战略顶层设计的内容主要包括公司层面、经营层面和职能层面3个层面，从而使冰雪旅游核心区冰雪旅游总体发展战略的顶层设计发生系统性的变化，立足于冰雪旅游组织架构、冰雪旅游业务模式、冰雪旅游产权制度等方面，对冰雪旅游核心区冰雪旅游总体发展战略进行有效的顶层设计，从冰雪旅游核心区冰雪旅游总体发展战略设计创新方面实现冰雪旅游核心区冰雪旅游红利效应的全面释放。本书仅从冰雪旅游核心区冰雪旅游总体发展战略设计的公司层面、经营层面和职能层面对冰雪旅游核心区冰雪旅游总体发展战略设计进行探索，即冰雪旅游核心区冰雪旅游在产品构成、市场开拓、产业链延伸、经营业务、创新品牌构建等方面进行战略谋划的顶层设计（见图6-4）。

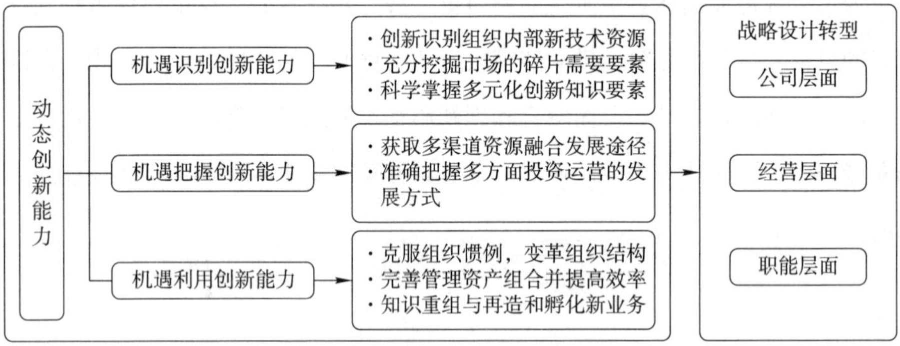


**图6-4　冰雪旅游核心区冰雪旅游总体发展战略顶层设计的动因要素**

冰雪旅游核心区冰雪旅游总体发展战略顶层设计的机遇识别能力包括：掌握新知识、发现市场需求和识别组织内部新技术，体现在识别市场趋势、挖掘客户需求、增强技术能力等方面。冰雪旅游核心区冰雪旅游总体发展战略顶层设计的机遇把握能力主要包括获取必要资源的方式和对准确性的预测，具体是指冰雪旅游核心区冰雪旅游总体发展战略顶层设计应充分立足冰雪旅游核心区冰雪旅游企业的内外创新能力，选择适当有效的方式集聚资源优势，特别是抓住所有创新机遇，抢占市场份额，利用先发优势引导和扩大冰雪旅游核心区冰雪旅游业务范围，充分创造广阔的冰雪旅游市场前景和消费需求能力。机遇使用能力是指在冰雪旅游核心区冰雪旅游总体发展战略顶层设计时，冰雪旅游核心区冰雪旅游企业应根据获得的市场机会，通过内部和外部资源的充分调动与整合，形成新的科学知识、技术能力和优势资源的组合，提高创新潜力的能力，形成新的核心价值竞争力，保证冰雪旅游核心区冰雪旅游总体发展战略顶层设计的前瞻性、科学性和有效性。

## 二、构建全方位、立体型的冰雪旅游总体发展战略

冰雪旅游核心区冰雪旅游是具有特定的结构、功能和目标的综合体，是一项涉及社会、经济和环境诸多要素的复杂系统，有其自身的空间结构、时间结构。系统内部各要素之间只有保持稳定的相互联系和有序的相互作用，才能与外界进行能量、物质、信息的交换和正常运转。构建全方位、立体型的冰雪旅游总体发展战略是一项复杂的、全方位的商业运营工作，面临着来自自然环境、社会、人力管理、伙伴关系等多个方面的挑战。冰雪旅游及相关关联产业优化是系统组件及系统的经营管理都达到最佳状态，才能实现最大限度地发挥系统的功能，取得最佳效果的过程。在国家生态文明建设、旅游强国以及北京冬奥会效应多轮驱动发展背景下，构建全方位、立体型的冰雪旅游总体发展战略是历史必然。区域造就了不同的自然、文化、历史条件，也孕育了特色冰雪旅游文明，区域冰雪旅游也反过来影响了区域空间、经济和环境变化。作为重塑区域品牌和形象空间的文明元素，这些有形和无形的文化遗产在构建全方位、立体型的冰雪旅游总体发展战略中具有相当大的发展潜力，也体现了空间冰雪旅游的特色与地域优势。进化心理学认为，随着个人依附一个冰雪旅游目的地，冰雪旅游者会对该地区产生较强的保护欲。冰雪旅游目的地的管理者可利用冰雪旅游者社会心理互动关系来实现冰雪旅游目的地可持续的管理。因此，构建全方位、立体型的冰雪旅游总体发展战略，可以建成核心区冰雪旅游上层建筑，

以及在多层次、更复杂的冰雪旅游吸引基础上实现冰雪旅游产业可持续发展，实现核心区冰雪旅游产业的区域空间特色和优势，将核心区文明与冰雪旅游、生态文明有机结合，实现生态引领，不断协调经济效益与环境之间的关系，为冰雪旅游者提供生态冰雪旅游体验和相关的冰雪旅游生态服务的有效供给，实现多种业态的平衡、安全、绿色发展。第一层面，从时间维度看，构建全方位、立体型的冰雪旅游总体发展战略，要经历萌生、发展、巩固、停滞、衰退和复兴的不断变化的周期过程，各个方面和各个阶段相互交织。构建全方位、立体型的冰雪旅游总体发展战略在不同的阶段表现出不同的风险条件，如何化解构建全方位、立体型的冰雪旅游总体发展战略中出现的问题，需要借助冰雪旅游目的地广泛且可靠的信息数据。另一层面，可以从社会结构和运营结构方面来理解。国外的相关研究显示，构建全方位、立体型的冰雪旅游总体发展战略越来越取决于技术、组织和其他变革的协调参与，特别是营销活动和管理。冰雪旅游业作为世界上最大的旅游产业之一，具有重大的社会、环境、经济和政治影响。其自身时空结构特征表明，冰雪旅游业发展的影响十分复杂，冰雪旅游业的影响不仅发生在目的地，而且发生在游客旅行的所有阶段。构建全方位、立体型的冰雪旅游总体发展战略受到更广泛的社会和环境变化的影响与制约，也注定了冰雪旅游及相关产业的不断适应与调整过程，应选择合理的融合模式，提升当地核心区冰雪旅游规划和管理部门的运行潜力（见图6–5）。

构建全方位、立体型的冰雪旅游总体发展战略比较复杂，不仅需要从政府政策扶持、冰雪旅游产业文化衍生和产业技术进步等层面进行推动，也要结合软硬件环境，融合创新元素，积极利用北京冬奥会战略机遇，创造丰富的市场空间，使冰雪旅游产业加速转型和升级。其能从核心区冰雪产业场馆和冰雪产业项目落地等方面给予重要支撑，从政府管理职能转变和大众冰雪旅游消费观念上为核心区冰雪旅游产业升级促进核心区生态经济增长的可持续形成强有力的推动。冰雪旅游产业作为关联度高、带动性强、具有蓬勃活力和较大增长潜

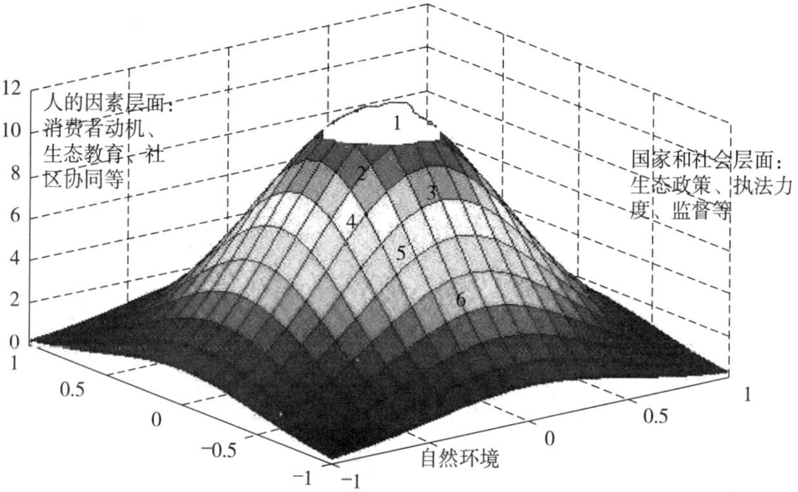


**图 6-5 构建全方位、立体型的冰雪旅游总体发展战略框架**

注：1代表冰雪运动；2代表冰雪赛事及冰雪旅游；3代表冰雪商贸；4代表冰雪酒店；5代表特色冰雪；6代表冰雪地产。

力的朝阳产业，在北京冬奥会的激励下成为推动核心区生态经济发展的重要基础和驱动力。在构建全方位、立体型的冰雪旅游总体发展战略之初或者更早阶段要全方位考量各种因素，将保护生态环境贯彻到整个冰雪旅游产业及附属产业中，并不断调整优化系统构建，即把生态功能贯彻于冰雪旅游产业及相关关联产业的整个过程中，并具体到冰雪产业和相关关联产业，其管理运作从企业的规划、产品的营销、人力资源的管理等各个层面，都要突出生态化的发展方向和实现路径；在构建全方位、立体型的冰雪旅游总体发展战略中，政府与相关产业和组织之间应保持紧密的联系与沟通，从生态政策的制定、贯彻与监督、奖罚，创新政府冰雪旅游公共服务理论和方法，对冰雪旅游服务方式、理念职能等各层面完成创新优化，构建全新的工作绩效评价体系，提高政府公共服务的效率[①]。此外，政府要积极搭建冰雪旅游产业及关联产业与民众的交流和沟通桥梁，运用国家社交媒体力量，进行多维度的低碳、环保、安全、平衡的

① 吴玲敏. 论体育旅游公共服务体系构建[J]. 同行，2016（11）：407，406.

生态国民教育。

## 三、实施冰雪旅游绿色产品供应链结构升级战略

冰雪旅游绿色产品是后工业时代发展冰雪旅游产业的不懈追求，冰雪旅游和绿色产品融合既能激发冰雪旅游发展中冰雪旅游企业和旅游参与者的重要旅游动机，也能满足当前冰雪旅游企业和城乡居民亲近冰雪旅游绿色资源的基本渴望。冰雪旅游能够促进环境友好型、资源节约型生态化冰雪旅游产业的发展，生态化冰雪旅游产业与资源环境和人文环境系统相互依赖、相互促进，共同实现冰雪旅游的可持续发展。随着生态环境恶化问题成为国内外公众普遍关注的热点问题，以生态建设发展理念为引领，以低碳、低能耗、低污染和低消耗为选择的重要载体，以生态文明制度作为推动实施和优化冰雪旅游绿色产品供应链结构升级战略，实现冰雪旅游绿色产品的经济、环境、人居以及和谐发展的空间新格局，正在成为全球关注的焦点问题。这一新趋势对实施和优化冰雪旅游绿色产品供应链结构升级战略，对北京冬奥会推动核心区冰雪产业与生态文化旅游融合促进冰雪运动“南展西扩东进”发展效应的实现提出了新的挑战和机遇。基于新时代发展背景的要求，本书在后疫情时期冰雪旅游战略创新理论发展的新理论、新思想和新路径下，探索实施和优化冰雪旅游绿色产品供应链结构升级战略，促进冰雪运动“南展西扩东进”过程中冰雪产业绿色产品供应链的结构优化问题，构建了实施和优化冰雪旅游绿色产品供应链结构升级战略的结构均衡模型，并用数值算例证实了模型的有效性。

进入后北京冬奥会时代，人们对核心区冰雪旅游的关注与日俱增，用绿色、低碳、环保、安全的冰雪旅游健康休闲活动来充实自己的余暇生活，逐渐成为对现代幸福生活的普遍追求。冰雪旅游融合绿色产品作为一种新发展理念观、创新价值观、理论与实践紧密结合观已经渗透到冰雪旅游的方方面面。实施和优化冰雪旅游绿色产品供应链战略的结构优化模型，加快北京冬奥会推动核心区冰雪旅

游融合可持续发展，是提升冰雪旅游产品质量和服务高效发展的创新理念。特别是在冬季奥运会可持续发展管理研究的引领下，以实现北京冬奥会“绿色办奥、共享办奥、开放办奥、廉洁办奥”等理念为目标，根据北京冬奥会推动核心区冰雪旅游发展的智慧化、数字化、科技化、生态环境保护等方面的特殊需求，通过核心区冰雪旅游绿色产品开发的信息化管理系统和大数据综合模型的构建，助力北京冬奥会推动核心区冰雪旅游的可持续发展，形成北京冬奥会推动核心区冰雪旅游绿色产品供应的物质流、能量流、信息流、人口流和资金流综合管理的畅通机制，使北京冬奥会推动核心区冰雪旅游绿色产品供应链战略结构优化模型的构建丰富冰雪旅游产品质量、持续扩大冰雪旅游产业内需，为冰雪旅游绿色产品供给链的形成提供重要动力支撑。加快北京冬奥会推动核心区冰雪旅游健康发展，以创新绿色、低碳和系统循环发展战略理念推动核心区冰雪旅游的社会、经济和生态环境平衡发展的多赢模式，是优化冰雪旅游绿色产品供应链结构升级战略的最佳路径选择。

## 第三节　冰雪旅游核心区冰雪旅游发展战略选择

### 一、冰雪旅游核心区冰雪旅游发展战略选择依据

冬奥会不仅是全球最具影响力和参与最广泛的冰雪体育的盛宴，也是促进举办地经济增长的助推器。随着城市经济社会和冰雪竞技体育的发展，举办冬奥会能够不断加快中国城市化进程，由于冬奥会文化价值逐渐被发掘，以及综合国力的提升，2013年11月北京市和河北省张家口市提出共同申办2022年第24届冬奥会。2015年7月31日北京和张家口成功获得2022年第24届冬奥会的举办权，得到了中国广大民众的广泛支持。北京和张家口成功获得2022年第24届冬奥会的

举办权，不仅对北京现代化城市建设具有促进作用，还可以促进北京的国际意识、文化和体育等实力的整体提升。北京和张家口冬奥会的申办、筹办和举办的过程，就是北京和张家口展示对冬奥会文化理念理解的难得的机遇。北京代表团向国际奥委会的最后一次陈述中阐明，北京冬奥会的举办对国民参与冬季运动起到了巨大的带动作用，其吸引力在青少年群体中具有重要影响，使冬季运动的热度得到空前提升。中国人民对于体育运动的热爱从古至今都是十分高涨的，自冬季奥运会举办以来，我国各省市人民都以十分积极的态度看待并积极参与冬季运动，在各地冬季运动区域得到扩展后，我国乃至全球的冰雪体育产业都将得到推动，新的机遇就此到来[①]。冬奥会成功举办后，在我国掀起新一轮的冰雪运动和冬季运动浪潮，冬季体育产业将在此过程中得到有力推动。北京和张家口在冬季奥运会举办过程中得到有力的经济财政支持，北京将夏季奥运会和冬季奥运会的各方面元素进行融合创新，使中华优秀传统文化特色得到凸显，使中国体育文化遗产资源得到高效利用。这不仅反映了中国人民的期待和盼望，也代表着世界人民对中国体育运动的盼望和信任。在筹办和举办第24届冬奥会过程中，北京及张家口均以极大的热情完成筹办工作，对各项冰上项目进行调整和改造，两地的冰雪体育产业得到高速推动和发展，越来越多的市民将更加关注和投身到冰雪体育产业发展中。我国的冰雪体育产业不仅代表了某地或某区域的文化创新水平或体育水平，更是促进冬奥会城市建设的形象名片。冰雪体育产业将为北京和张家口带来高额的经济收入和更多的就业机会。随着《京津冀协同发展规划纲要》的出台和实施，全国四大中心城市发展目标的战略定位为：全国政治、文化、国际交往中心和科技创新中心。将北京建设成为国际一流和谐宜居之都，是未来北京实现体育事业与城市更新互动并保持高速发展的必要前提。冬奥会的成功举办及其自身具有的文化效应，必将带动北京和张家口的经济发展，体育场馆和基础设

---

① 解码冬奥之城[J]. 小康，2021（36）：24-25.

施建设数量与质量的全面提升，以及全民健身意识的增强。因此，若要加速北京与张家口的协同合作，在冬奥会举办过程中进行产业文化创新和旅游产业融合，有效跟进冬奥会时代趋势，完成我国政府提出的通过政府推动、政策拉动、规划策动和宣传鼓动等手段和措施，带动3亿人参与冰雪运动发展目标的实现，应在加快北京和张家口社会、经济与文化建设发展的同时，通过政府制度创新的推进，加大对冰雪体育产业发展政策、资金的扶持，社会和企业的赞助等途径，加快冰雪体育赛事项目与冰雪旅游资源产品的开发，优化冰雪体育产业结构，高效推动冰雪体育产业市场整体发展，建立功能更加完备、结构更加完整的公共服务体系，推动城市冰雪体育产业发展，塑造冰雪体育旅游产业的城市形象，加快实现冬奥会文化与全域旅游融合，促进冬奥会城市建设的可持续发展，将北京打造成为国际一流的和谐宜居之都。

## 二、冰雪旅游核心区冰雪旅游发展战略定位

### （一）推动冰雪旅游产业与其他产业深度融合

冰雪旅游产业的价值创造能力和产业带动是冰雪旅游产业形成、发展与壮大的重要基础，在现代社会的各类创新型旅游产业中，冰雪旅游产业的优势逐渐凸显，同时成为推动区域白色经济发展的重要载体[①]。在冬奥会效应的巨大影响下，核心区冰雪旅游产业得到了高速发展和推动，其规模正在逐渐扩大，并且形成了具有一定影响力的产业模式。但是，从核心区的发展情况来看，冰雪旅游产业与生态文化融合远远不足，虽然各地已经建立了各具特色的冰雪旅游景区，但是其配套设施却稍显不足，其整体数量远远不能满足群众的基本需求，与冰雪旅游核心区的冰雪旅游产业规模化、集群化发展相比，冰雪旅游市场同质化程度高，缺乏高附加值和有区域影响力的旅游产

---

① 李少聪. 利用申冬奥契机推进张家口冰雪运动普及开展的策略研究[J]. 科技展望，2016，26（4）：255，257.

品。另外，从冰雪旅游营销文化看，冰雪表演数量少、级别低，只是作为一种营销手段，并未形成固有文化；融资方式单一，冰雪旅游景区建设和维护资金缺口较大。冰雪体育运动越发具有自成一体的特征，而与美食、旅游等产业的融合度却普遍较低，各产业之间很难达到高效协同[①]，政府、企业及行业协会之间缺乏有效互动。因此，如何在凸显现有冰雪旅游产业发展特色和亮点基础上，延伸冰雪旅游产业类型，实现冰雪旅游产业与其他产业融合发展，是冰雪旅游企业亟须解决的问题，也是当前北京冬奥会推动核心区冰雪旅游产业转型升级的客观要求。探索核心区冰雪旅游产业高质量发展的新方向，做大做实冰雪旅游产业与其他产业深度融合市场，研发多种类型产品，使冰雪旅游产业和其他产业高度协同和融合，在此过程中共同发展，共建全新的发展格局，使其与其他产业深度融合创新发展，激发冰雪旅游产业与其他产业深度融合新动能（见图6-6）。

冰雪旅游产业融合，顾名思义，指的就是前者与其他产业的融合与协作，在不同产业相互融合和交叉的过程中，各产业均能得到促进，其发展进程也能够同步得到推动。在冰雪旅游产业发展过程中，其自身应当坚持创新，为冰雪旅游产业类型赋予多样化优势，这也是完成产业深度融合的必要前提和基本要素。但核心区冰雪旅游产业与相关产业深度融合发展是一个极其复杂的过程。政府、企业、高校等管理部门应立足长期深度融合发展的需要，搞好顶层设计，深入研究投资环境，通过冰雪旅游产业开发与合作，推动核心区冰雪旅游产业与其他产业的深度融合，以有效的管理保障优化核心区冰雪旅游产业与其他产业深度融合发展的服务品质，以创新的政策引领核心区冰雪旅游产业与其他产业深度融合发展的不同供应主体，以多样的服务型创新人才确保核心区冰雪旅游产业与其他产业深度融合持续发展的创新活力，构建核心区冰雪旅游产

① 大为. 冬奥会，能给我们带来什么[J]. 新民周刊，2015（31）：74-81.

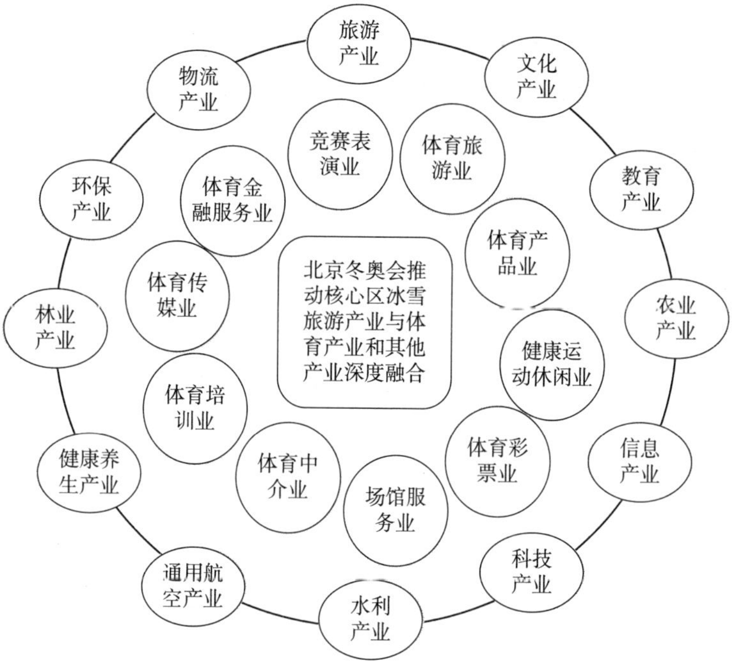


**图 6-6　北京冬奥会推动核心区冰雪旅游产业与体育产业和其他产业融合的结构框架**

业与其他产业深度融合发展治理体系的新秩序，发挥核心区冰雪旅游产业与其他产业深度融合发展中的大国主导力，在构建核心区冰雪旅游常态化合作创新机制的前提下，以综合性政策增强核心区冰雪旅游产业与其他产业深度融合发展的吸引力，实现从部门到政府主导的治理主体多元化推动核心区冰雪旅游产业与其他产业的深度融合发展。明确各级部门和政府自身在推动核心区冰雪旅游产业与其他产业深度融合发展中的定位，积极推动核心区冰雪旅游产业与其他产业深度融合发展的深耕，实现官产学研共同深入研究推动核心区冰雪旅游产业与其他产业深度融合发展之路。随着后冬奥时代的到来，越来越多的企业意识到了这一时代机遇并借此发展。泰山体育产业集团紧跟这一发展浪潮，加速推动中国冰雪经济发展，提高冰雪科技水平，引导着越来越多的群众积极参与冰雪运动，为中国建设事业做出了极大的贡献，体育产业和冰雪旅游产业的深度融合也在此过程中得到实现。

（二）构建冰雪旅游核心区冰雪旅游公共服务战略体系

文化和旅游部《“十四五”文化和旅游发展规划》的出台，标志着我国旅游产业发展战略的实施进入了快车道，在推进中国旅游公共服务战略体系的建立过程中，我国需要重视完善核心区冰雪旅游公共服务战略体系，使其重要作用得到发挥，同时必须在国家“十四五”全国旅游公共服务发展规划战略的引领下进行科学的顶层设计，以加快推进冰雪旅游核心区冰雪旅游公共服务战略体系的指导思想作为重要的理论支撑，并在冰雪旅游核心区冰雪旅游公共服务战略体系建设的法制规范下，充分利用大数据和云计算等先进的数据处理技术，从重点发展大众需求的冰雪旅游公共服务战略体系构建视角创新战略发展方式，提高核心区冰雪旅游公共服务战略体系构建的创新能力，同时也要注重完善冰雪旅游物资流通制度、冰雪旅游高质量发展产权制度等，建立起更为完善、功能更加完备的冰雪旅游公共服务战略体系，从战略体系层面上保障核心区冰雪旅游高质量发展效应全面释放的同时，以全域旅游创新的发展战略体系构建理念深度挖掘冰雪旅游的生态优势，探索符合冰雪旅游资源开发与生态环境保护的风险评估制度，建立完善的公共服务战略体系，使冰雪旅游核心区的整体功能得到提升和促进，提高这一体系的经济价值和文化价值，提升冰雪旅游品牌形象，增强核心区冰雪旅游品牌创新的影响力和竞争力，实现北京冬奥会推动核心区冰雪旅游高质量发展效应的多赢战略体系构建。

# 第四节　北京冬奥会推动核心区冰雪旅游生态环境治理战略的实施

## 一、冬奥会与冰雪旅游生态环境治理的战略实施措施

作为国际性运动会，冬奥会具有极强的国际代表性，其由国际奥委会主办，现如今，各主办城市已经越发重视冬奥会的可持续发展管理措施和理念[①]。可持续发展的理念在冬奥会执行措施内容中不断增加，影响力在国际范围内不断扩大，其可持续发展对冬奥会促进举办城市及周边地区冰雪旅游高质量发展的影响也越发深远（见表6–2）。

**表 6–2　冬奥会可持续发展冰雪旅游生态环境治理的战略执行措施**

| 年份 | 举办地 | 实施手段与措施 |
| --- | --- | --- |
| 1976 | 奥地利<br>因斯布鲁克 | 根据国际奥委会可持续发展管理政策，从冬奥会筹办过程中就加强环境保护。因斯布鲁克城市的居民区采用内部连通的方式充分利用自然采光。遮阳的运用在变化建筑造型上起到了特殊的效果。生态技术在房子上面也得到了充分运用 |
| 1980 | 美国<br>普莱西德湖 | 在冬奥会筹办过程中，利用临时绿色建筑，遵循国际奥委会可持续发展管理的若干文件，依据系统循环使用的建设理念建筑永久性场馆和基础设施等，为普莱西德湖城市冰雪旅游的绿色发展指明战略实施的正确方向 |
| 1984 | 南斯拉夫<br>萨拉热窝 | 以Vucko的冬季奥运会吉祥物表达出人与动物和自然生态环境互为朋友的冬奥会可持续发展理念，为萨拉热窝举办地冰雪旅游生态环境治理开发与规划带来新的战略机遇 |
| 1988 | 加拿大<br>卡尔加里 | 根据国际奥委会规定的冬奥会可持续发展管理文件的精神，改造冬奥会赛道为室内雪道供游客健身娱乐，在冬奥会举办期间采取了多项保护野生动物的措施，为当地冰雪旅游者环境保护提供重要的战略实施理念 |

① 徐宇华，林显鹏. 冬季奥运会可持续发展管理研究：国际经验及对我国筹备2022年冬奥会的启示[J]. 北京体育大学学报，2016，39（1）：13–19.

续表

| 年份 | 举办地 | 实施手段与措施 |
| --- | --- | --- |
| 1992 | 法国<br>阿尔贝维尔 | 依据《奥林匹克21世纪议程》采取了改善举办地生态环境的各项政策，主要从乡村社区、自然和人文环境、动物栖息地、水域生态资源、自然风险等不同层面对主办城市进行调查，主要评估目标为主办城市受到的来自冬奥会场馆建设的影响，通过此类跟踪调查，提供后续举办冬奥会的国家和举办城市，为冬奥会促进举办城市冰雪旅游生态环境治理战略实施提供了借鉴 |
| 1994 | 挪威<br>利勒哈默尔 | 根据国际奥委会2005年设立奥运会影响评估项目（OGI）的相关规定，从地理学、社会学、人类学等视角开展对举办冬奥会城市的环境检测，与多家赞助商合作进行冬奥会冰雪旅游生态环境保护的媒体报道与宣传；跟进调查冬奥会火炬制造、场馆建设等过程中使用的材料是否足够环保绿色，保护冰雪旅游生态环境的发展，为冬奥会举办城市冰雪旅游生态环境治理的战略措施提供了案例 |
| 1998 | 日本长野 | 在国际奥委会设立的体育与环境委员会的指导下，长野将生态环境、自然景观等保护工作与冬奥会举办工作相结合，在保护自然环境和自然生态资源的前提下，充分利用现有滑雪场进行赛事安排，提高了场馆设施的利用率，保护了举办地冰雪旅游资源的可持续性，实现了举办地在保护冰雪旅游生态资源、生物多样和维持冰雪旅游资源利用方面的可持续性，为冬奥会举办城市冰雪旅游生态环境治理战略实施提供了先进技术 |
| 2002 | 美国盐湖城 | 采用多国举办冬奥会冰雪旅游生态环境保护的经验，从城市环保的零浪费、零排放、林业宣传、零误差符合环保和安全性等方面进行环境保护方案的设立，为冬奥会的成功举办打下冰雪旅游生态环境保护和高质量发展基础，实现了冬奥会城市冰雪旅游的社会、经济和生态环境保护的平衡发展，为冬奥会举办城市冰雪旅游生态环境治理战略实施提供方案 |
| 2006 | 意大利都灵 | 制定冰雪旅游生态环境评价顶层设计发展战略，制订监测冰雪旅游生态环境实现的科学计划，构建冰雪旅游生态环境经济管理系统；实施冬奥会场馆和基础设施建设的政府绿色采购，制订废物回收、环保旅游住宿等计划，面向运动员、游客及冬奥会观众等组织环保理念宣传，召开环保会议，在当地举办环保主题展览，潜移默化地将环保意识渗透至各处；赛后举办冰雪旅游生态化建设等活动并引进各项国际赛事，为冬奥会举办城市冰雪旅游生态环境治理战略实施提供重要依据 |
| 2010 | 加拿大<br>温哥华 | 运用科技手段安装节能系统，在冬季奥运村建设过程中融合环保理念，整体节能率可达40%以上；为会议中心建设生态化屋顶，极大地降低了淡水流失率；制定“零排放”战略，打造绿色环保的冰雪旅游生态环境，引导市民和游客绿色出行，开展具有多样性的碳排放管理项目；以保护生物多样性和湿地植物为主题制订战略工程计划，实现了举办地冰雪旅游发展生态效率的价值释放，为冬奥会举办城市冰雪旅游生态环境治理战略实施提供智慧和科技理念 |

续表

| 年份 | 举办地 | 实施手段与措施 |
| --- | --- | --- |
| 2014 | 俄罗斯索契 | 根据英国建筑研究院环境评估方法（BREEAM）标准建设冬奥会场馆并颁布国家生态环境建设标准，积极响应国家环保要求，以节能减排作为主题建设国内新建建筑；尽可能采用可再生能源进行基建，在城市规划及建设过程中坚持智能化、节能化的环保意识；优化利用水资源，高效利用冰雪旅游资源；要求在建筑物附近建造动物过往通道和转移稀有动植物的实施方案，鼓励在冰雪旅游中使用节能交通工具，实现城市冰雪旅游对环境影响的减少，促进冰雪旅游生态环境治理的有效发展，为冬奥会举办城市冰雪旅游生态环境治理战略实施提供参考 |
| 2018 | 韩国平昌 | 更为科学和高效地使用节能基础设施并完成冬奥会场馆建设；制定高效合理的场馆及旅游土地赔偿方案；建立废水再利用及雨水管理系统；鼓励采用再生能源进行建设，提高公共交通工具利用率。采取与周边国家冬奥会冰雪旅游协作战略，为冬奥会举办城市冰雪旅游生态环境治理战略实施提供合作方案 |

北京冬奥会是冬奥会推动核心区冰雪旅游高质量发展的关键时期。冬奥会推动核心区冰雪旅游高质量发展是一个长期复杂的系统建设工程，不仅涉及核心区城市的社会、经济和科技发展水平，而且涉及国际惯例、外交、制度和政策以及金融市场的开放程度等领域。因此，建议政府在制定北京冬奥会推动核心区冰雪旅游协同发展的战略时，按国际奥委会2002年夏设立的OGGL奥运会整体影响研究评估项目、2005年设立的奥运影响评估项目OGI的具体要求，在可持续发展理念的引领下，以绿色、环保、廉洁等作为主题和发展目标，根据北京冬奥会推动核心区冰雪旅游发展的智慧化、数字化系统和大数据综合模型的构建，优化智慧化、数字化、科技化、生态环境的保障系统，形成物质流、能量流、信息流、人口流和资金流的综合管理运行机制，使生态环境建设显著提升和国内外游客资源持续增长，实现北京冬奥会推动核心区冰雪旅游高质量发展的社会、经济和生态环境三者平衡向纵深延伸，实现北京冬奥会设施的可持续利用以及冬奥会效益的可持续发展。

## 二、核心区冰雪旅游生态环境治理战略的实施

不良的冰雪旅游生态环境不仅严重影响了人们美好生活和健身健康的需求，而且对核心区冰雪旅游发展形成了制约。如何确保核心区“蓝天”，并使“冬奥

蓝”成为可持续的“常态蓝”成为全世界关注的焦点问题。因此，在北京冬奥会推动核心区冰雪旅游高质量发展的过程中，要特别注意冰雪旅游生态环境的治理问题，为核心区冰雪旅游高质量发展提供良好的生态环境。

（一）加快核心区冰雪旅游生态环境协同治理战略的实施

冰雪旅游生态环境治理不是某一个国家或地区的“专利”，它是一个全球性的重要问题。根据《城市蓝皮书：中国城市发展报告No.10》，京津冀依然是全国空气污染最严重的区域，京津冀冰雪旅游生态环境协同治理初见成效但依然任重道远。尤其是京津冀冰雪旅游核心区要实现北京冬奥会推动冰雪旅游高质量发展效应的全面释放，提供高质量的生态发展环境，采取必要的措施和手段加快核心区冰雪旅游生态环境的协同治理，实现北京冬奥会推动核心区冰雪旅游协同发展效益的最大化，不仅是保障北京冬奥会推动核心区冰雪旅游协同发展的战略之举，也是实现核心区冰雪旅游协同发展的重要途径。当前京津冀冰雪旅游生态环境协同治理的主要手段是，根据各地的实际发展情况制定针对性的发展战略，在必要的情况下参考国外的可用经验，深入各地分析导致生态环境恶化的诱因，从而提高协同治理水平，从根本上优化冰雪旅游生态环境。建立污染性企业退出机制，依靠科技进步促进产业结构高级化；不仅要加大力度提升煤炭资源清洁利用效率，同时积极使用新能源及清洁能源，使传统的能源消费结构得到优化；加强城市综合治理，抑制机动车污染的过快增长；积极推进生态型城市建设，逐步恢复和提高生态环境的自净能力；完善大气污染防治立法，建立推动核心区冰雪旅游协同发展环境治理长效机制；加大环境污染监测和监察力度，切实落实环境责任追究制。通过政府和社会各界的齐抓共管，共同打赢这场“蓝天保卫战”。可以断言，随着国家雄安新区建设战略的实现、京津冀协同一体化的深入开展，以及北京冬奥会举办城市冰雪旅游生态环境建设效应的提升，到核心区出现“冬奥常态蓝”推动京津冀冰雪旅游生态环境建设效应的全面释放，给全世界留下美好的印象应该不会是空想。

## （二）加快核心区冰雪旅游新公共服务战略的实施

实施冰雪旅游新公共服务战略是实现核心区冰雪旅游地重要的保障因素，是现代冰雪旅游品牌建设中最核心的指标参数，它体现了现代冰雪旅游品牌软实力水平和旅游产品的核心竞争力。在充满竞争和快速增长的现代社会，冰雪旅游本身和冰雪旅游需求正在迅速变化，新技术、更有经验的消费者、全球经济结构调整和对冰雪旅游生态环境的破坏对该行业提出了一些挑战。与欧美冰雪旅游超级大区相比，我国核心区冰雪旅游供给更多表现在冰雪服务整体水平方面的短板，除却核心区冰雪旅游产业规模、游客接待等数量指标的差距之外，冰雪旅游景区接待能力和服务水平也存在一定差距。当前，核心区冰雪旅游产业不断发展，要实现冰雪旅游产业和相关企业的整体发展，则其必要前提之一就是要从根本上提高公共服务质量，其整体效能也需要在此过程中得到优化。从冰雪旅游公共安全服务看，2019年底开始的新冠疫情国际蔓延对世界冰雪旅游经济产生了重大影响，社会上对于冰雪旅游业及相关产业生态安全的期待超越了历史上所有时期。从冰雪旅游本身来看，目前，核心区冰雪旅游活动参与方式也正从以旅行社团队冰雪旅游为主，向以目的地散客自助游为主过渡，冰雪旅游活动的个性化、大众化、散客化、常态化趋势日趋明显，这种变化使得旅客对冰雪旅游的安全保障、冰雪旅游信息资讯发布和提供、冰雪旅游交通指引等服务的需求更为强烈。同时伴随着人们对冰雪旅游活动的参与度不断提高，游客的维权意识不断增强。游客对于冰雪旅游的安全投诉问题、冰雪旅游资讯与自驾游服务等公共服务平台的要求也越来越高。

在全球化背景下，核心区冰雪旅游公共服务供给发生了深刻变化，传统的冰雪旅游公共服务实务也变得更为人性化和碎片化，实施基于时代要求的、安全的、便捷的、绿色的新公共服务战略是推动冰雪旅游高质量发展的重要保障。核心区冰雪旅游公共服务战略实施是一个庞大的、复杂的、动态的系统，其供给包含了政府、市场、社会组织等多种形式，这就需要建立多种治理主体的合作机制加以处理。而这一处理过程通常表现为一个动态的制度制定和实施过程。在早期实施中，核心区冰雪旅游公共服务基础设施建设，如冰雪旅游景区通信设施、排水与电力设施，投入大、收效慢，通常以国家为主体、联合部分社会力量来实现供给。随着核心区冰雪旅游公共服务战略实施纵深推进，核心区冰雪旅游公共服务战略实施发生前所未有的变革，更加依赖技术供给，这不仅体现在专业服务、医疗保障、卫生安全保障网络供给效率和范围上，还体现在冰雪旅游交通的连通性方面，如在预付款、营销、餐饮、酒店等方面。核心区冰雪旅游公共服务战略实施要求也亟须重新界定政府、市场和社会的关系。特别是国家对冰雪旅游目的地公共服务职能逐渐向以市场为主体的供给模式过渡和转移，国家供给开始从主导向监管转移，政府通过市场准入、服务质量和监管来达到干预冰雪旅游区公共服务水平和质量的目的，在这一目标形成过程中，政府对于冰雪旅游企业难以承受的部分采用国家付费的形式提供补贴，从而保障核心区冰雪旅游公共服务战略实施的需求。国家更多通过创新核心区冰雪旅游公共服务战略实施监管机制和其他法律建设，优化核心区冰雪旅游公共服务战略实施效率，为冰雪旅游企业提供强有力的政策支撑和有效监管。尤其是在核心区冰雪旅游公共服务战略实施方面，根据其实施要求，要及时提高其有效性，优化其政策环境，运用科技手段，构建网络服务平台，从而提供数据支撑。如此一来，社会公众以及消费者就能够利用网络工具对冰雪旅游整体质量作出评价，从而更好改善他们的服务，为冰雪旅游者提供一个便捷、安全、快速、绿色的公共服务战略实施的民生工程。

## 三、加快冰雪旅游商业运作模式转型与升级战略的实施

冰雪旅游是一个信息密集型产业。冰雪旅游市场的复杂性及其所包含信息组成部分的冰雪旅游产品的细节影响并决定了冰雪旅游市场占有率和份额，冰雪旅游产品的独特性以及信息和价值链，通常是由不同的冰雪旅游及相关公司提供的

产品和服务混合而成。经过近20年的发展，核心区冰雪旅游已成为国内最好的冰雪旅游市场，但是，冰雪旅游产品市场同质化程度高，冰雪旅游产品信息独特性较低，冰雪旅游景区或者冰雪小镇提供的冰雪旅游产品基本以冬季经营为主，冰雪旅游产品供给不能满足四季冰雪旅游的需求，单季经营模式也造成了资源的极大浪费。基于此，加快实施核心区冰雪旅游商业经营模式由“冬季型”向“四季型”产业转型与升级战略，打造多业态冰雪旅游产业集群区是破解核心区冰雪旅游高质量发展瓶颈的客观要求，也是实现核心区冰雪旅游的绿色经济可持续发展内在需求。

首先，冰雪旅游投入大，资金回笼慢，在冰雪旅游核心区，由于雪季周期短，滑雪场单季经营基础设施和专业配套设施维修成本高，特别是人力资源形成巨大的浪费。在疫情发生的重灾区，整个冰雪旅游基本颗粒无收，冰雪旅游企业亟须破解单季经营劣势。其次，从商业运行规律看，四季冰雪旅游相对更容易吸引饮食、地产、酒店、生态等产业投资和融资，实现冰雪旅游的深度融合。在国外，很多超大型冰雪度假村早已完成了从一季冰雪旅游到四季冰雪旅游的过渡，特别是欧洲的很多超大型雪场，其运营方通过多种渠道，开拓了新的经营项目，突破了原有的经营禁锢。以挪威冬奥会举办城市奥斯陆为例，当地政府在奥运会结束后，把哈杉滑雪场转型成为哈杉度假村。哈杉度假村拥有完善的冰雪旅游服务设施，入口处有滑雪商店，为冰雪旅游者提供滑雪所需要的一切装备。挪威度假村拥有良好的雪道、高山索道和度假别墅等，冰雪旅游者可以通过高速索道直接回到山间度假别墅，交通十分便利。度假别墅会提供挪威富有地方特色的美食和一切现代化的设备，当地冰雪旅游企业采用的是冬季旅游，其他季节开展自行车活动，实现了冰雪旅游地四季营业，形成了完整的、高度发达的、完善的冰雪旅游产业链条。我国核心区冰雪旅游发展要依托自身资源，创建四季冰雪旅游经营模式。春季运营：根据春季区域气候特点，将冰雪旅游融入红色、古迹、遗产保护之中，实现室内冰雪旅游，室外休闲与红色旅游、遗产旅游、研学旅游的深度融合，加强实现冰雪旅游地休闲旅游，培植旅游商贸、旅游制造、旅游地产等产业类型。夏季运营：通过与现代体育文化、民俗体育文化深度融合，以文旅项目建设为抓手，逐步实现冰雪旅游地休闲体育与特色民俗文化、现代体育文化等深度融合，拓展冰雪旅游新业态，打造攀岩、自行车、漂流、民俗类旅游项目，同时培植冰雪旅游商贸产业、冰雪旅游制造产业等产业类型。秋季运营：依托区域遗产文化、现代及民俗文化，积极开展与体育旅游、竞赛、商业等行业的跨界合作，打造冰雪自行车等特色项目。冬季运营：挖掘现代冬奥文化、竞赛文化、科技文化成果，加大冰雪旅游与不同文化的深度融合，打造冰雪+科技、冰雪表演与竞赛等多种形式的冰雪生态产品；挖掘核心区冰雪旅游和体育旅游特色制造业，推进核心区旅游产品研发和旅游装备制造业的整体发展，使冰雪旅游和其他产业达成深度融合。建立一批以当地建筑文化与度假别墅融合为主的冰雪地产业、以商贸为代表的美食文化产业、民俗文化与冰雪商贸、以大型赛事文化与冰雪旅游深度融合的赛事冰雪旅游等。

## 第五节　核心区冰雪旅游发展战略实施保障

### 一、核心区冰雪旅游发展战略实施政策保障

（一）进一步发挥政府政策的引导作用

冰雪旅游概念对于中国国民而言具有一定的新鲜度，近年来，随着冬奥会的举办，中国人民对于冰雪运动的了解程度也在不断加深。在旅游及体育体制改革发展的进程中，冰雪旅游概念具有的热度和受欢迎程度不断上升，政府也明确指出应该积极促进冰雪旅游产业发展，促进冰雪产业与相关产业深度融

合[①]。2020年和2021年全国文化和旅游厅局长会议分别明确提出“推动冰雪旅游、邮轮旅游、自驾游发展”和“推出冬奥主题旅游线路，建设冰雪主题国家级旅游度假区和滑雪度假地”的战略任务。2021年2月10日，文化和旅游部、国家发展改革委、国家体育总局三部委发布《冰雪旅游发展行动计划（2021—2023年）》，提出“丰富冰雪旅游优质产品供给、发掘冰雪旅游消费潜力、加速冰雪旅游与相关行业融合、提升冰雪旅游公共服务和夯实冰雪旅游发展基础”5个重点任务[②]。相关文件规定，时至2023年，我国应该建立起更加合理的产业结构和冰雪旅游空间布局，带动越来越多的国民参与到冰雪运动当中。在2022年冬奥会成功举办后，我国加大了对冰雪旅游的投入力度，冰雪旅游逐渐成为人民大众喜闻乐见的娱乐活动。冰雪旅游的发展对各大旅游城市形成了带动作用，极大地刺激了消费，带活了市场。时至2023年，冰雪旅游产业结构更加完善，产业类别更加丰富，整体结构合理性增强，现代化冰雪旅游产业链条就此生成[③]。河北省政府办公厅发布《河北省建设全国产业转型升级试验区“十四五”规划》，将冰雪旅游列入河北省十二大主导产业，并提出深入挖掘冰雪旅游资源，提升冰雪旅游商品创意水平，建设京张体育文化旅游带，培育新型冰雪旅游业态，促进体育旅游产业转型升级。由此可见，在党中央、各部委和地方政策的推动下，我国核心区冰雪旅游发展合力正在形成，对北京冬奥会推动核心区冰雪旅游高质量发展将起到重要的促进作用。因此，为了进一步发挥政府政策的引导作用，我国不仅应该重视和满足消费者的冰雪旅游需求，也应该重视推动冰雪旅游高质量发展，使其规模效益从根本上得到提升，凸显外溢效应。

---

① 张斐然. 后冬奥时代辽宁省冰雪旅游发展路径探析[J]. 辽宁经济，2022（2）：20–26.

② 娄飞鹏. 银行助力冰雪经济[J]. 金融博览（财富），2022（3）：44–45.

③ 齐欣，齐孝民，徐英微. 河北省冰雪体育产业现状及发展路径[J]. 哈尔滨体育学院学报，2022，40（1）：48–53.

### （二）加大“政策供给组合拳”力度

首先，应从政府财政、地方财政、专项基金、专项资金、国有部门资产等政策领域建立政策激励机制，为冰雪旅游核心区高质量发展提供政策保障，提升北京冬奥会推动冰雪旅游核心区发展的动力和活力。其次，建立北京冬奥会推动冰雪旅游核心区高质量发展资金支持政策。采用民间投资市场、贷款担保市场、税收优惠资本市场、保险市场等资金政策支持的方式，建立长效北京冬奥会推动冰雪旅游核心区市场政策保障体系，引导市场投资进入冰雪旅游服务相关行业，从完善资金政策层面加快北京冬奥会推动冰雪旅游核心区高质量发展溢出效应的全面释放，推动冰雪旅游新旧动能转换，强化新动能的辐射作用。最后，出台北京冬奥会推动冰雪旅游核心区激励政策。运用引导需求政策、政府绿色采购政策、生态保护政策等激励措施，保障北京冬奥会推动冰雪旅游核心区高质量发展目标的实现。

### （三）完善机构合作优惠政策体系

利用当前我国和地方政府出台的一系列促进北京冬奥会推动冰雪旅游核心区高质量发展的政府机构、金融机构、中介机构、学术研究机构合作的优惠政策，通过机构合作优惠政策体系的构建为实现北京冬奥会推动冰雪旅游核心区高质量发展的有效性提供保证。另外，冰雪旅游具有特殊性，即以一次性消费为主、利益主体多元、大量中介并存的新型体育旅游的发展方式。因此，要实现北京冬奥会推动冰雪旅游核心区高质量发展，则需要市场和政府双向发力，在协同和合作过程中加以积极和正确的引导[①]。在疫情防控常态化的进程中，随着冰雪旅游产业的技术升级和规模提升，整体市场需求也呈现出了明显的上升趋势。作为当之无愧的朝阳产业，其发展潜力十分巨大。北京冬奥会推动冰雪旅游核心区高质量发展前景与潜在挑战并存。在核心区大众冰雪旅游消费和生

① 王克岭. 创新驱动下旅游发展的动能与路径[J]. 企业经济，2019，38（2）：5-12，2.

活水平不断提升、信息技术快速进步及冰雪旅游向高质量发展转变、公共服务不断深化和精细化的新阶段，政府可以通过降低核心区冰雪旅游高质量发展的准入门槛，从政府政策扶持方面营造良好的冰雪旅游高质量发展的软硬件环境，采取公正监管、简政放权和优化公共服务等措施，以北京城区的冬奥会赛区、延庆冬奥会赛区和张家口崇礼冬奥会赛区为中心，以京张体育文化旅游带、环京津休闲度假冰雪旅游圈为重点，加快冰雪旅游地和冰雪旅游设施、冰雪温泉旅游度假村和滑雪旅游小镇高质量建设的速度，打造一批国家级滑雪旅游度假地，形成京津冀冰雪旅游核心区全面布局战略的同时，以维护北京冬奥会推动冰雪旅游核心高质量发展秩序为核心，以游客利益为中心的冰雪旅游诚信法律体系构建为载体，借助冬奥会的辐射效应，建立政策保障体系引导科学研究和企业的融合，共同助力北京冬奥会推动冰雪旅游核心区高质量发展和高附加价值化的演进。

## 二、核心区冰雪旅游发展战略实施服务保障

### （一）重视学术研究的服务保障

冰雪旅游在国内是一项新的旅游发展方式。在大数据时代和冰雪旅游深度融合发展的新趋势下，冰雪旅游不仅是冰雪旅游学科中最基本的概念，也是构建冰雪旅游学科体系的基本点和出发点，是目前体育和旅游学术界研究的热点问题。随着我国大力推进生态文明建设、创新驱动、乡村振兴等系列国家战略的实施，在冰雪旅游业成为推动国家体育旅游经济发展重要驱动力的背景下，冰雪旅游业不仅与国家战略的关系密切，而且为学术研究带来新的机遇和挑战。目前，我国已步入休闲时代、大产业时代、全域化时代，对北京冬奥会推动京津冀冰雪旅游核心区北京和张家口冰雪旅游高质量发展提出了新的理论与实践的要求。冰雪旅游是一个多重性、多义性的复杂存在的新旅游形式，这与冰雪旅游具有极强的综合性、生态性、经济性等复杂特征紧密相关，学术界可以从

不同的学术研究特征去理解和把握。从学术研究领域为助力京张冬奥会推动京津冀冰雪旅游核心区北京和张家口冰雪旅游高质量发展提供理论基础与实践保证（见图6-7）。

当前，京津冀冰雪旅游协同发展正处在绿色、低碳和循环转型的初期，学术研究者应从人们需求的心理、生理、文化、社会、经济、政治和休闲等多个领域研究冰雪旅游的学科理论体系，强化京津冀冰雪旅游协同发展的教育功能，发挥京津冀冰雪旅游协同发展的自身区位优势，面对京津冀冰雪旅游协同发展多方面挑战与突破口，依据京津冀冰雪旅游协同发展的地理环境、经济功能、项目合作优势等，加快京津冀冰雪旅游协同发展的科学研究，形成完善的京津冀冰雪旅游协同发展的学科体系，是推进京津冀冰雪旅游协同高质量发展的重要保证。

（二）构建核心区冰雪旅游景区公共服务游客满意度评价体系

冰雪旅游景区是指以冰雪旅游及其相关活动为主要功能的区域场所，能够满足游客参观游览、休闲度假、康乐健身等冰雪旅游需求，具备相应的冰雪旅游设施并提供相应的冰雪旅游服务的独立管理区。核心区冰雪旅游景区公共服务是指由政府或其他社会组织提供，不以营利为目的，以满足不同冰雪旅游者共同需求为核心的冰雪旅游公共产品和满意服务的总称。构建核心区冰雪旅游景区公共服务游客满意度评价体系，不仅是体现“国家性”的重要基石，也是体现“公民性”的核心宗旨。核心区冰雪旅游景区公共服务游客满意度评价体系的构建是由政府引导，社会、市场、企业、游客等共同参与形成的，是在一定的核心区冰雪旅游公共服务供给发展模式、政府政策和制度效率规范下，依据核心区冰雪旅游参与者需求提供的冰雪旅游公共服务产品、服务质量及供给方式而形成的核心区冰雪旅游景区公共服务游客满意度的评价保障系统。核心区冰雪旅游景区公共服务游客满意度评价体系作为核心区冰雪旅游景区赖以生存和发展的关键要素，是促进核心区冰雪旅游资源开发与环境保护的重要动力。本书在参考前人

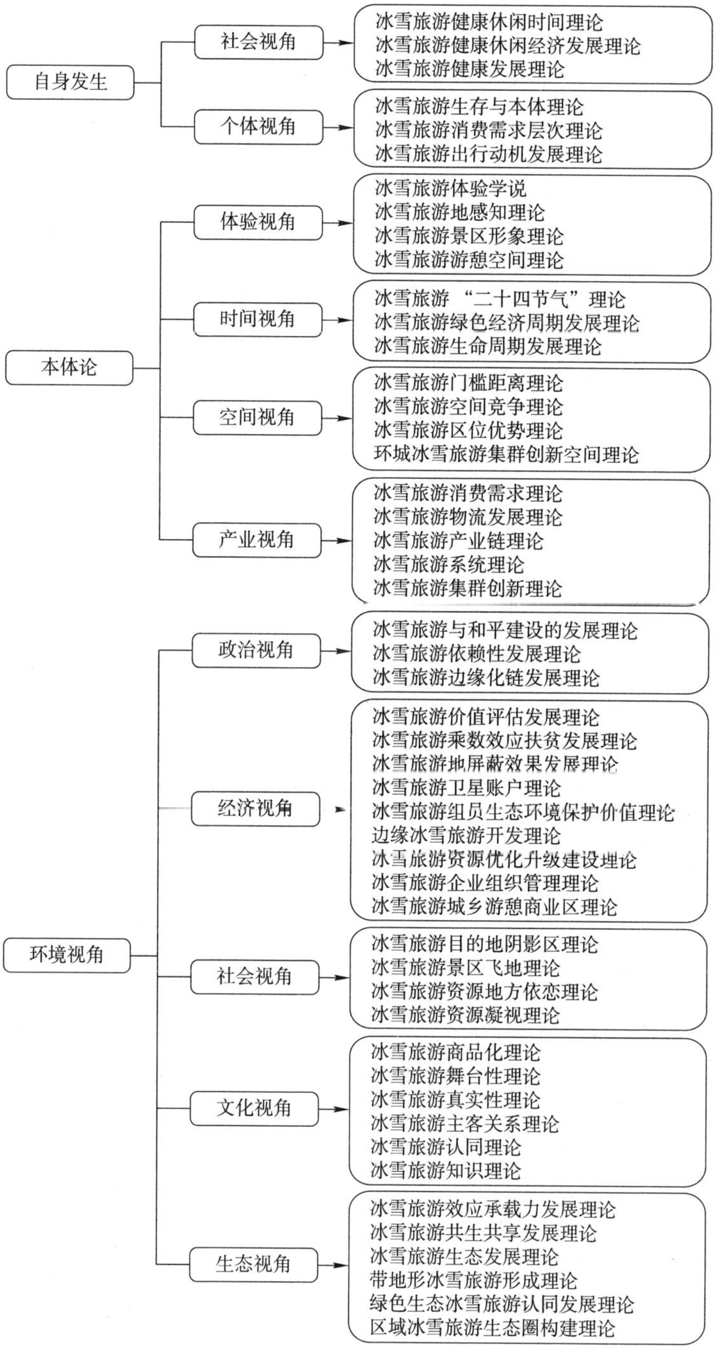


**图 6–7　冰雪旅游学术研究特征及基本构成要素**

研究的基础上，从核心区冰雪旅游景区公共服务的公共信息服务感知、交通便捷公共服务感知、安全保障公共服务感知、游憩便利公共服务感知、行政监管公共服务感知潜变量、观测变量等方面构建出核心区冰雪旅游景区公共服务游客满意度评价体系，并进行了验证性的因子分析（见表6-3）。

**表 6-3　北京冬奥会推动核心区冰雪旅游公共服务游客满意度评价体系验证性因子分析结果**

| 序号 | 潜变量及观测变量 | 因子载荷 | CR | AVE |
|---|---|---|---|---|
| Y1 | 景区冰雪旅游公共服务感知 | | 0.83 | 0.56 |
| X1 | 咨询中心公共服务到位率 | 0.706 | | |
| X2 | 信息类公共读物齐全 | 0.707 | | |
| X3 | 信息平台与网站成熟 | 0.764 | | |
| X4 | 多语言热线公共服务畅通 | 0.804 | | |
| Y2 | 交通便捷公共服务感知 | | 0.84 | 0.46 |
| X5 | 游客集散中心功能齐全 | 0.652 | | |
| X6 | 停车场数量与规模合理 | 0.640 | | |
| X7 | 自驾游公共服务体系完善 | 0.633 | | |
| X8 | 城乡交通引导标识明显 | 0.714 | | |
| X9 | 公共交通设施配置合理 | 0.714 | | |
| X10 | 信息网络化和科技发达 | 0.707 | | |
| Y3 | 安全保障公共服务感知 | | 0.84 | 0.51 |
| X11 | 紧急营救系统设施完善 | 0.640 | | |
| X12 | 安全管理公共服务到位 | 0.740 | | |
| X13 | 公共安全基础完善 | 0.762 | | |
| X14 | 人身保险体系构建完善 | 0.709 | | |
| X15 | 安全知识宣传方式多样 | 0.709 | | |
| Y4 | 公共服务便利感知度 | | 0.84 | 0.57 |

续表

| 序号 | 潜变量及观测变量 | 因子载荷 | CR | AVE |
| --- | --- | --- | --- | --- |
| X16 | 公共厕所数量与布局合理 | 0.740 | | |
| X17 | 健康医疗卫生基础设施 | 0.726 | | |
| X18 | 公共服务感知程度 | 0.765 | | |
| X19 | 现代化通信设施畅通 | 0.790 | | |
| Y5 | 行政监管公共服务感知 | | 0.78 | 0.55 |
| X20 | 公共服务监管有力 | 0.741 | | |
| X21 | 消费者投诉处理及时 | 0.753 | | |
| X22 | 产品价格监管有力 | 0.722 | | |
| Y6 | 接待公共服务感知 | | 0.89 | 0.57 |
| X23 | 多类型饮食文化公共服务 | 0.792 | | |
| X24 | 游客住宿环境优美舒适 | 0.713 | | |
| X25 | 景区类型多样品质高 | 0.763 | | |
| X26 | 冰雪旅游健身项目多样 | 0.712 | | |
| X27 | 导游和冰雪旅游指导热情周到 | 0.729 | | |
| Y7 | 冰雪旅游者满意 | 0.792 | | |
| X28 | 公共服务体系满足冰雪旅游者的需求 | | 0.78 | 0.55 |
| X29 | 冰雪旅游者在旅游景区获得身心健康的愉悦感 | 0.783 | | |

构建核心区冰雪旅游景区公共服务游客满意度评价体系，是实现北京冬奥会推动核心区冰雪旅游高质量发展的重要保证。北京城区、延庆区和张家口市核心区是京津冀地区冰雪旅游发展中最为集中以及冰雪旅游其他产业融合创新成果最为丰硕的区域。随着深入贯彻落实京津冀协同发展、国家高质量发展等重大战略的实施，加快北京冬奥会推动京津冀冰雪旅游核心区旅游景区公共服务游客满意度评价体系的构建，建立健全核心区冰雪旅游景区公共服务游客满意度评价体系

构建的法律制度、法律制度执行体系和生态环境协同治理体系，提升北京冬奥会推动核心冰雪旅游景区公共服务游客满意度评价指标体系构建的效率和诚信体系的价值，确保实现北京城区、延庆区和张家口市冰雪旅游发展的全面优化、冰雪旅游产业市场化进程和转型升级实现新突破，通过核心区冰雪旅游发展战略实施服务保障实现北京冬奥会推动冰雪旅游核心区高质量发展的社会、经济、生态平衡发展之路。

## 三、创新核心区冰雪旅游发展战略实施服务市场保障体系

新的公共管理理论认为：安全职能管理高度依赖目标以及良好的伙伴关系，政策激励下的冰雪旅游之所以能取得重大进展，其关键在于提高冰雪旅游市场政策保障体系构建的效率和效力。冰雪旅游市场涉及多种产业、多种责任主体协调联动过程。因此，建立核心区冰雪旅游发展战略实施服务市场保障体系，构建北京冬奥会推动区域冰雪旅游市场政策保障体系必须建立在政府支持、社会监督、社区参与基础之上，并利用法律、行政、经济、科学技术以及宣传教育等多种措施，实现核心区冰雪旅游市场的（生态持续性、经济持续性和社会持续性）战略目标。在这种理念下，政府的政务工作、社区的配套服务工作、冰雪旅游企业及其他产业融合的事务工作，都应在政策支持、资金支持、社会参与、科技支撑等方面予以落实。

第一，政府扶持政策。政府政策扶持对促进北京冬奥会推动区域冰雪旅游产业市场发展具有重要的保障作用。在北京冬奥会推动区域冰雪旅游产业市场中，很多冰雪旅游产业以微小型冰雪旅游企业为主，业务在空间表现上更加分散，冰雪旅游产业类型单一，产业结构不合理，缺乏财力和人力支持，冰雪旅游企业间合作意愿和融合路径存在诸多障碍，为北京冬奥会推动区域冰雪旅游产业市场发展带来挑战。在北京冬奥会推动区域冰雪旅游产业市场发展的早期，政府要发挥行政干预优势，各级政府应将冰雪旅游产业纳入国民经济与社会发展计划之中，

制定有利于冰雪旅游产业生态发展的经济、技术政策和措施，对一些生态制度的盲区进行修正，使环境保护工作同冰雪旅游产业发展相协调；完善现有的冰雪旅游产业发展的责任制度，明确责任对象和从属关系，维护北京冬奥会推动区域冰雪旅游产业市场发展的秩序。

第二，金融扶持政策。金融扶持政策以政府作为主体，采用银行信贷干预等方式为公有经济部门配置信贷资金并且提供相应的金融资金补贴[①]。冰雪旅游会消耗自然资源、污染环境，政府应站在可持续发展高度考虑生态保护目标，综合平衡，对冰雪旅游发展的各个阶段和各核心区的生态政策、经济政策、科学技术的实施及时修正。对于在核心区冰雪旅游高质量发展中出现的财政难题，各级政府应加大金融扶持力度，向冰雪旅游及相关产业实施财政援助、税收、优惠贷款等手段，加大核心区冰雪旅游高质量发展金融政策的扶持。

第三，行政监督政策。一般而言，在核心区冰雪旅游高质量发展之初，主管部门和企业就要科学规划，把核心区冰雪旅游高质量发展放到重要位置上，积极调整核心区冰雪旅游高质量发展的结构和布局，而到核心区冰雪旅游高质量发展中后期，政府行政干预应该让位于对行业监督管理职能的转化，正确、有效行使行政手段，做到有效监督，违法必究。对于在核心区冰雪旅游高质量发展中违反责任一方，通常采取“污染者付费、利用者补偿、开发者保护、破坏者恢复”的原则，采用经济手段，追究相关责任人的民事责任，予以经济罚款及补偿。必要时，要追究相关责任者刑事责任连带民事责任，维护核心区冰雪旅游高质量发展的整个系统的长远价值。

第四，科技支撑政策。在知识经济时代，核心区冰雪旅游发展到一定阶段，难以通过资源开发来实现发展时，必须改变传统的发展思路，利用科技手段，创新和实现新的商业模式，实现对现有产业的有效补偿。现代科技是体现国家间竞

---

① 赵媛. 金融支持港口产业发展策略的探析[J]. 全国流通经济，2017（2）：60-61.

争力、创新能力、全球化程度和环境可持续性中最具成本效益的现代元素，加快新兴领域的科技融合发展，已成为各国新的研究协作和商业化模式的重要体现。目前，现代科技与冰雪旅游产业融合正进入一个新的阶段，在很多国际知名冰雪旅游大区，滑雪运动与大数据、人工智能实现了融合，提高了冰雪旅游产品供给的安全性，也创新了冰雪旅游品牌。在制造领域、建筑领域、饮食领域、表演领域等，都正在实现冰雪旅游与现代科技深度融合，创新了一批冰雪旅游+电子品牌，形成冰雪旅游新业态。为保证核心区冰雪旅游高质量发展，保护相关企业科技品牌信息的机密性、完整性和可用性，需要完善和构建科技支撑政策，明确核心区冰雪旅游高质量发展中科技安全、权利与义务、权限，以及提供安全、可靠的法律环境，建立保护科技支撑的法律秩序，以应对核心区冰雪旅游高质量发展可能出现的产业危机、环境危机、管理危机等，促进核心区冰雪旅游高质量发展。

第五，社区参与政策。在欧洲很多国家，冰雪旅游高质量发展采用社区参与模式，即冰雪度假地的雪道是由许多个小农场的农场主共同所有，滑雪场、索道、宾馆等经营者在经营核算过程中都具有较强的独立性，其核算过程也是分开的[①]。在推动冰雪旅游高质量发展的过程中，社区民众具有主体性地位。而要真正实现这一发展目标，社区是作为直接参与者存在的。社区同样扮演着利益参与者的角色。其参与程度很高，社区收益范围广泛，这种模式突出了社区联动的优势，社区成了参与核心区冰雪旅游高质量发展，提升冰雪旅游目的地旅游形象和增强吸引力的重要因素。当前，随着我国产权制度的改革，国家在一些私有领域行政执法也存在盲点，吸引社区参与，提高社区全体人员的自觉、自主生态意识和积极性是国家行政干预保护的有益补充和未来发展方向。基于此背景，我国应出台核心区冰雪旅游高质量发展社区参与政策，创建一个

① 李松梅. 国外滑雪产业发展现状与主要经验分析[J]. 哈尔滨体育学院学报，2012，30（4）：6-9.

积极互惠的参与方案，以典型的自下而上的方式参与核心区冰雪旅游高质量发展工作，就核心区冰雪旅游高质量发展政策执行状况提供反馈。增强社区人群的替代决策过程的主导话语权，使社区居民意识到环境保护与产业发展事关子孙后代的切身利益，在全社会形成保护环境的社会风尚，并内化为一种行动，参与核心区冰雪旅游高质量发展。

## 第六节　加快核心区特色冰雪旅游小镇建设高质量发展战略的实施

### 一、核心区特色冰雪旅游小镇建设高质量发展战略实施的要素及效应

核心区特色冰雪旅游小镇是以冰雪健身休闲为主题和特色，集产业功能、健身休闲功能、运动体验功能、冰雪体育赛事功能、冰雪旅游功能、冰雪旅游文化功能和生态宜居功能展示于一体的特色小镇建设空间区域和平台。从《国务院关于深入推进新型城镇化建设的若干意见》首次提出“加快特色镇发展”，到“十三五”规划纲要明确要求“加快发展中小城市和特色镇”，再到国家发改委提出“在2016年引导扶持发展近1000个特色小镇”……“特色（小）镇”在我国的兴起如雨后春笋般层出不穷。《体育总局办公厅关于推动运动休闲特色小镇建设工作的通知》更是从发展目标、任务、政策、实施措施等方面明确提出打造形成以运动休闲特色小镇为核心的产业聚集区，在全面推进乡村振兴、促进就业等方面取得明显的成效。冰雪旅游产业作为朝阳产业，成为核心区特色冰雪旅游小镇建设高质量发展的新宠，以核心区“特色冰雪旅游产业+特色旅游”的双特产业为创新方向的核心区特色冰雪旅游特色小镇，也将成为当前和未来核心区冰雪旅游产业高质量发展的重要驱动力。在加快建设体育强国，探索中国式现代化体育新道路进程中，随着乡村振兴战略的全面实施，核

心区特色冰雪旅游特色小镇建设将迎来高质量发展的新机遇。核心区冰雪旅游小镇建设高质量发展具有特色鲜明的核心区特色冰雪旅游产业形态、和谐宜居的美丽生态旅游休闲环境、彰显特色的核心区冰雪旅游文化资源、便捷系统的核心区特色冰雪旅游设施服务、彰显活力的体制机制等优势，必将对推动核心区特色冰雪旅游高质量发展产生重要的推动作用。

因此，加快核心区特色冰雪旅游建设高质量发展，要同冰雪产业高质量发展的总体规划紧密对接，在建设过程中要科学制定规划，节约集约利用冰雪、江河、山地、草原、沙漠、滨海、森林等独特的自然资源，在把握好“1个深度融合”（核心区特色冰雪旅游产业与生态产业深度融合）及实现“3个”提高发展理念（居民健身与健康率、竞技体育人才和综合体质健康）的基础上，全力做好建设工作，补齐冰雪产业高质量发展中核心区特色冰雪旅游小镇建设的短板，实现核心区冰雪旅游高质量发展的目标。要实现核心区特色冰雪旅游小镇建设高质量发展目标，应按“创新、协调、绿色、开放、共享”的新发展理念，结合核心区特色冰雪旅游小镇建设高质量发展的自身特质、生态资源的整合，找准核心区特色冰雪旅游小镇建设高质量发展战略的目标定位，使每个核心区特色冰雪旅游小镇建设高质量发展形成独特的前瞻性、创新性、科学性冰雪旅游产业标识，在积极推进生态冰雪旅游产业互补、资源相近、供需对接、区域联动发展的基础上，经过若干年建设的高质量发展，逐步形成东部、中部、西部良性互动的新格局，促进核心区冰雪旅游的高质量发展。核心区特色冰雪旅游小镇建设高质量发展是一个长期复杂的系统工程，因此，在这个工程的建设中，要找准核心区特色冰雪旅游小镇的特色。凸显特色、放大特色是实现核心区特色冰雪旅游小镇建设高质量发展目标的关键所在，充分推动核心区特色冰雪旅游小镇建设高质量发展功能要素及其效应的全面释放，打造各具特色的冰雪旅游集聚区与良性互动产业链，为实现核心区特色冰雪旅游小镇建设高质量发展提供重要保障（见图6-8）。

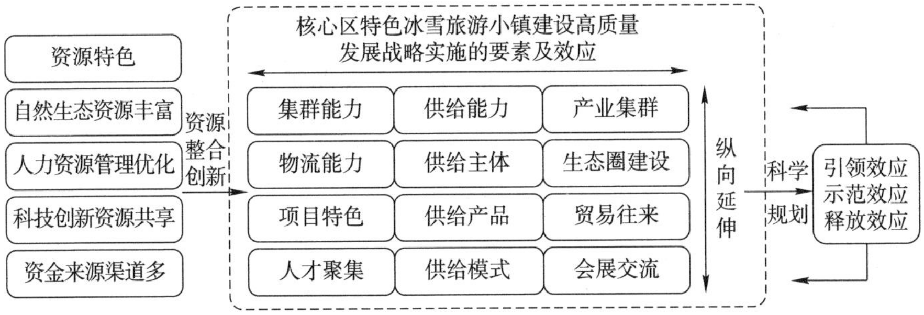


**图 6–8　核心区特色冰雪旅游小镇建设高质量发展战略实施要素及效应**

## 二、核心区特色冰雪旅游小镇建设高质量发展战略实施的要求

核心区特色冰雪旅游小镇建设高质量发展是在全面建成小康社会进程中，助力乡村振兴、促进新型城镇化建设的高质量发展、推动健康中国和体育强国建设的重要载体。一是核心区特色冰雪旅游小镇建设高质量发展的投入高、周期长，必须以全局性、综合性、复合性的战略眼光，通过资源的整合创新，利用资源的特色价值，形成要素集聚、创新创业高质量发展的新型增长空间①。由于核心区特色冰雪旅游小镇建设高质量发展纯市场化运作难度较大，政府应该坚持规划先行、多规合一，科学规划空间布局，通过科学的规划和顶层设计，吸引更多企业的加入，激发更多参与主体的积极性，打造优势生态化冰雪旅游产业集群，引领特色小镇冰雪旅游产业品牌价值效应，聚焦于特色小镇冰雪旅游示范效应，释放特色小镇冰雪旅游品牌优势效应等②，形成企业为主体、市场化运作、政府引导与支持相结合的创新支撑体系，实现核心区特色冰雪旅游小镇建设高质量发展的目标。二是建立智慧化特色冰雪旅游供给模式。智慧化特色冰雪旅游供给作为互联网、大数据、AI智能等新型信息技术集成产物，是在民众公共服务体验感和获得感日益增强的背景下，为提高特色冰雪旅游供给服务品质和供给运营效

---

① 刘立成，范沅昆，吴晶晶. 乡村振兴背景下气象村建设及气象科普整合传播策略研究：以湖北省武汉市蔡甸区姚家林村为例[J]. 中国地市报人，2021（7）：81–85.

② 赵灵灵. 特色小镇应有的六个内在逻辑：以浙江省为例[J]. 中国房地产，2016（29）：16–18.

能[①]，从而使游客实现高质量、多元化、便捷性的智慧冰雪旅游的生活模式，推进核心区特色冰雪旅游小镇建设高质量发展的重要路径之一。

---

① 何继新，邵艳丽. 社区公共服务智慧化供给三维立体模式及运行机制体系建构[J]. 甘肃行政学院学报，2019（1）：64–75，126.

# 第七章　北京冬奥会推动冰雪旅游核心区发展保障机制构建

## 第一节　北京冬奥会推动冰雪旅游核心区发展理论研究

### 一、北京冬奥会推动冰雪旅游核心区发展功能理论

（一）冰雪旅游发展身体教育与心理教育功能理论

古人云："读万卷书不如行万里路。"冰雪旅游对人的教育是多方面的。首先，冰雪旅游就是一种环保型的旅游发展方式，通过冰雪旅游的宣传、教育、体验，使冰雪旅游参与者更多地了解冰雪旅游生态保护和高质量发展方面的理论知识，且在此发展过程中受到冰雪旅游环保宣传的影响，能够提高参与者的生态保护意识，并且从根本上提升其环境保护素养，同时也给社会发展带来正向的引导。其次，冰雪旅游在个体价值观塑造中的重要作用。冰雪旅游项目众多，比如一些野外冰雪旅游项目，它更强调团队成员的协同与配合，在此过程中，冰雪旅游参与者得到的不仅仅是健身和健康旅游的重要价值，更多的是团结协作的教育价值。而一些冰雪旅游娱乐项目更多传递的是民俗风情与冰雪旅游传统文化的共享。在冰雪旅游过程中，冰雪旅游参与者得到了民俗文化的教育。再次，冰雪旅游的身体教育。无论哪种形式的冰雪旅游项目，不管是观赏冰雪旅游还是参与冰

雪旅游，不管是冰雪旅游娱乐类还是冰雪旅游赛事类，冰雪旅游参与者更多地通过身体锻炼，实现体育所追求的强身健体的发展目标。

（二）冰雪旅游发展白色环保功能理论

冰雪旅游的环保功能主要体现在两个方面。一是冰雪旅游本身的绿色低碳的环保性。我们知道，冰雪旅游是依托白色资源的旅游形式，它属于生态旅游的发展类型，强调在保护自然与人文环境融合发展的基础上实现冰雪旅游资源整体的功能和作用。绿色低碳环保性贯穿于冰雪旅游者的“吃、住、行、游、娱、购”每一个环节。特别是在对冰雪旅游资源的生态保护和利用方面，冰雪旅游者环保意识与环保行动对于资源的保护起到了重要作用。二是冰雪旅游环保功能还体现在它的社会影响方面。当前，中国的生态文明建设工作已经实现了巨大的进展，在这一关键转型时期，我国政府也特别强调要实现具有中国特色的现代化，那么其必要前提就是要达成人与自然的和谐共生。在新时代背景下，生态文明建设任务由此得以确定。在当前大时代背景下，实现人与自然、人与自身所处环境的和谐相处是生态文明建设的必然，而冰雪旅游正是在此前提下进行的健康与健身的旅游活动，因此它作为生态文明建设的重要冰雪旅游形式，在社会中起到了环保宣传作用。从这个意义上说，冰雪旅游具有环保功能的理论内涵十分丰富。

（三）满足冰雪游客需求功能发展理论

随着社会、经济、文化等的发展和人们工作压力的增强，冰雪旅游作为一项放松身心的旅游休闲方式广受群众的喜爱。越来越多的人开始在工作之余，期望参加形式各异的冰雪旅游活动，越来越多的冰雪运动爱好者就此产生。冰雪旅游是一种极具代表性的旅游形式，但是又跟旅游不同，它强调生态视野下的旅游行为，在运动方式上，又跟旅游基本相似。我们知道，旅游强调参与性与体验性，重视实现身心的放松。冰雪旅游在这一方面与此类似。例如，滑雪项目更多是让爱好者深入实地，即在体验中实现爱好者的旅游目的。至于村寨冰雪旅游的类型，它更多地向旅游者展示了当地的风土人情、异域风情，旅游者在此过程中享受到了民俗教育与各色体育文化的神韵，在体验中得到了身心的放松。

（四）冰雪旅游发展经济功能理论

冰雪旅游业被称为永远的朝阳产业，也是世界各国非常重视的产业。目前，冰雪旅游业已经成为旅游业的经济行业，在社会经济中占有举足轻重的地位。2022年北京冬奥会后，我国政府把冰雪旅游业定位于重要旅游产业发展，开启了我国旅游发展新时代。冰雪旅游是当今世界最具活力和吸引力的重要旅游吸引物之一，是旅游业发展的更高阶段，特别是随着冰雪运动“南展西扩东进”战略的进一步实施，我国冰雪运动产业迎来了历史发展机遇期，冰雪旅游产业也是世界旅游业发展的趋势。冰雪旅游强调与自然和谐共处，倡导绿色出行，处于我国旅游业大的链条中，具有巨大的经济价值。比如，与冰雪旅游相关的住宿、餐饮、交通、购物产业，与冰雪赛事紧密相关的冰雪体育赛事，与冰雪运动装备相关的冰雪装备产业以及冰雪人才培养行业等，都受益于国家冰雪产业的快速发展。在阿尔卑斯山脉领域冰雪旅游业发达的国家，冰雪运动产业体系较为完善。冰雪运动产业越发成为国家经济的支柱产业，并带动整个地区经济迅速发展[①]。在国外，冰雪旅游运作则十分完善，冰雪旅游对旅游目的地的经济拉动作用也很明显。尤其是奥运会、世界杯足球赛，对地方经济的拉动作用不仅体现在短期内，同时也是潜在的、长期的，其隐形的经济价值可以拓展到赛事的前后10年间。

（五）冰雪旅游可持续发展功能理论

综上所述，不难看出，冰雪旅游是基于资源耗竭、环境污染以及可持续理论支持的背景提出的。它是一种更高级的体育旅游形式，更注重体育旅游的可持续

① 俞林. 我国冰雪体育旅游产业发展对策的研究[J]. 北方经济，2012（2）：30–31.

发展。冰雪旅游可持续功能主要体现在3个方面。一是冰雪旅游的定位。冰雪旅游以可持续发展为目标，冰雪旅游过程更强调节能、原始性特征。冰雪旅游是对历史资源的传承和延续，是实现我国全域体育旅游产业可持续发展的必然选择。二是对全域体育旅游资源的保护。冰雪旅游追求长期效益，重视对全域旅游资源的保护，从这个角度看，冰雪旅游作为新兴的旅游形式，其旅游资源的可持续发展注定了其可持续功能。三是冰雪旅游的规划与管理。冰雪旅游作为一种新型的旅游活动，强调冰雪旅游在规划、开发利用、经营管理方面遵循全域旅游规律，合理利用和保护环境，保持冰雪旅游资源的持续利用。因此，探索北京冬奥会推动核心区冰雪旅游产业融合发展的功能理论，对推动北京冬奥会推动核心区冰雪旅游产业融合发展保障机制构建，具有重要的现实意义和历史意义。

## 二、北京冬奥会推动冰雪旅游核心区发展机制理论

### （一）北京冬奥会推动冰雪旅游核心区融合发展机制的内涵

北京冬奥会推动核心区冰雪旅游融合发展指两个及两个以上的系统运动方式相互作用和影响，从而产生的经济旅游文化联合发展的现象。不同子系统之间会在这一过程中产生良性互动，通过相互协调建立起一种动态关系[①]。北京冬奥会推动冰雪旅游核心区产业融合发展在时间、空间等融合维度上具有天然耦合性，主要是北京冬奥会推动核心区冰雪旅游产业融合发展冰雪旅游与产业融合关系可以用融合度来表示，融合度越高，则北京冬奥会推动核心区冰雪旅游产业融合发展资源利用率也就越高，溢出效应自然也会在此过程中得以提升，为单一产业赋予更强的竞争优势。如果融合度较低，那么当地的冰雪旅游产业离散性就会较高，产业要素及结构之间的联系不够紧密，产业间不能产生较强的带动作用，共同发展难度也会因此提升（见图7–1）。

---

① 尹宏，王苹. 文化、体育、旅游产业融合：理论、经验和路径[J]. 党政研究，2019（2）：120–128.

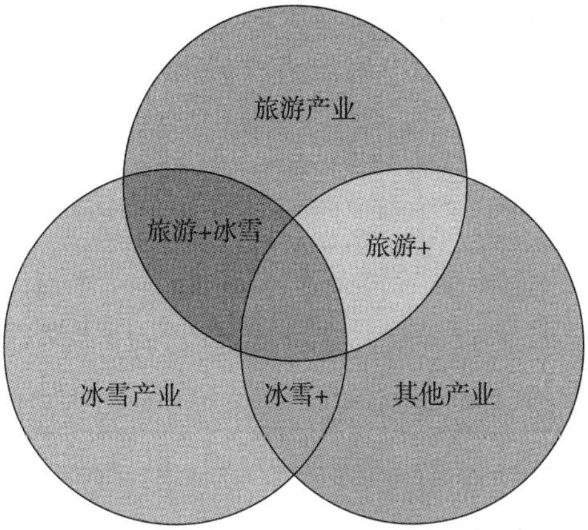


**图 7-1 北京冬奥会推动核心区冰雪旅游融合发展机制的示意图**

（二）北京冬奥会推动核心区冰雪旅游产业融合发展的内因与外因机制理论

北京冬奥会推动核心区冰雪旅游产业融合现象源于对技术融合的关注，目前，越来越多的专家和学者都针对产业融合发展机制要素展开了集中研究，并且融合了国内外的文献资料进行综合分析。由北京冬奥会推动核心区冰雪旅游产业融合发展的内涵得知，北京冬奥会推动核心区冰雪旅游产业融合发展的内涵的动因复杂多样。一是生产互融、技术支持、产业升级等内部动因，将引致北京冬奥会推动核心区冰雪旅游产业融合自发、自觉地提升融合质量和成效。二是冰雪消费需求、融合创新体系共享、创意经济发展、政策有效供给、体制机制创新等外部动因，进一步拓展了北京冬奥会推动核心区冰雪旅游产业融合发展的深度与广度[①]。三是内部动因为北京冬奥会推动核心区冰雪旅游产业融合发展提供驱动力。四是外部动因为北京冬奥会推动核心区冰雪旅游产业融合发展提供重要保障。北京冬奥会推动核心区冰雪旅游产业融合发展的外因对内因具有明显的推动功能和促进作用，部分加快北京冬奥会推动核心区冰雪旅游产业融合发展的外部动力甚至会转化为有效的内部动力，北京冬奥会推动核心区冰雪旅游产业融合发展正是

① 侯兵，杨君，余凤龙. 面向高质量发展的文化和旅游深度融合：内涵、动因与机制[J]. 商业经济与管理，2020（10）：86-96.

在内外因双重动力驱动下加快深度融合发展（见图7–2）。

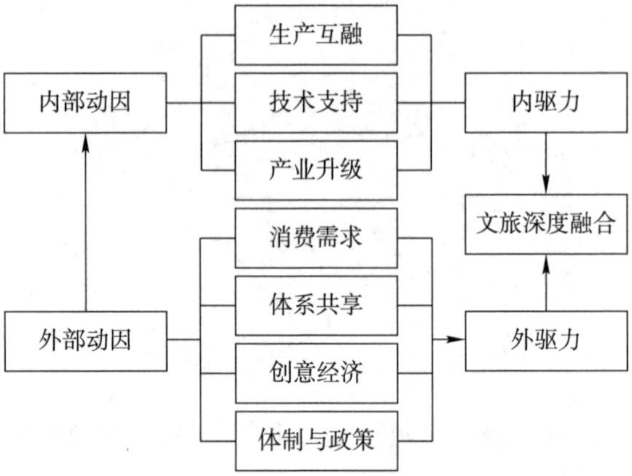


**图 7–2　加快北京冬奥会推动核心区冰雪旅游融合发展的内因与外因机制**

由图7–2可见，加快北京冬奥会推动核心区冰雪旅游产业融合发展的内因与外因是人、环境、社会、经济、文化等现象和关系的和谐统一。北京冬奥会推动核心区冰雪旅游产业融合发展内因与外因，是由若干相互作用的内因与外因构成的，极其复杂的、连锁反应极强的系统动力机制，并具有开放性、整体性、动态性等特征。除了图7–2显示的北京冬奥会推动核心区冰雪旅游产业融合发展内因与外因机制的要素，本书从另一个侧面探索北京冬奥会推动核心区冰雪旅游产业融合发展的内在与外因机制。

1. 北京冬奥会推动核心区冰雪旅游融合发展的内在机制理论

北京冬奥会推动核心区冰雪旅游产业融合发展目的在于实现京张体育文化旅游带建设目标，建立文化自信，宣传中华文明，打造中国形象[①]，这表明新发展阶段北京冬奥会推动核心区冰雪旅游产业融合发展打造京张体育文化旅游带，通过打造具有中国文化特色的体育文化旅游公共载体，凸显中华文化的优势和特色，提高中华民族文化自信，这决定了新发展阶段北京冬奥会推动核心区冰雪旅

① 秦宗财，从菡芝. 我国文化带文旅融合升级研究：基于大运河文化带江苏段的测度[J]. 山东大学学报（哲学社会科学版），2022（6）：49–59.

游产业融合发展的基本目标和主要方向[①]。基于上述目标和分析，新发展阶段北京冬奥会推动核心区冰雪旅游产业融合发展的内在机制，具体分为3个层次：第一个层次是北京冬奥会推动核心区冰雪旅游产业融合发展意义，冰雪旅游文化是中华传统文化传承意志。核心区冰雪旅游产业融合发展或者冰雪旅游文化核心载体的重要地位能够彰显国家冰雪旅游大国文化形象，而且具有建构冰雪旅游文化带的身份属性与集体记忆。第二个层次是北京冬奥会推动核心区冰雪旅游产业融合发展的产品层，即冰雪旅游文化产品化，依据冰雪文化形成冰雪旅游文化产品生产或服务，吸引众多冰雪爱好者进行消费，切身感受冰雪产品服务。北京冬奥会推动核心区冰雪旅游产业融合发展的目的在于丰富冰雪旅游文化产品的整体体验，故而需要在此过程中提高可参观性生产水平并且要引导冰雪旅游文化产品走向国际。第三个层次是文化产业层，要彰显冰雪旅游文化产品的优势，则首先要保障其产业化水平，保障冰雪旅游文化体验消费及配套服务的冰雪旅游产业快速发展。

2. 北京冬奥会推动核心区冰雪旅游融合发展的外在机制理论

北京冬奥会推动核心区冰雪旅游产业融合发展的根本目的之一，就是要满足人民群众的冰雪旅游产业需求，通过政府、市场、冰雪旅游企业的参与及非营利组织的有效合作机制，以各级政府的政策激励机制、宣传推广机制，以及冰雪旅游产业市场管理创新机制、产业资本市场投融资导向为保障，在政府绩效管理监管机制的推动下形成保障机制。但目前由于北京冬奥会推动核心区冰雪旅游产业融合发展的外在机制受到政府政策激励机制、主体市场供给运作机制、社会非营利组织参与机制等因素的影响，仍未在“系统思考”的视角下建立科学、合理的形成动力源。其根本原因在于：北京冬奥会推动核心区冰雪旅游产业融合发展的外在机制是一个要素丰富、关系线繁复的系统。静态研究并

① 秦宗财，从菡芝. 我国文化带文旅融合升级研究：基于大运河文化带江苏段的测度[J]. 山东大学学报（哲学社会科学版），2022（6）：49-59.

不能有效体现其本质特征，自然也就不能对长期以来的演化发展趋势形成有效认知[①]。故而应该在此过程中对该系统加以动态研究，同时也要坚持创新，从系统内部着手，通过整体而全面的分析来明确冰雪旅游产业融合发展的机制形成原理以及不同机制之间的关系，同时立足于这一基础，明确其形成特征和过程，如此才能真正找到实现北京冬奥会推动核心区冰雪旅游产业融合发展外在机制的动力源。但目前北京冬奥会推动核心区冰雪旅游产业融合发展市场处于初级阶段，因此，要形成北京冬奥会推动核心区冰雪旅游产业融合发展机制，必须在外在机制的推动下形成北京冬奥会推动核心区冰雪旅游产业融合发展的新局面。

## 第二节　北京冬奥会推动核心区冰雪旅游融合发展机制理论研究

### 一、北京冬奥会推动核心区冰雪旅游融合发展机制形成要素理论

冰雪旅游产业深度融合发展是冰雪旅游产业与其他产业之间或者冰雪旅游产业内部行业之间相互渗透、相互交叉，形成新冰雪旅游产业或实现原冰雪旅游产业机制创新的动态发展过程。从自发性交互转向共生性融合发展机制，是北京冬奥会推动核心区冰雪旅游产业融合发展的总体趋势和实现冰雪旅游产业深度融合的必然选择。北京冬奥会推动核心区冰雪旅游产业融合的过程中会受到来自政府和市场等各方面的推动和促进作用[②]。根据相关研究，北京冬奥会推动核心区冰雪旅游产业融合发展机制在产品融合、业态融合、要素融合、市场融合、价值融

① 邵桂华．全民健身系统可持续发展的系统动力学模型及其仿真实证研究[J]．上海体育学院学报，2012，36（4）：32–38.

② 王秀伟．从交互到共生：文旅融合的结构维度、演进逻辑和发展趋势[J]．西南民族大学学报（人文社会科学版），2021，42（5）：29–36.

合等不同维度的融合机制，既是北京冬奥会推动核心区冰雪旅游产业融合发展机制的结构性维度，也从不同侧面诠释了北京冬奥会推动核心区冰雪旅游产业融合发展机制立体复杂的异构关系。在促进核心区冰雪旅游产业融合以及建立相应发展机制的过程中，各主体之间已经形成了相互促进的关系。在这一生态系统的推动和加持下，系统内部不断进行关系协调，逐步形成北京冬奥会推动核心区冰雪旅游产业融合发展机制的价值体系，共同加速核心区冰雪旅游产业融合的速度，在动态演化的过程中对核心区冰雪旅游产业融合形成推进，以此判断整体产业融合演进过程（见图7–3）。

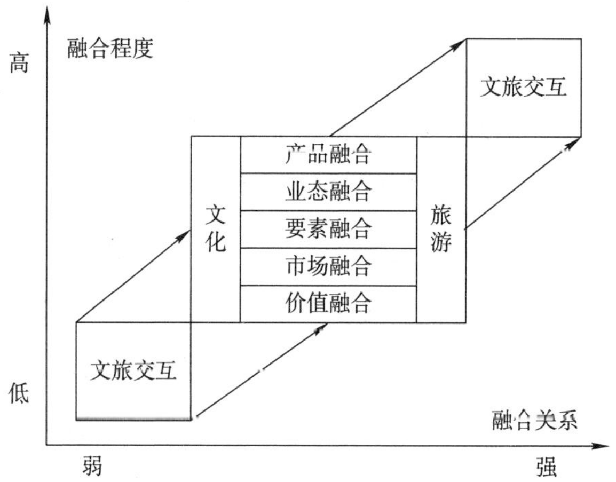


**图 7–3　文化和冰雪旅游融合加快北京冬奥会推动核心区冰雪旅游融合发展机制创新理论的演进**

从文化和冰雪旅游融合发展机制视角探索构成北京冬奥会推动核心区冰雪旅游产业融合发展机制的演进逻辑，通过优化北京冬奥会推动核心区冰雪旅游产业融合发展机制、改善北京冬奥会推动核心区冰雪旅游产业融合发展机制能量的生成方式与输出状况，实现北京冬奥会推动核心区冰雪旅游产业融合的发展趋势，同时指引着北京冬奥会推动核心区冰雪旅游产业融合发展的实践方向。因此，在文化与冰雪旅游融合发展形成机制的背景下，北京冬奥会推动核心区冰雪旅游产业融合发展机制要突破传统单一的开发模式，增强北京冬奥会推动核心区冰雪旅游产业融合发展的市场活力与内生动力，亟待创新北京冬奥会推动核心区冰雪旅游产业融合发展机制形成的新思路，转变单一的观光冰雪旅游模式，构建复合型、多层次的冰雪旅游产业开发新格局。

一是将单纯的观光冰雪旅游型转变为休闲度假型，即从单一的冰雪旅游景点、冰雪旅游景区模式转变为产学研冰雪旅游产业发展模式。特别是在休闲度假型冰雪旅游中，更要注重高品质的冰雪旅游产业产品和高质量的冰雪旅游产业集群创新，更强调冰雪旅游产业的多元素融合发展。

二是将冰雪旅游景区景点型转变为全域冰雪旅游产业发展型。这一发展类型的重点在于突出冰雪旅游产业的全方位带动功能和作用，发展全域冰雪旅游产业不能仅仅停留在景区、景点、宾馆等基础设施配置方面，而应聚焦于某一地域，构建全域性冰雪旅游产业资源整合机制、公共服务机制、管理网络机制，优化核心区冰雪旅游产业资源配置机制，实现全域性的冰雪旅游产业创新型发展模式。

三是将单一冰雪旅游型转变为冰雪旅游产业融合型。随着大众对冰雪旅游文化精神和健身健康方面的多元需求，冰雪旅游需求已从单一的观光型冰雪旅游向冰雪旅游产业融合发展机制创新转变，这就要求北京冬奥会推动核心区冰雪旅游产业融合发展机制的形成，面对北京冬奥会推动核心区冰雪旅游产业融合发展程度的地区差异，当前阶段应该重视内在创新机制的作用，以体育文化旅游带融合作为接入点。在推动机制动态发展的过程中应加速冰雪旅游产业升级，建立相应的发展机制，使冰雪旅游产业融合区域之间能够高效合作，达成优势互补，突出各个机制的作用和功能。通过整合冰雪旅游产业融合发展机制要素、调整冰雪旅游产业规模结构转型和升级机制等途径提高冰雪旅游产业的发展质量，并且积极融合创新机制，从而加速完成产业发展机制建设。

## 二、北京冬奥会推动核心区冰雪旅游融合发展机制价值理论

北京冬奥会推动核心区冰雪旅游产业融合发展具有冰雪体育文化和冰雪生态旅游融合的双重性，其产业融入中国式现代化冰雪文化旅游产业体系当中，在各方面推动因素的共同作用下提高冰雪旅游融合产业整体质量，对带动核心区的社会效益、经济效益和生态效益的平衡发展具有重要价值。动力机制形成融合价值是实现北京冬奥会推动核心区冰雪旅游产业融合发展打造京张体育文化旅游带的最终诉求和根本遵循。一方面，冰雪旅游产业融合发展动力巨大，整体价值较高，而且能够凸显冰雪文化及生态冰雪旅游的特色。另一方面，北京冬奥会推动核心区冰雪旅游产业融合发展动力机制形成，能够起到创造经济价值、社会价值、文化价值的重要作用（见图7–4）。

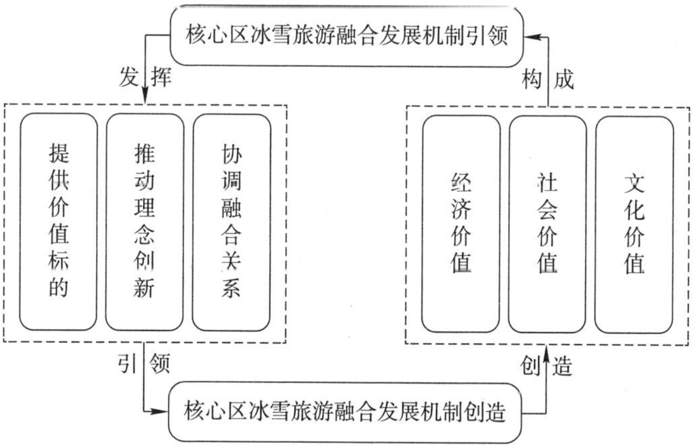


**图 7–4　北京冬奥会推动核心区冰雪旅游融合发展机制价值**

1. 北京冬奥会推动核心区冰雪旅游融合发展机制的经济价值

北京冬奥会推动核心区冰雪旅游产业融合发展机制构建经济价值分为直接经济价值和间接经济价值。它是北京冬奥会推动核心区冰雪旅游产业融合发展机制构建经济价值引起或衍生出来的经济效益的表现形式。北京冬奥会推动核心区冰雪旅游产业融合发展机制构建的经济价值是由于核心区社会、经济、文

化、生态等方面的需求而存在和发展起来的。

随着核心区冰雪旅游产业发展方式的转变，增强北京冬奥会推动核心区冰雪旅游产业融合发展机制构建的经济价值对拉动核心区经济增长的联动性影响，是通过回顾经济价值效应、旁侧经济价值效应和前馈经济价值效应实现的。

一是回顾经济价值效应。所谓回顾经济价值效应是指当北京冬奥会推动核心区冰雪旅游产业融合发展机制构建经济价值处于高速增长阶段时，不仅为北京冬奥会推动核心区冰雪旅游产业融合发展机制构建经济价值带来巨大的体育文化和旅游经济收益，而且可以为北京冬奥会推动核心区冰雪旅游产业融合发展机制构建的经济价值带来餐饮业、零售业、交通业等经济层面的收益。

二是旁侧经济价值效应。旁侧经济价值效应是指北京冬奥会推动核心区冰雪旅游产业融合发展机制构建的技术能力促进当地经济、社会、文化等全面发展，特别是对北京冬奥会推动核心区冰雪旅游产业融合相关产业部门提出了新的基础设施建设的资金投入需求，并将会促进关联产业技术、组织、制度等方面的创新，产生旁侧经济价值效应。

三是前馈经济价值效应。前馈经济价值效应是指北京冬奥会推动核心区冰雪旅游产业融合发展机制构建激发了一种刺激城乡新经济发展效应的作用，促进要素流动、资源有效配置和组合，刺激科技创新发展、新产品的问世，通过这三种扩散经济价值效应组合，实现北京冬奥会推动核心区冰雪旅游产业融合发展机制构建经济价值效应的全面释放，服务北京冬奥会推动核心区冰雪旅游产业融合发展机制构建，促进核心区社会、经济、文化等事业的高质量发展。

2. 北京冬奥会推动核心区冰雪旅游融合发展机制的社会价值

社会价值是个人及社会组织通过自身的自我实践活动发现、创造社会或他人物质或精神的发展规律及内在矛盾的贡献。北京冬奥会推动核心区冰雪旅游产业融合发展机制构建社会价值对其他价值具有一定的依赖性。北京冬奥会推动核心区冰雪旅游产业融合发展是以机构融合、组织融合、社会融合机制构建为前提，通过渗透、交叉或重组方式形成的冰雪旅游产业新业态，引领北京冬奥会推动核心区冰雪旅游产业融合发展机制的形成。在北京冬奥会推动核心区冰雪旅游产业融合发展机制构建中产生的社会价值具有明显的惠民性、利民性等特点。特别是以智慧服务加快北京冬奥会推动核心区冰雪旅游产业融合发展动力机制的形成，促进核心区人民的共同富裕，提升核心区居民的幸福指数。由此可见，北京冬奥会推动核心区冰雪旅游产业融合发展机制构建的社会价值不仅可以满足人们对美好生活的新期待，也是提升北京冬奥会推动核心区冰雪旅游产业融合发展，促进核心区社会、经济、文化等领域全面高质量发展的重要驱动力。

3. 北京冬奥会推动核心区冰雪旅游融合发展机制的文化价值

北京冬奥会推动核心区冰雪旅游产业融合发展机制构建的文化价值与经济价值和社会价值之间是一种多元化的互补关系、依赖关系、生存关系，存在着能够满足北京冬奥会推动核心区冰雪旅游产业融合发展机制构建文化价值需要的客体和某种具有文化价值需要的主体。当一定的主体发现了能够满足北京冬奥会推动核心区冰雪旅游产业融合发展机制构建文化价值需要的对象，并通过某种方式占有这种对象时，就出现了北京冬奥会推动核心区冰雪旅游产业融合发展机制构建文化价值的明显效应。北京冬奥会推动核心区冰雪旅游产业融合发展机制构建文化价值能够为社会所承认，逐步得到市场需求和时间验证，形成长期消费行为和消费欲望；能够凝聚北京冬奥会推动核心区冰雪旅游产业融合发展机制构建文化价值的辐射效应，提升北京冬奥会推动核心区冰雪旅游产业融合发展机制构建文化价值的经济和社会影响力。北京冬奥会推动核心区冰雪旅游产业融合发展机制构建形成的一系列具有共同内核和共生关系的冰雪旅游产业产品，将推动中国式现代冰雪旅游文化创新发展，激活中国式现代冰雪文化资源潜能，为中国式现代化迈向更高发展阶段、坚定文化自信提供重要基础。

# 第三节　北京冬奥会推动核心区冰雪旅游融合发展保障机制的构建

## 一、北京冬奥会推动核心区冰雪旅游融合发展保障机制构建的意义

### （一）北京冬奥会推动核心区冰雪旅游融合发展保障机制是新时代机制创新的必然选择

在新时代背景下，中国社会的主要矛盾已经产生了变化，人们在物质文化方面有了更高追求，可通过北京冬奥会推动核心区冰雪旅游产业融合发展保障机制的构建，提升核心区人民冰雪旅游生活幸福水平①。可以认为，核心区的人民群众对于美好生活的向往正在不断加深，无论是物质或精神文化享受对于群众而言都是同等重要的。所以应该建立对应的保障机制，提高人们的生活质量，满足其生活追求和需要。之所以要大力发展冰雪旅游产业，其重要原因之一就是此种产业模式能够满足人民群众的精神文化需求，这一产业的发展需要以低碳环保意识作为指导，不应该采取竭泽而渔的方式来满足群众需要。目前，体育产业已经发生了自上而下的体制改革，所以在推动冰雪旅游产业融合发展的进程中也需要建立对应的保障机制，大力推动核心区冰雪旅游产业融合，已经成为解决新时代社会主要矛盾的直接环节和有效措施，以及提升人民满意度的关键。同时，保障机制的构建是促进区域经济发展方式转变、产业结构优化升级、提高全域体育旅游整体质量的推动力量，能够有效提高中国国际竞争力和冰雪体育文化软实力，引导越来越多的人民群众参与到冰雪运动当中。

---

① 范建华，秦会朵. 文化产业与旅游产业深度融合发展的理论诠释与实践探索[J]. 山东大学学报（哲学社会科学版），2020（4）：72-81.

### （二）北京冬奥会推动核心区冰雪旅游融合发展保障机制的构建可以促进其他产业高质量发展

冰雪旅游融合发展具有较强的价值导向作用，而且这一作用还具有双效性，在生产冰雪旅游产品以及促进产业融合过程中，创新意识所具有的作用不可小觑。而生产冰雪旅游文化产品也应该以创新类产品作为主体，创新产品可以满足冰雪旅游产业消费者的消费需求。从本质上看，对于创新产品的消费其实就是对冰雪旅游文化融合产品的消费[①]。通过分析产业融合特征可知，冰雪产业和旅游产业具有天然的融合力，因为冰雪旅游产业机制的属性使然，可以认为该产业和其他多个产业都存在较为广阔的合作空间，协作也较为深入，能够在合作过程中得到双向发展，提升双向价值[②]。立足于这个层面进行分析可知，建立冰雪旅游产业保障机制可以有效提高产业质量，其具有文化产业、体育产业、旅游产业融合发展保障机制构建的本质属性和产业融合保障机制构建的核心特性。以冰雪旅游产业融合发展保障机制的构建为中心形成集聚态势和链条分工，正是北京冬奥会推动核心区冰雪旅游产业融合发展机制形成促进其他产业高质量发展的必然趋势。

## 二、北京冬奥会推动核心区冰雪旅游融合发展保障机制构建的动因

《冰雪旅游发展行动计划（2021—2023年）》指出，时至2023年，我国应当建立较为合理的冰雪旅游产业结构，为2022年北京冬奥会进行助力，并且带动3亿人参与冰雪运动。目前，冰雪旅游市场正在以较快的速度和较为健康的节奏迅速发展，越来越多的冰雪主题旅游度假区应运而生，冰雪旅游参与热度空前高涨，消费规模和国家内需同步扩大，有关产业和冰雪旅游发展的融合度在此过程中显

① 范建华，秦会朵. 文化产业与旅游产业深度融合发展的理论诠释与实践探索[J]. 山东大学学报（哲学社会科学版），2020（4）：72-81.

② 秦继伟. 边缘效应理论视角下冰雪产业与旅游产业融合发展策略研究[J/OL]. 经济地理：1-15[2023-05-10].

著加深[①]。

习近平总书记强调，“冰天雪地也是金山银山”。在这一理念的指引之下，党中央、国务院作出科学部署。在2022年北京冬奥会举办后，我国的生态旅游及区域冰雪运动的融合产品供给力度随之提升，二者在相互协同的作用下实现了高质量发展，人民群众对于冰雪运动和生态旅游相融合之下全新的旅游形式的需求也得到了有效满足，一个全新的旅游发展格局得以建立[②]。区域冰雪运动与生态旅游融合发展作为促进区域冰雪旅游产业高质量发展中的一个开放性、综合性和创新性的驱动力，其功能、地位与价值是其他产品难以替代的，在促进新时代区域社会、经济、文化等方面的高质量发展中具有特殊的功能和作用。

当前学术界对区域冰雪运动与生态旅游融合发展形成机理研究的成果不多，综合国内外现有相关理论研究，主要包括需求驱动发展理论、技术创新发展理论、组织管理创新理论（包括组建战略联盟与企业跨产业并购）、政府管制放松理论等。如在区域冰雪运动与生态旅游融合发展的动态进程中，区域冰雪运动与生态旅游融合发展演进自身规律、技术进步与创新、消费需求高级化、冰雪运动和旅游企业竞争与协同、政府政策导向共同构成了区域冰雪运动与生态旅游融合发展的保障机制。本书根据现有文献及专家咨询认为，北京冬奥会推动核心区冰雪旅游产业融合发展保障机制构建主要包括需求拉动、技术创新、管理创新、政府管制放松等方面（见图7-5）。

---

① 文化和旅游部、国家发展改革委、国家体育总局关于印发《冰雪旅游发展行动计划（2021—2023年）》的通知，https：//www. sports. cn/qwfb/gfxwj/2021/0219/375532. html.

② 王晨曦，满江虹．组态视角下滑雪产业高质量发展的动力要素、理论框架与驱动模式：基于模糊集定性比较分析[J]. 上海体育学院学报，2022，46（8）：65-76. DOI：10.16099/j.sus.2021.06.17.0003.

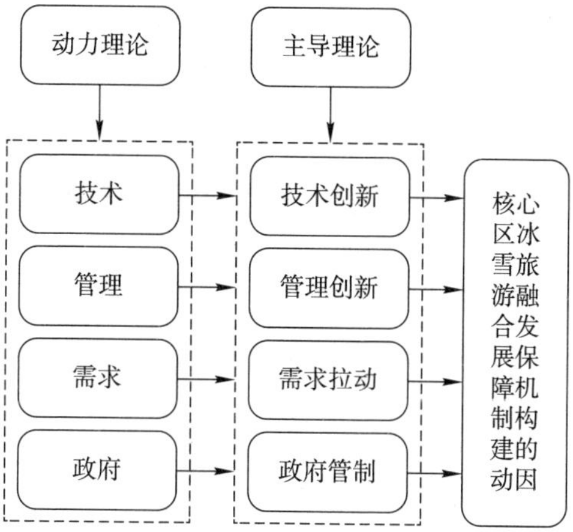


**图 7-5　北京冬奥会推动核心区冰雪旅游融合发展保障机制构建的动因**

## 第四节　北京冬奥会推动核心区冰雪旅游融合发展保障机制的实践与探索

### 一、构建冰雪旅游产业与生态文化旅游深度融合保障机制

冰雪旅游核心区人文资源和自然生态资源十分丰富，在人地互动、人类与自然和谐相处的过程中形成了独特的旅游资源。新时代来临之后，何为绿水青山的问题已经受到了各领域和各区域的重视，绿色环保理念和创新理念逐渐深入人心。要完成具有中国特色的生态文明建设，首先应该转变理念，融合冰雪旅游和生态文化旅游产业，使二者紧密协调，始终把生态保护和高质量发展放在重要地位。在冰雪旅游产业与生态文化旅游深度融合发展的过程中，应该严控自然保护区生态红线，完善相关法律法规，建立长效保障机制，从而形成更加规范和内容更为完备的规则体系，突破传统的产品及服务生产思维，积极引入创新意识，创新冰雪旅游产业与生态文化旅游深度融合保障机制，从而构建冰雪及生态文化旅

游有效融合的新格局，延长冰雪旅游产业链，对现有的旅游融合资源加以高效保护和利用。

## 二、构建冰雪旅游产业与历史文化深度融合保障机制

历史文化资源是特定区域内传统文化资源的体现，其价值体现在文化、教育、社会、时代等多个方面。若能够发掘冰雪旅游产业和历史文化的资源价值并建立综合保障机制，则可以提高人类文化发展质量，满足人类的生存内在需求。应该对冰雪旅游产业和历史文化深度融合发展工作加以科学保护，凸显双方的资源价值和核心作用，加速推进冰雪旅游产业和历史文化的融合与发展，充分利用冰雪旅游产业与世界文化遗产和双遗产资源、世界和国家非物质文化传承名录项目等文化资源，开展深入挖掘冰雪旅游产业与历史文化深度融合研究，进行合理、适度、科学的保护、开发与利用。提升游客们的参与感和成就感，使其能够在旅游过程中形成新的感悟，深入了解历史文化并认识到此种文化形式和冰雪旅游产业融合的意义，实现冰雪旅游产业与历史文化深度融合保障机制构建惠民性。

## 三、构建冰雪旅游产业与民族文化深度融合保障机制

冰雪旅游产业核心区具有较为丰富的民族文化资源。在各个发展阶段，不同民族都或多或少地形成了十分深厚的文化积淀，其中包括有形及无形两种。冰雪旅游产业和民族文化相互协同可以促进双方深度融合发展，建立对应的融合保障机制，使民族文化的优势得以发扬。与此同时，能够推动和促进冰雪旅游产业发展，从而达到双赢。我国应该有效利用民族节庆资源，开发和保护并举，使冰雪旅游产业具有民族优秀文化传统的特色。双方的融合也能够加深民族文化记忆，提高人民的民族自豪感。通过冰雪旅游产业与民族文化深度融合保障机制的构建，民族节庆活动的价值和特色都能够得到凸

显，从而建立起较为完善的冰雪旅游产业链，促进核心区社会、经济等事业的全面发展。

## 四、构建冰雪旅游产业与大健康产业深度融合保障机制

新发展阶段人民对美好物质文化生活的需求加剧提升。国家已经把旅游与健康融合提到重要的发展日程。构建冰雪旅游产业与大健康产业深度融合保障机制，主要是依托人文资源、自然生态等基础设施完善的冰雪旅游产业与大健康产业深度融合平台，提供的各种形式的健康冰雪旅游产业服务，使人们能够在参与冰雪旅游活动的过程中提高身体素质，丰富游玩体验，对冰雪旅游文化拥有更加深刻的认识。应该加速促进康养产业和冰雪旅游产业的深度融合，优化其产业发展方式，加速两类产业的产品开发和服务完善，整合中医药资源及旅游资源，为消费者提供更加高端、专业性更强的旅游服务和产品，提升核心区冰雪旅游产业与大健康产业深度融合发展的有效性。

## 五、构建冰雪旅游产业与美丽乡村建设深度融合保障机制

美丽乡村建设是实现全面乡村振兴战略重要内容，加速完成乡村振兴战略的重要路径。应高效推动乡村冰雪旅游产业发展，全方位推进脱贫攻坚事业，从根本上提高乡村冰雪旅游产业的繁荣度和热度。应该在发展冰雪旅游产业的过程中强调绿色发展观，以乡村生态文明理念作为指导，构建冰雪旅游产业与美丽乡村建设深度融合保障机制，将核心区冰雪旅游产业与美丽乡村建设深度融合转变为经济优势，因地制宜地推动乡村冰雪旅游产业与美丽乡村建设深度融合资源的合理利用与科学转化，推动冰雪旅游产业与美丽乡村建设深度融合资源的挖掘、开发与利用，有选择性地发展冰雪旅游产业与美丽乡村建设融合特色冰雪旅游产业。加快冰雪旅游产业与美丽乡村建设深度融合，使乡村冰雪文化旅游产业成为人们提高生活品质的重要产业。

# 第五节　北京冬奥会推动核心区冰雪旅游融合发展保障机制构建路径选择

## 一、加快北京冬奥会推动核心区冰雪旅游融合发展的顶层设计

加快北京冬奥会推动核心区冰雪旅游融合发展，既是当下核心区冰雪旅游发展的主体政策，也是长期以来国内冰雪旅游学术研究的重要领域之一。但北京冬奥会推动核心区冰雪旅游融合发展的顶层设计是一个复杂的建设工程，因此，加快北京冬奥会推动核心区冰雪旅游融合发展的顶层设计需要四大立柱支撑。

一是加快北京冬奥会推动核心区冰雪旅游融合发展的制度创新：一方面，由上而下打破北京冬奥会推动核心区冰雪旅游融合发展的旧规制，为北京冬奥会推动核心区冰雪旅游融合发展提供政策空间；另一方面，鼓励地方先行先试，激发民间创新活力，拓宽由下而上的北京冬奥会推动核心区冰雪旅游融合发展的制度变革途径。二是依照北京冬奥会推动核心区冰雪旅游融合发展的新形势、新任务和新目标，扩展北京冬奥会推动核心区冰雪旅游融合发展主体治理范围，调整国家和地方治理的主体关系，增强国家和地方治理的可操作性。三是要有意识地提升标准化建设水平，真正做到冰雪旅游产业和当地经济协同发展，推动整体经济水平进步。既要按照冰雪旅游融合发展的机理改进原有的冰雪旅游标准体系，又要针对北京冬奥会推动核心区冰雪旅游融合发展新业态的需求，开发新的冰雪旅游标准体系，从而有力支持优质冰雪旅游融合发展的实现。四是学术研究应当深化北京冬奥会推动核心区冰雪旅游融合发展产品体验理论，强化北京冬奥会推动核心区冰雪旅游融合发展的伦理研究，开创北京冬奥会推动核心区冰雪旅游融合发展制度学派，建立更加完善的冰雪旅游产业经济研究体系，在这一重塑过程中也要同时开拓北京冬奥会推动核心区冰雪旅游融合发展生态文明建设研究。

## 二、冰雪旅游融合发展重创意，科学加快北京冬奥会推动核心区冰雪旅游融合发展

北京冬奥会推动核心区冰雪旅游融合发展不仅能够提升旅游产品整体品质及价值，同时也能够促进这一产业的转型升级，在全面提速的过程中使冰雪旅游产业的消费市场和发展空间得到拓展，强化了冰雪旅游传播效应，从而有助于坚定冰雪文化自信。冰雪旅游融合发展包括多个相互关联的子系统，多个产业系统的耦合会受到多方面因素的制约和影响。因此，加快北京冬奥会推动核心区冰雪旅游融合发展，要用冰雪旅游文化创意对加快北京冬奥会推动核心区冰雪旅游融合资源进行加工和整合，并开发利用，以提升北京冬奥会推动核心区冰雪旅游融合的经济、文化、生态等方面的附加值。一是将核心区冰雪旅游融合发展融入创意设计冰雪旅游产业发展的全过程，将创新理念贯穿到冰雪旅游融合的产品设计、开发和推广中，使其成为具有深刻的冰雪旅游文化内涵与创新精神的特色冰雪旅游产品体系。二是在冰雪旅游融合路径上，要将冰雪旅游资源进行创新转化，使冰雪旅游资源在保持其原真性和独特性的基础上融入更符合当代区域经济、社会、市场需要的创意元素，提高冰雪旅游核心区融合发展的效应。三是培养重点特色冰雪旅游建设项目，围绕特色冰雪旅游建设项目，把传统与现代、特色体育资源与特色冰雪旅游资源进行科学整合，创建北京冬奥会推动核心区冰雪旅游融合发展的“文体旅”融合品牌，提高冰雪旅游核心区融合发展美誉度与知名度。

## 三、强化核心区冰雪旅游产业融合，夯实冰雪旅游产业消费基石

加大力度推动核心区冰雪旅游产业融合速度和整体效率，满足冰雪旅游消费升级过程中的产业融合产品等消费新需求，已成为进入新发展阶段核心区冰雪旅游产业融合高质量发展的新目标。一是构建多市场主体冰雪旅游产业体系，放大

冰雪旅游产业与其他产业融合发展效应。对冰雪旅游产业供给和生产主体进行融合，使不同市场主体之间能够达成有效交流。在全方位合作的前提下提高服务质量，加大产品开发力度，在相互借鉴和协调过程中提高消费者对于产业融合产品的消费能力，打牢冰雪旅游产业的消费基础，为消费者群体提供更加多样的产品和服务，也为当地的经济发展打下良好的基础①。二是要重视核心区的发展，积极推进冰雪旅游文化业态融合，凸显冰雪旅游产业多业态融合的功能，丰富冰雪旅游文化内容，突出冰雪旅游资源的载体作用，使当地冰雪旅游产业融合成为现实并实现深度融合发展。三是要立足于全方位公共冰雪旅游资源整合这一重要基础，从根本上提高冰雪旅游公共服务的体系融合质量，加快速度完成冰雪旅游产业的基建工作，并积极促进冰雪旅游公共信息服务平台的衔接工作，真正达成冰雪旅游公共信息服务的资源及数据共享，坚持创新提高冰雪旅游公共服务的统一性和标准度，建立更加完善的产业融合指标体系以及对应的绩效评估制度，提升北京冬奥会推动核心区冰雪旅游融合发展的服务质量和水平。四是健全多元的冰雪旅游融合市场交易机制。多元的资金投入是加快北京冬奥会推动核心区冰雪旅游产业融合发展的根本保障，构建层次丰富的市场交易机制，从而促进区域冰雪旅游产业的高效融合发展，依据政府机构、社会团体组织、企业组织提供的信息，对于在实施北京冬奥会推动核心区冰雪旅游产业融合发展过程中遭受实际损失的企业以鼓励性损失补贴的同时，充分发挥冰雪旅游产业融合市场机制的作用，通过刚柔兼施的多元化市场机制的建立，强化核心区冰雪旅游产业融合，夯实冰雪旅游产业消费基石，为核心区社会、经济、文化等方面的高质量发展再添新动能。

## 四、构建北京冬奥会推动核心区冰雪旅游融合发展的人才保障机制

人才是实现北京冬奥会推动核心区冰雪旅游融合发展保障机制构建的核心动能，也是实现北京冬奥会推动核心区冰雪旅游融合发展的重要保证。北京冬奥会

① 张晓磊，李海. 推动我国体育旅游产业发展的若干问题探析[J]. 中州学刊，2021（4）：21-26.

推动核心区冰雪旅游融合发展，从政府政策导向、产业经营管理、院校人才培养等方面对政产学研各界提出更高的人才要求，更侧重冰雪旅游策划运作人才。调查发现，目前的人才资源配置与结构尚不能满足核心区冰雪旅游要求，因此要从核心区冰雪旅游融合发展体制机制上创新人才挖掘、培养、评价与激励方法，为北京冬奥会推动核心区冰雪旅游发展人才充分发挥才能提供政策和环境条件，逐步营造信能人、用能人的冰雪旅游发展的良好社会环境，特别是让市场在核心区冰雪旅游发展的人才资源配置中充分发挥应有的作用，坚持并突出核心区冰雪旅游融合发展市场导向，提高冰雪旅游发展人才横向和纵向流动性的功能和作用，确保人才能在北京冬奥会推动核心区冰雪旅游发展中发挥出自身价值。尤其是转变政府冰雪旅游发展人才管理职能，创新冰雪旅游人才培养机制与模式，完善冰雪旅游人才培养政策，加大对北京冬奥会推动核心区冰雪旅游复合型人才的培养与扶持力度，健全高端北京冬奥会推动核心区冰雪旅游发展人才的引进机制，构建冰雪旅游人才自由流动的新方式，是实现北京冬奥会推动核心区冰雪旅游产业融合发展保障机制构建的关键。

## 第六节　构建北京冬奥会推动核心区冰雪旅游产业融合评价指标体系

### 一、北京冬奥会推动核心区冰雪旅游产业融合的评价指标体系构建的原则

北京冬奥会推动核心区冰雪旅游产业融合评价指标体系并非指标越多越客观真实就越好。指标过多，难免重复；但指标过少，可能缺乏足够的代表性。因此，为确保北京冬奥会推动核心区冰雪旅游产业融合评价指标体系构建的科学性与实效

性，本书遵循了以下基本原则：首先，系统性原则。北京冬奥会推动核心区冰雪旅游产业融合涉及很多相关问题，因此，北京冬奥会推动核心区冰雪旅游产业融合评价指标体系的设置，应考虑到操作化的各个层面，以利于从不同角度对北京冬奥会推动核心区冰雪旅游产业融合作出全面评价。筛选的评价指标如果不系统、不全面，就会导致北京冬奥会推动核心区冰雪旅游产业融合评价指标体系构建出现偏差[①]。因此，只有系统全面地设计、筛选北京冬奥会推动核心区冰雪旅游产业融合的评价指标，并科学计算各指标的权重，才能使整个评价指标体系合理、全面地反映出北京冬奥会推动核心区冰雪旅游产业融合的真实性。其次，科学性原则。构建北京冬奥会推动核心区冰雪旅游产业融合评价指标体系的主要目的在于确保数据的科学性。其中的任何一个指标，都要能够客观地、有针对性地反映出北京冬奥会推动核心区冰雪旅游产业融合的价值，能够确保指标的真实性及其科学性。最后，可获得性原则。可获取性是体现指标是否具有可操作性的重要原则，是构建北京冬奥会推动核心区冰雪旅游产业融合评价指标体系必须考虑的原则。如果所构建的评价指标体系有很多指标不具有可获得性，那么即使它再具有合理性、系统性和科学性，也没有任何意义，建立的评价指标也只能束之高阁。因此，在指标的设计与筛选方面，应保证每一个指标都容易获取且易被度量，同时还要保证资料搜集的简便性。基于此，应尽量简化测量的指标体系，确保北京冬奥会推动核心区冰雪旅游产业融合评价指标体系构建具有较好的可操作性。

## 二、北京冬奥会推动核心区冰雪旅游产业融合评价指标体系构建的基本思路

构建北京冬奥会推动核心区冰雪旅游产业融合评价指标体系是一项复杂的系统工程，既是北京冬奥会推动核心区冰雪旅游产业融合评价过程中的重点，也是难点。构建一套科学、合理的北京冬奥会推动核心区冰雪旅游产业融合评

① 高奎亭.城乡体育公共服务均等化评价指标体系构建研究[D].南京：南京师范大学，2013.

价指标体系，必须从战略上清楚明确地把握设计的基本思路。基于国内外已有的研究成果，根据北京冬奥会推动核心区冰雪旅游产业融合评价指标体系的基本原则，本书采用关键绩效指标法（KPI法），按照确定“目标层（综合评价指标）→领域层（分类评价指标）→单项评价指标（具体指标）”的基本设计思路构建北京冬奥会推动核心区冰雪旅游产业融合评价指标体系。在宏观层面上，本书的研究依据KPI法，从综合目标、内涵两个方面设计出北京冬奥会推动核心区冰雪旅游产业融合评价的具体指标；在微观层面上，本书的研究主要围绕可操作化的外延，层层分解关键指标，建立北京冬奥会推动核心区冰雪旅游产业融合评价指标甄选模型（见图7–6）。

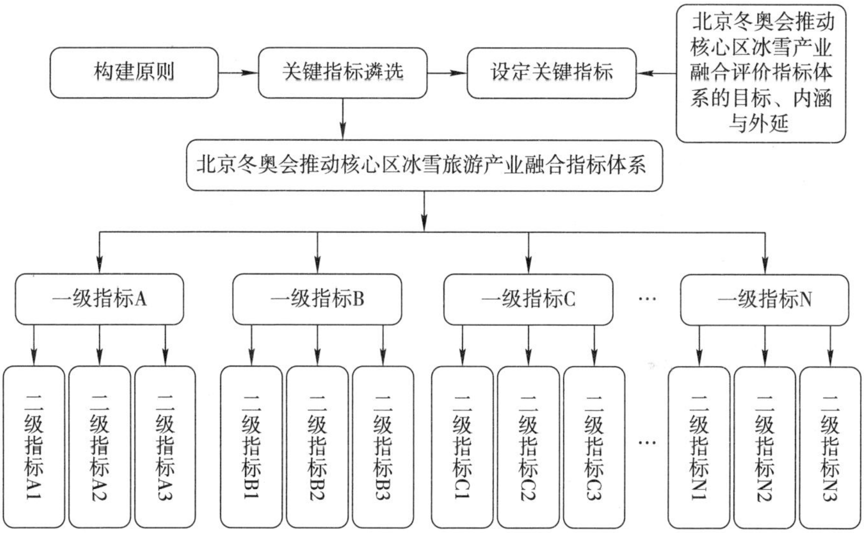


**图 7–6　北京冬奥会推动核心区冰雪旅游产业融合评价指标体系甄选模型**

## 三、北京冬奥会推动核心区冰雪旅游融合评价指标体系构建的基本流程

要真实、客观地反映北京冬奥会推动核心区冰雪旅游产业融合的程度与发展水平，其基本保证是制定有效的评价指标体系。北京冬奥会推动核心区冰雪旅游

产业融合评价指标体系的构建是一个系统流程，除了要遵循上述基本原则，还应该严格遵循程序进行构建。严格遵循构建程序是北京冬奥会推动核心区冰雪旅游产业融合评价指标体系准确性、合理性以及科学性的基本保障[①]。北京冬奥会推动核心区冰雪旅游产业融合评价指标体系构建大致流程包括：北京冬奥会推动核心区冰雪旅游产业融合的特征分析、北京冬奥会推动核心区冰雪旅游产业融合目标的分解、北京冬奥会推动核心区冰雪旅游产业融合评价指标要素调查、北京冬奥会推动核心区冰雪旅游产业融合评价指标体系的检验和修正、指标权重的确定等5个基本环节。

① 李海洋．南京市中学足球教师课堂教学能力评价指标体系的构建研究[D]. 南京：南京师范大学，2017.

# 第八章　北京冬奥会推动冰雪旅游核心区发展的实施路径

## 第一节　北京冬奥会推动核心区冰雪旅游产业融合发展的自组织特征

融合的自组织特征是研究自组织现象和规律学说的重要理论基础。其基本观点如下：若某系统远离平衡态且具有非线性和开放性特征，如果外界控制变量已经达到某个特定阈值，系统就可以经过突变进化建立起更为有序的结构[①]。尽管运用自组织特征分析北京冬奥会推动核心区冰雪旅游产业融合的自组织特征的研究文献至今未见报道，但对国外冰雪旅游体育产业经济比较发达国家的研究表明，运用自组织特征不仅可以对冰雪体育旅游产业经济体系内的相互作用机制进行剖析，同时能够针对冰雪旅游体育产业经济问题提供更加全面和完善的思路与解决方法，全面综合地研究市场供需这个具有综合性和代表性的问题[②]。

---

① 宋泽海. 基于协同论的冶金企业技术创新整合机制研究[D]. 天津：天津大学，2006.

② 王杰，张金春，刘景权. 市场经济中供需关系的自组织[J]. 广西师范大学学报（自然科学版），2002（1）：120–124.

本书借助自组织特征理论研究，根据冰雪旅游体育产业经济学的基本理论观点，对冰雪旅游体育产业“供给、需求、均衡”演化自组织特征的问题进行了讨论。

北京冬奥会推动核心区冰雪旅游产业融合自组织特征就是一类开放系统，其需要以环境作为依托来获取组织冰雪旅游产业活动需要的信息及物质资源，也就是说只有获取足够的负熵，才能使冰雪旅游产业融合系统产生有序的演化[①]。北京冬奥会推动核心区冰雪旅游产业融合的环境是与冰雪旅游产业系统有关系的各类因素的集合，例如政治、文化、科学等因素[②]。同时，北京冬奥会推动核心区冰雪旅游产业会向外界输出信息和物质资源（如产品或服务）。无论是以北京冬奥会推动核心区冰雪旅游产业融合企业为基本元素来研究的冰雪旅游产业系统，还是以北京冬奥会推动核心区冰雪旅游产业融合活动为组元（子系统）来分析的冰雪旅游产业融合系统都具有开放性。这是北京冬奥会推动核心区冰雪旅游产业融合组织的必要前提，若在某国家或地区中的国民经济系统之内冰雪旅游产业融合体系是相互封闭的而且不具有开放性，那么其发展空间也会因此变得更加狭窄。正是因为这一系统具有天然的开放性，北京冬奥会推动核心区冰雪旅游产业才会呈现出如此繁荣的经济景象。

根据冰雪旅游产业经济学和冰雪旅游市场学的基本理论观点，在北京冬奥会推动核心区冰雪旅游产业融合经济活动过程中，其核心问题就在于“供给、需求、均衡、增长”，北京现有的冰雪旅游产业融合经济系统（冰雪旅游产业系统指的是由完善的冰雪旅游产业体系、良好的冰雪旅游产业市场秩序、有效的冰雪旅游产业市场机制、完善的冰雪产业价格信号体系和冰雪旅

① 殷红春. 品牌生态系统复杂适应性及协同进化研究[D]. 天津：天津大学，2005.

② 陈银法，叶金国. 产业系统演化与主导产业的产生、发展：基于自组织理论的阐释[J]. 河北经贸大学学报，2003（2）：46–50.

游产业市场交易规则等构成的运行系统）进入相对有序状态，达到供需均衡。由于北京冬奥会推动核心区冰雪旅游产业融合市场在经济上具有一定的惯性，所以在发展一段时间之后，此类物质和能量将会形成交换，北京冬奥会推动核心区冰雪旅游产业融合市场经济自然演化的情况就会出现，供过于求的问题会越发明显，市场价格也会不断下降[①]。北京冬奥会推动核心区冰雪旅游产业融合中供需关系的自组织特征，揭示了冰雪旅游产业市场的运动矛盾以及市场的发展规律。

## 第二节　北京冬奥会推动核心区冰雪旅游产业融合发展的生命周期特征

生命周期演化是指北京冬奥会推动核心区冰雪旅游产业融合企业实施创新品牌战略的经济价值、社会价值、文化价值等方面运行（包括从融合创新产品的开发、上市营销，创新产品在市场上由弱到强，又从市场上由盛转衰，直到被市场淘汰为止）的全过程。通常根据销售曲线变化来划分这些北京冬奥会推动核心区冰雪旅游产业融合企业的生命周期，但这些企业的生命周期各不相同。实践证明，在以一定的核心创新技术或工艺创新为基础而形成的北京冬奥会推动核心区冰雪旅游产业融合的实施过程中，北京冬奥会推动核心区冰雪旅游产业融合从出现到发展再到消失，都要遵循一定的生命周期（即模仿、创新成长、规模成熟、成熟和衰退期），时间长度相当于其他企业战略创新产品的"导入、成长、成熟、衰退期"发展阶段。北京冬奥会推动核心区冰雪旅游产业融合在创新后已经具有一定的经济、社会、文化和生态平衡发展的竞争力和

① 王杰，张金春，刘景权. 市场经济中供需关系的自组织[J]. 广西师范大学学报（自然科学版），2002（1）：120–124.

影响，从而进入规模的成长期。当北京冬奥会推动核心区冰雪旅游产业品牌在市场销售进入全面代替的大幅度衰退阶段后，市场销售开始快速衰退。因此，北京冬奥会推动核心区冰雪旅游产业融合的生命周期特征与一般产业融合的生命周期不同，它具有自己的特点和规律。北京冬奥会推动核心区冰雪旅游产业融合的生命周期的衰退期相对较短（见图8–1）。

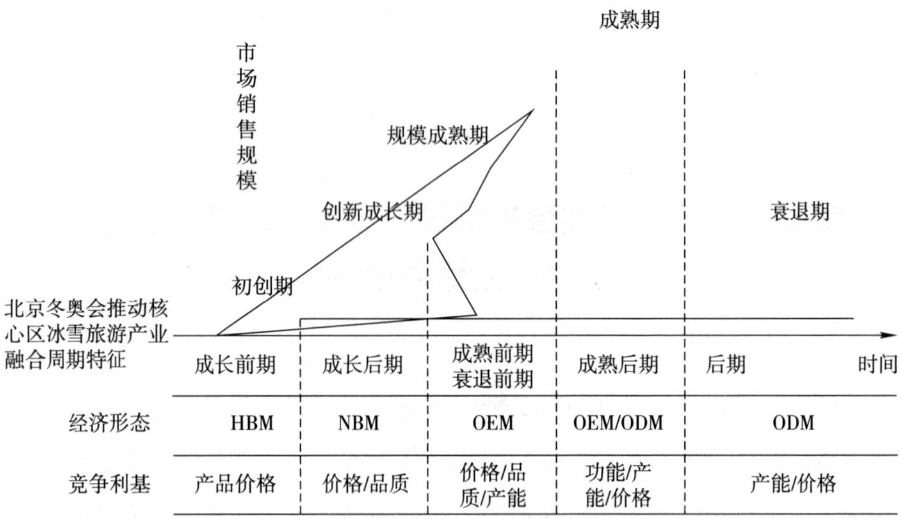


**图 8–1　北京冬奥会推动核心区冰雪旅游产业融合生命周期及各阶段的销售和利润曲线**

面对北京冬奥会推动核心区冰雪旅游产业融合发展的竞争，北京冬奥会推动核心区冰雪旅游产业融合创新品牌形成的产品已被视为一种推动区域经济、社会、文化、生态平衡发展的重要驱动力，尤其是北京冬奥会推动核心区冰雪旅游产业融合创新品牌竞争力的提升，带动北京冬奥会推动核心区冰雪旅游产业融合创新品牌的全面升级，成为培育北京冬奥会推动核心区冰雪旅游产业融合高质量发展的新动能。根据北京冬奥会推动核心区冰雪旅游产业融合生命周期的演化理论可知，北京冬奥会推动核心区冰雪旅游产业融合发展要获得相对竞争优势，就必须根据其生命周期的不同特点和内容的选择作出科学的发展战略规划和战略创新。假如北京冬奥会推动核心区冰雪旅游产业融合企业没有明确地选定一种创新策略，就会处于左右为难的境地。那种试图在不同生命周期之间摇摇摆摆走钢丝的做法，会画虎不成反类犬，更不可能获得创新战略实施的应有效果。因此，北京冬奥会推动核心区冰雪旅游产业融合发展若想创造更多的应用价值，就必须在不同生命周期制定出不同的创新战略，提高北京冬奥会推动核心区冰雪旅游产业融合发展创新能力和整体发展水平。

## 第三节　北京冬奥会推动核心区冰雪旅游产业发展的类型

在构建“双循环”新发展格局的背景下，北京冬奥会推动核心区冰雪旅游产业协同发展成为加快培育内需体系、全面促进核心区冰雪旅游产业产品消费、推动核心区冰雪旅游产业协同发展的现实需要和主要目标。特别是在政策层面，促进加快北京冬奥会推动核心区冰雪旅游产业协同发展的真融合、深度融合已然成为体育、文化和旅游部门的重点任务和施策管理的重心，被赋予了北京冬奥会推动核心区冰雪旅游产业协同发展的使命。随着北京冬奥会推动核心区冰雪产业协同发展的观念不断深入，这一发展过程中存在的结构关系和演进逻辑需要得到重新审视。从北京冬奥会推动核心区冰雪旅游产业协同发展类型的角度看，目前北京冬奥会推动核心区冰雪旅游产业协同发展的类型主要有产业一体化、产业重组、产业延伸、产业渗透和产业均衡5种类型（见表8–1）。

**表8–1　北京冬奥会推动核心区冰雪旅游产业发展的内涵、核心资源、产品或业态特征**

| 模式 | 内涵特征 | 核心资源特征 | 产品或业态特征 |
| --- | --- | --- | --- |
| 产业一体化 | 北京冬奥会推动核心区冰雪旅游产业协同发展依托特定载体或空间，结成具有价值增值功能的战略关系链，实现一体化发展 | 北京冬奥会推动核心区冰雪旅游产业协同发展需求的土地资源、资本资源、创新技术资源、人才资源、功能设施等方面的完善 | 北京冬奥会推动核心区冰雪旅游产业协同发展特色冰雪旅游小镇、冰雪旅游产业综合体、田园综合体等产品或业态出现明显效应 |

续表

| 模式 | 内涵特征 | 核心资源特征 | 产品或业态特征 |
| --- | --- | --- | --- |
| 产业重组 | 北京冬奥会推动核心区冰雪旅游产业协同发展在同一标准或集合下，对冰雪旅游产业要素进行重新配置，实现协同高质量发展的目标 | 北京冬奥会推动核心区冰雪旅游产业协同发展背景下冰雪体育赛事、节会举办权、景区景点品牌等公共服务到位 | 观赛型冰雪旅游、参赛型冰雪体育旅游、会展型冰雪旅游等产品或业态发挥重要功能和作用 |
| 产业延伸 | 北京冬奥会推动核心区冰雪旅游产业协同发展产业融合链和价值链的相互延伸，实现功能互补，创造新的产业流量和附加值 | 北京冬奥会推动核心区冰雪旅游产业协同发展产业影视IP、游乐园区、大型文体场馆、演艺服务、体育服务等设施齐全 | 冰雪旅游主题公园、冰雪旅游影视主题公园、冰雪旅游健身主题公园等产品或业态显现重要产业价值 |
| 产业渗透 | 北京冬奥会推动核心区冰雪旅游产业协同发展融合链相互交叉，形成新的冰雪旅游产业新形态 | 北京冬奥会推动核心区冰雪旅游产业协同发展景区、创意内容、自然资源、媒体平台、运动联盟等资源丰富 | 冰雪旅游演艺、电子竞技、冰雪旅游文化传媒、山地运动、冰雪运动等产品或业态凸显多功能服务 |
| 产业均衡 | 主要对应北京冬奥会推动核心区旅游产业协同发展的资源保护情况、公共文化服务水平以及整体产业融合工作的遗产保护传承利用 | 均衡发展类型的关键在于北京冬奥会推动核心区冰雪旅游产业协同发展提质升级 | 目标人群相匹配的冰雪旅游产业产品要素构成了特定的冰雪旅游生态价值链 |

## 第四节　北京冬奥会推动核心区冰雪旅游发展的实施路径

### 一、推进核心区冰雪文化与冰雪旅游高度融合发展的内涵

2022年，北京冬奥会加速了冰雪文化与冰雪旅游深度融合，冰雪旅游与冰雪文化密不可分。冰雪旅游产业发展与精神文明建设密切相关，相辅相成、互相促进[①]。2009年9月，文化部和国家旅游局联合颁布《关于促进文化和旅

① 熊海峰，祁吟墨. 基于共生理论的文化和旅游融合发展策略研究：以大运河文化带建设为例[J]. 同济大学学报（社会科学版），2020，31（1）：40-48.

游结合发展的指导意见》，该意见正式提出了“以冰雪文化促冰雪旅游、以冰雪旅游彰显冰雪文化”的工作思路，对核心冰雪文化事业加以协同推动，提高冰雪文化产业整体投入，使其能够和冰雪旅游产业深入融合实现共同发展。在我国，很多学者对推进核心区冰雪文旅高度融合从不同的角度进行深入探讨，但目前推进核心区冰雪文化与冰雪旅游高度融合发展的内涵尚没有明确统一的界定。推进核心区冰雪文化与冰雪旅游高度融合发展主要采取渗透融合的方式，在融合过程中，会经历相融冰雪文化和冰雪旅游原有价值链的解构和融合后新冰雪旅游产业价值链的重构两个过程。一是借助独特的核心区冰雪文化资源优势，塑造个性化、差异化的核心区冰雪旅游产品，成为核心区冰雪旅游魅力提升的内在支撑。二是核心区冰雪旅游的关注度较高，影响范围广，消费者数量十分庞大。而且在外界关注度不断提升的过程中，其影响力也在随之提高，核心区的冰雪文化和历史资源因此得到了保护。若能够融合冰雪旅游和核心区冰雪文化内容，那么其发展维度因此而得到丰富，其主要内容包括非物质冰雪文化遗产保护与冰雪旅游、创意文化与冰雪旅游、冰雪文化科技等各个发展维度。在各维度的融合发展进程中，核心区冰雪文旅协同能够实现高度融合发展，从而促使双方相互渗透和交叉，实现新价值，建立全新的动态发展格局，核心区的人民群众对于生活的新要求和新期待自然也能够在此过程中得到满足。

## 二、推进核心区冰雪文化与冰雪旅游高度融合发展的路径

### （一）注重顶层设计，促进核心区冰雪文化与冰雪旅游产业的深度协同

促进核心区冰雪文化与冰雪旅游产业融合工程建设的高质量发展。第一，建立标志性景观的游览区。例如，可以在长城区域设置参观区，将冰雪文化和长城精神相结合，凸显历史文化价值，从而建立起高度协同的全新业态。第二，选择性地放开部分长城参观游览区，立足于各地的真实需求对长城古迹进

行修缮和保护，设置更加完善的公共服务设施，融合冰雪文化和体育精神并开放对应主题的参观游览区，在激活市场的同时也能够对消费者产生潜移默化的影响，发扬中华民族的优秀传统，宣传我国的优秀历史。第三，规划建设核心区冰雪文化与冰雪旅游产业发展深度协同示范区，推动核心区冰雪文化与冰雪旅游产业深度协同区建设工程。第四，可以在产品上做出一些尝试。例如，可以尝试在冰雪文化产品中融入创新元素，面向游客提供品类丰富、形象优美的纪念品和美食等，从而提高游客们的游览兴趣，刺激消费需求。第五，建立一批冰雪文化特色企业，快速完成企业的转型升级，对周边资源加以有效整合，从而建立起更加完整的产业链条。第六，重视产业链创新，和各高校达成合作并组织研学。将冰雪文化和冰雪旅游产业融合赋予学术意义，使学生们能够在研学过程中加深对于这一领域相关知识的理解并革新自身的理念和知识体系，借势发展核心区冰雪旅游产业链。第七，推出核心区冰雪文化与冰雪旅游产业融合工程建设项目，以核心区冰雪文化与冰雪旅游产业融合工程建设项目为基础，突出产业融合过程中的地域性和连续性特色，串联和展示核心区冰雪文化与冰雪旅游产业融合资源的功能和作用。第八，打造核心区冰雪文化与冰雪旅游产业融合创新品牌的国际影响力和竞争力，建立产业融合联盟，增强不同区域之间各产业的协同作用，对产业融合市场加以整合，加强融合产品、融合要素等资源的开发利用，推进核心区冰雪文化与冰雪旅游产业融合品牌塑造和营销推介，建立和健全核心区冰雪文化与冰雪旅游产业融合协同机制，多方赋能，增强核心区冰雪文化与冰雪旅游产业融合协同动力。保障核心区冰雪文化与冰雪旅游产业融合利益协同共享目标的实现。

### （二）构建冰雪文化旅游产业多维网络体系，推进核心区冰雪文化与冰雪旅游深度融合发展

在此过程中，应以多维网络体系作为必要前提适应当代冰雪旅游产业的趋势，积极融合冰雪文化，使二者之间和谐共生，建立起更为广阔和扎实的载体空

间，以城市生活服务和冰雪旅游服务功能为黏合剂，布局冰雪文化雕塑、冰雪文化博物馆、冰雪文化书店等文化业态，同时也可以在此过程中进行创新，例如，可以建立室内冰雪文化场馆和冰雪文化建筑，通过新老业态的融合和交互来打开市场，建立起需求对接、市场融合、经营协同的核心区冰雪文化与冰雪旅游产业融合新型项目，形成核心区冰雪文化与冰雪旅游融合产业关联效应和价值乘数效应①。融合冰雪旅游核心区的自然和人文景观，突出文化主题冰雪旅游主旨，完善产业生态，高效完成空间功能复合业态，使不同产业的带动作用均能够在这一过程中得到发挥，在消费升级需求的督促之下实现创新，从而提高消费者群体的满意度和相关产业产品的市场热度。

（三）构建核心区冰雪文化与冰雪旅游融合发展的共生模式

构建核心区冰雪文化与冰雪旅游融合发展的共生模式具有多样性和进化性特征，任何一种核心区冰雪文化与冰雪旅游融合发展的共生模式、行为方式及组织模式的融合均能够反映各阶段构建核心区冰雪文化与冰雪旅游融合发展的共生模式程度的变化情况。在核心区冰雪文化和冰雪旅游深度融合发展的过程中，双方之间可以双向赋能。冰雪文化具有核心吸引力，能够推动冰雪旅游的深入发展，而冰雪旅游也能够发挥其自身的载体作用，推动冰雪文化的创新及传承。

（四）构建统一的核心区冰雪文化与冰雪旅游融合发展资源共享平台

构建统一的核心区冰雪文化与冰雪旅游融合发展资源共享平台，是提高核心区冰雪文化与冰雪旅游融合发展质量的重要保证。构建统一的核心区冰雪文化与冰雪旅游融合发展资源共享平台，应根据核心区冰雪文化与冰雪旅游融合发展的现实需求，从新方法、新技术和新战略视野入手发挥数据技术的作用，以智慧化现代化理念作为指导，有效利用各方面数据资源，使双方的融合得到积极的回

① 尹宏，王苹．文化、体育、旅游产业融合：理论、经验和路径[J]．党政研究，2019（2）：120–128.

馈，以此形成足够正面的发展效应（见图8-2）。[①]

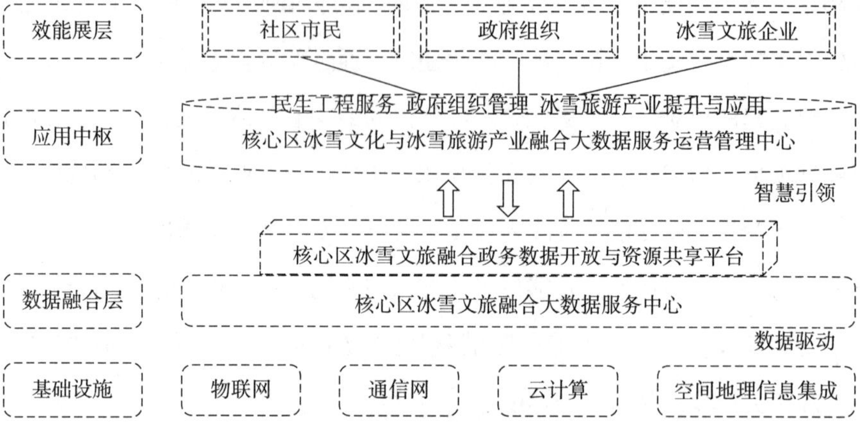


**图8-2　核心区冰雪文化与冰雪旅游融合发展资源共享平台的结构框架**

1. 充分发挥核心区冰雪文化与冰雪旅游融合大数据服务数字平台效能

构建统一的核心区冰雪文化与冰雪旅游融合发展资源共享平台是更好地推动核心区冰雪旅游高质量发展，促进核心区冰雪旅游区域消费提升的内在动力。从构建统一的核心区冰雪文化与冰雪旅游融合发展资源共享平台来看，充分发挥核心区冰雪文化与冰雪旅游融合大数据服务数字平台效能，创新拓展核心区冰雪旅游数据服务数字平台作为促进核心区冰雪旅游高质量发展的重要一环，强调依托政府为主导，冰雪旅游企业、冰雪旅游参与者等多主体协同，使文化及旅游主管部门与其他相关部门深度协作，建立起较为有效的协调保障工作机制，融合创新元素，丰富核心区冰雪旅游大数据服务数字平台的功能，建立起具有多元化特色的合作格局[②]。

① 文秀丽，何元春. 创新拓展区体育旅游生态圈建设的内在机理、问题论域及应然举措[J]. 北京体育大学学报，2022，45（11）：138-147.

② 文秀丽，何元春. 创新拓展区体育旅游生态圈建设的内在机理、问题论域及应然举措[J]. 北京体育大学学报，2022，45（11）：138-147.

2. 充分发挥核心区冰雪文化与冰雪旅游融合大数据服务数字平台应用中枢的作用

创新拓展核心区冰雪文化与冰雪旅游融合大数据服务数字平台，是扩大核心区冰雪旅游资源优质产品和服务高质量发展效应，增加核心区冰雪旅游资源供给，引导核心区冰雪旅游消费结构升级的重要载体。从创新拓展核心区冰雪文化与冰雪旅游融合大数据服务数字平台创新应用中枢来看，冰雪旅游资源、民生工程服务等可以被视为创新拓展核心区冰雪文化与冰雪旅游融合大数据服务数字平台的关键要素，可全面提升冰雪文化与冰雪旅游融合信息化和智慧化的能力和水平，因为其既能高度响应国家战略，又能应对核心区冰雪文化与冰雪旅游融合面临的主要问题。

3. 加快核心区冰雪文化与冰雪旅游融合大数据服务数字平台数据融合

加快核心区冰雪文化与冰雪旅游融合大数据服务数字平台数据融合，是推动核心区冰雪文化与冰雪旅游融合高质量发展治理体系和治理能力现代化，以及核心区冰雪文化与冰雪旅游融合经济增长方式和路径的转化，从根本上促进核心区冰雪文化与冰雪旅游融合高质量发展的重要途径。核心区冰雪文化与冰雪旅游融合政务数据开放与资源共享平台是实现创新型、数字型服务的关键所在，大数据服务中心的存在可以使数字平台的产品质量得到显著提升，从而为其数字平台效能提供必要的基础和前提条件，冰雪旅游和冰雪文化的高质量融合以及协同发展正是在此过程中得到了充足的数据保障。

4. 加快核心区冰雪文化与冰雪旅游融合大数据服务数字平台基础设施的建设

加快核心区冰雪文化与冰雪旅游融合大数据服务数字平台基础设施建设，促进核心区冰雪文化与冰雪旅游融合高质量发展，以科技赋能引领核心区冰雪文化与冰雪旅游融合高质量发展，建设“多位一体”的智慧冰雪旅游产业营销管理体系，建设“以人为本”的智慧冰雪旅游服务体系的新模式。从加快核心区冰雪文化与冰雪旅游融合大数据服务数字平台基础设施的建设来看，通过物联网、通信网、云计算、空间地理信息集成等融合数字技术的引入，充分发挥大数据服务平台信息化、数字化和智能化新技术的优势资源，以新发展理念和科技提升核心区冰雪文化与冰雪旅游融合大数据服务数字平台基础设施建设的质量和服务水平，提升核心区冰雪文化与冰雪旅游融合大数据服务数字平台的效能。

## 第五节　北京冬奥会推动核心区冰雪旅游发展的多维推进路径

### 一、打造“互联网+”核心区冰雪旅游发展多维推进路径的需求

习近平总书记强调，在发展国家文化事业的过程中应该善于使用数字化工具建立起具有现代化特征的公共文化服务体系并对其进行完善。同时，在建设文化惠民工程的过程中也要融合创新意识[①]。文化产业和旅游产业应该是相互促进和相互推动的关系，二者深入融合发展乃是必经之路[②]。从现实情况来看，在现代化经济体系的建设过程中，互联网所具有的作用不可小觑，应该加快速度完成传统产业和互联网的深入融合，为经济社会注入新的动力，加大和提高结构性改革的力度及速度，积极开发全新的增长点，使服务业得以快速发展并呈现新的进步。北京冬奥会推动核心区冰雪旅游发展具有的开放性、包容性，使其成为推进文旅深度融合的重要前提和基础，核心区是中国重要的冰雪旅游区域，其旅游资源丰富，市场热度高，所以需要融合互联网工具的优势推动核心区的冰雪旅游产业发展，适应时代发展趋势，积极跟进产业转型升级要求，满

① 高原丽. 以文化自信自强铸就社会主义文化新辉煌[J]. 奋斗，2022（21）：31-33.

② 习近平. 高举中国特色社会主义伟大旗帜　为全面建设社会主义现代化国家而团结奋斗：在中国共产党第二十次全国代表大会上的报告[J]. 中国产经，2022（19）：18-37.

足人民不断变化和增长的精神文化需求[①]。通过分析核心区冰雪旅游发展和因为互联网工具的加持而实现的进步和变革能够得知，新一轮的变革正在悄然发生，世界经济以及人类的整体生活质量都会在此过程中受到越来越大的影响[②]，新型冰雪旅游产业无论在管理功绩还是需求层面都迎来了巨大的变化和革新，极大地提升了核心区冰雪旅游发展生产力，推动核心区冰雪旅游发展催生了冰雪旅游产业高质量发展的新需求。

第一，供给侧结构性改革。2016年至今，我国已经出台了多项以推动供给侧结构性改革为目的的政策和文件，其中具有核心作用的政策工具之一就是“互联网+”。这一工具能够对核心区冰雪旅游发展结构进行深入优化，而且其同样具有良好的资源配置功能，能够对信息加以有效整合。在创新过程中，核心区冰雪旅游发展价值链能够因此持续分解，提高产业分工的专业度，冰雪旅游结构动态调整也会因此具有持续性。随着“互联网+”的影响和作用，核心区冰雪旅游业的各个产业部门逐渐构成了一个具有综合性的有机体，交通、住宿、餐饮等部门相互影响和依存，在产业链当中能够实现紧密连接。在核心区冰雪旅游发展进程中，社会资源整合能力也得到了显著提升，社会闲置及存量资源的市场价值得到了尤为充分的发挥。一些新兴产业项目出现，冰雪旅游部门的市场供给能力在此过程中得到提升，整体结构因此得到优化。由此可见，“互联网+”工具能够加速完成核心产业的升级和转型。而且在这一过程中，冰雪旅游产业的生产工具和过程都具有数字化的优势，技术创新升级十分成功。除“互联网+”以外，物联网以及云计算等高科技工具的使用频率也相对较高，用户可以通过智能手机、电脑享受旅游服务[③]，在研发设计运营冰雪旅游产品过

① 耿文莉，高梦瑜. 黑龙江省冰雪旅游智慧化发展研究[J]. 经济研究导刊，2021（5）：99-101.

② 王月琪，江海旭. 基于“旅游+互联网”的旅顺营销策略研究[J]. 产业与科技论坛，2016，15（7）：25-26.

③ 李京颐，李云鹏，宁泽群，等. 理性选择视域下的智慧旅游概念及内涵[J]. 旅游导刊，2021，5（5）：22-32.

程中，互联网技术都得到了较为广泛和频繁的使用，例如，线上旅行社、旅游电商等就通过互联网工具完成了网上营销、线上开店等工作，冰雪旅游产业的供给能力也在此过程中得以显著提升。在高科技开发技术的深入使用下，一个具有综合性和整体性的冰雪旅游平台由此诞生，这一平台不仅丰富了旅游资讯内容，提高了旅游交易的便利性，而且可以方便消费者准确查询所需信息，增强产品及消费者需求信息的对称性。在使用“互联网+”工具的过程中，一批产品供给者也随之加入，越来越多的优质产品和服务出现在消费者的视野里，冰雪旅游产业社会共济能力大幅度提升。

第二，需求侧变革。“互联网+”这一工具不仅能加速核心区冰雪旅游的供给侧变革，同时也能够实现需求侧的新变革。在提供传统旅游服务的过程中，大多数旅行社都采取线下宣传的方式。在互联网工具不断普及之后，冰雪旅游资源的影响面积和覆盖面积也随之扩大，冰雪旅游产业可以通过微博、手机广告等方式分享相关信息，消费者也有更多的机会获得有关冰雪旅游的信息，旅行社的消费者群体显著扩大。“互联网+”能够拓宽冰雪旅游消费渠道。随着时代的发展和进步，消费者对于冰雪旅游的要求也在不断变化，互联网冰雪旅游部门的受欢迎程度不断提高，越来越多的游客更倾向于通过线上形式办理旅游业务，通过自助出行网站、互联网旅游平台等工具完成信息查询及获取相关信息，如此便能够提高服务质量，服务效率也会因此提升。消费者能够更为高效地接触和购买到冰雪旅游创新产品，其整体信息化能力也能够显著提升。例如，携程、去哪儿等平台具有十分突出的优势，消费者可以在此类网站中进行消费并且购买到较为优质的冰雪旅游产品。现代化核心区冰雪旅游服务能够有效满足消费者的个性化需求，在核心区冰雪旅游质量不断提升的过程中，越来越多的创新性冰雪旅游模式得以产生，游客对于个性化旅游的追求越发热烈，交互性更强、自由度更高的冰雪旅行模式通常能够吸引更多的消费者，消费者对于此类旅行模式的消费力度也普遍更大，而传统的旅游服务模式很难满足这种需求。在互联网高新技术的辅助下，核心区冰雪旅游也具有了高覆盖率和全方位的特征，游客可以登录冰雪旅游平台来完成信息互动，也可以使用大数据制订旅游计划，从而满足其旅游需求。

第三，管理层变革。核心区冰雪旅游服务管理层在利用互联网技术进行管理之后，其管理流程的科学性显著提升，管理方式和组织形式的多样性也得到了实现。采用“互联网+”这一工具形式进行辅助可以加速实现管理数字化的目标，与传统管理模式相比，前者的优势不可替代，产业资源配置能够得到有效优化，以此从根本上提高资源利用率。而且通过数字化管理可以跟踪和了解客户的消费习惯，准确定位其消费需求和方式，通过科学分析生成数据库，辅助管理者制定更加科学的决策。在使用“互联网+”工具的过程中，使用方可以就此实现管理扁平化的目标。因为就传统管理形式来说，多数冰雪旅游产业都采用自上而下的管理方式，但是因为互联网工具具有较强的智能性，各项科学技术的应用范围也十分广泛，信息传递速度空前加快，不再存在信息传递中间节点，所以企业和行政组织正朝扁平化方向发展，管理工作的速度、效率都将得到提升。随着ICT技术的应用，核心区冰雪旅游企业管理者和各层级工作人员都能够更为深入地了解销售市场和产品消费者需求，如此可以节约人力资本，减少生产要素流动产生的摩擦，企业和政府的工作效率都能够显著提升。在此过程中，核心区冰雪旅游企业的管理组织层级不断精简，信息传递失真问题也因此得到改善，能够帮助冰雪旅游企业较为快速和及时优化经营策略。若能够立足于消费者反馈的问题剖析，就能够精准定位冰雪旅游产品存在的短板和漏洞，从而使冰雪旅游管理体系得到完善与优化。

## 二、打造“互联网+”核心区冰雪旅游发展多维推进路径的选择

### （一）建立核心区冰雪旅游大数据模型，提升核心区冰雪旅游发展的动力和活力

冰雪旅游作为一种具有代表性的旅游产品，其基本载体是气候资源，从类型

上看可以将其分为观赏型和参与型。前者主要指的是雾凇、冰雕等冰雪景观，而后者主要指的是冰雪运动、节庆等参与者可以亲身体验的各项冰雪活动。因此，通过核心区冰雪旅游大数据模型的建立，形成核心区冰雪旅游智慧化、数字化、科技化和生态环境保护数据仓库，对促进核心区冰雪旅游资源结构优化和冰雪旅游生态环境建设提升，推动核心区国内外游客资源持续增长具有重要的作用（见图8-3）。

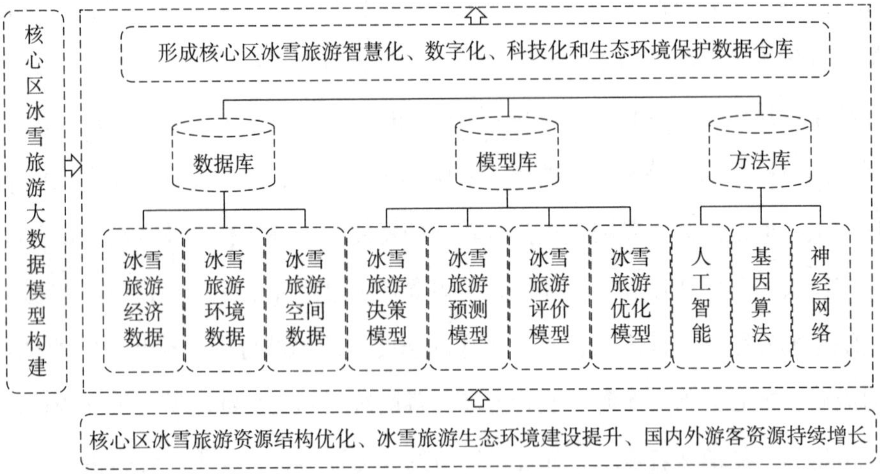


**图8-3　核心区冰雪旅游大数据模型构建框架及作用**

### （二）建设核心区冰雪旅游大数据中心，实现营销精准化

建设核心区冰雪旅游大数据中心的目标是建造一个线上服务平台，这个服务平台能够集成共享产业链并且面向冰雪旅游监管部门、游客以及相关企业提供充足的信息，使其能够利用这一平台检索各项数据并进行分析，提高核心区的冰雪旅游整体质量以及相关部门和企业的服务水平[①]。核心区冰雪旅游大数据中心会与各级政务信息系统形成对接，对冰雪旅游企业信息进行集成和整合，建立起数据体量巨大的大数据中心，同时也可以对用户的需求加以分析，

① 孙哲勇．消费需求升级背景下对我省复合型全域冰雪旅游产业的研究[J]．现代营销（创富信息版），2018（12）：210-216.

通过分类加工和处理各项数据形成多层次多功能的数据存储体系。为了提升数据的权威性并增强统一性，大数据中心会采用数据交换共享技术来完成数据处理，同时也会整合与分析冰雪旅游资源数据、机场航空吞吐数据等，这不仅能够向旅游企业和广大游客提供更加准确的信息服务，也可以为政府和有关部门提供制定应急预案所必需的资料。大数据中心提供的服务是丰富多样的，其中包括在线培训门户网站以及云呼叫中心等，有关企业以及用户可以注册账号并登录云平台，从而选择自己所需的服务，比如在线预订、支付等都可以在线上完成。

### （三）建设核心区冰雪旅游虚拟体验馆，实现推介交互化

VR（虚拟现实）技术是一个极具现代化特色的科学技术，2016年，我国首家虚拟旅游体验厅于厦门正式建立，体验厅开放当日，游客总量就超过了1万人次。通过融合冰雪旅游产业和VR技术，人类的感官体验得到了重塑，体验者对于冰雪文化的理解也得以加深。之所以要建立核心区冰雪旅游虚拟体验馆，其核心目的就是要在虚拟现实技术的辅助下打造一个云旅游平台，使旅游者能够感同身受地体验到冰雪旅游的妙处，积极促进游客和冰雪旅游企业间的交互，丰富游客的信息接收方式，使游客可以在任何时间和地点感受冰雪旅游的魅力，为游客带去在线冰雪旅游体验，并且在此过程中潜移默化地完成企业的旅游产品推介服务。虚拟体验馆建成之后，将在互联网工具的辅助下开发和利用全景技术，融合文字、图像等多媒体工具，顾客可以根据自身的需求选择不同的景区进行观赏并且在此过程中完成交互，冰雪旅游的宣传效果也可以在此过程中有效放大。在体验过后，游客之间也会进行积极的传播和宣传，这会在无形中形成营销作用，扩大核心区冰雪旅游的影响范围。

### （四）建设核心区冰雪旅游电子商务平台，实现渠道扁平化

在核心区冰雪旅游高质量发展的进程中，越来越多的冰雪旅游形式出现，

游客的热情和兴趣也日渐增长。游客享受到个性化的冰雪旅游服务之后，其满意度也将显著提升，核心区冰雪旅游发展的市场地位以及竞争力呈现出良性的发展。应该通过搭建电商平台加强游客、企业、主管部门等之间的连接，发挥消费者的主导作用，建立商家信誉评分系统等保障系统。游客可以随时查询冰雪旅游信息，同时也可以通过线上形式完成支付和预订，平台可以收集销售订单数据并对其进行管理和分析，从而提高冰雪旅游质量和创新效率。有关部门可以利用此类数据完成科学的营销决策，对当前的电子商务资源加以优化，与各大企业共同组建竞争力更强、开放度更高的一体化电商平台。可开发在线支付、短信提醒等功能，为核心区冰雪旅游产品销售准备充足的资金，同时也需要发挥第三方担保的作用，将快速赔付业务尽早提上日程。

### （五）建设核心区冰雪旅游的综合管理平台，实现管理的数字化

冰雪旅游综合管理平台的作用在于对事前和事后管理加以统筹，同时也能够提高游客管理和从业人员管理的效率，对旅游客源地市场发展加以统筹和促进。构建我国冰雪旅游企业服务评价监管体系之后①，游客可以查询手机App或者进入电脑客户端，以此监管旅游商家的各方面服务，同时也可以根据现实情况投诉和评价商家提供的服务。监管部门可以根据游客的反馈和评分在线处理纠纷和矛盾，透明化处理中心信息，对冰雪旅游消费产业链进行严格监管和跟进，构建功能完备的冰雪导游管理体系，运用手机和电脑等平台管理导游工作和行程，更为有效地提升导游市场和服务，使整个导游队伍的综合素质和服务质量得到有效提升。在推动核心区冰雪旅游智能化建设工作的过程中，应该优化传统的冰雪旅游模式，为游客提供针对性更强的便捷性信息服务，从而激发冰雪旅游的生态效应和经济效应。

---

① 孙哲勇. 消费需求升级背景下对我省复合型全域冰雪旅游产业的研究[J]. 现代营销（创富信息版），2018（12）：210-216.

# 第六节　北京冬奥会推动核心区冰雪旅游发展实践路径的创新

## 一、构建冰雪旅游目的地安全保障体系

### （一）构建冰雪旅游目的地安全保障体系要素分析

构建北京和张家口冰雪旅游目的地安全保障体系，提供冰雪旅游目的地安全公共服务，保护游客的生命安全，是冰雪旅游供给者的重要职责。随着京津冀协同发展战略的快速推进，以全域旅游、体育+旅游、冰雪+旅游等发展理念，加快京张冬奥会推进京津冀冰雪旅游核心区北京和张家口冰雪旅游目的地安全保障体系的构建，是确保京张冬奥会推动京津冀冰雪旅游核心区北京和张家口冰雪旅游区域安全的重要措施。近年来，前往北京及张家口进行冰雪旅游的游客源源不断，国内外游客都对冰雪旅游表现出了极大的兴趣，冰雪旅游目的地安全保障体系构建也呈现出许多困境和挑战。课题组调查发现，北京和张家口冰雪旅游目的地方面存在安全保障需求增加、安全资源供给不足、合作机制有待建立、市场化程度不够等问题。因此，在京张冬奥会推动京津冀冰雪旅游核心区北京和张家口冰雪旅游高质量发展的过程中，北京和张家口冰雪旅游目的地安全保障体系的构建，是确保实现京张冬奥会推动京津冀冰雪旅游核心区北京和张家口冰雪旅游高质量发展的必然选择。据此课题组从北京和张家口冰雪旅游目的地的游客因素、风险因素、风险时空分布、安全保障要素等层面，提炼出北京和张家口冰雪旅游目的地安全保障体系构建的基本要素，以便有针对性地采取冰雪旅游目的地安全防控对策，以减少冰雪旅游目的地安全事故的发生（见图8-4）。

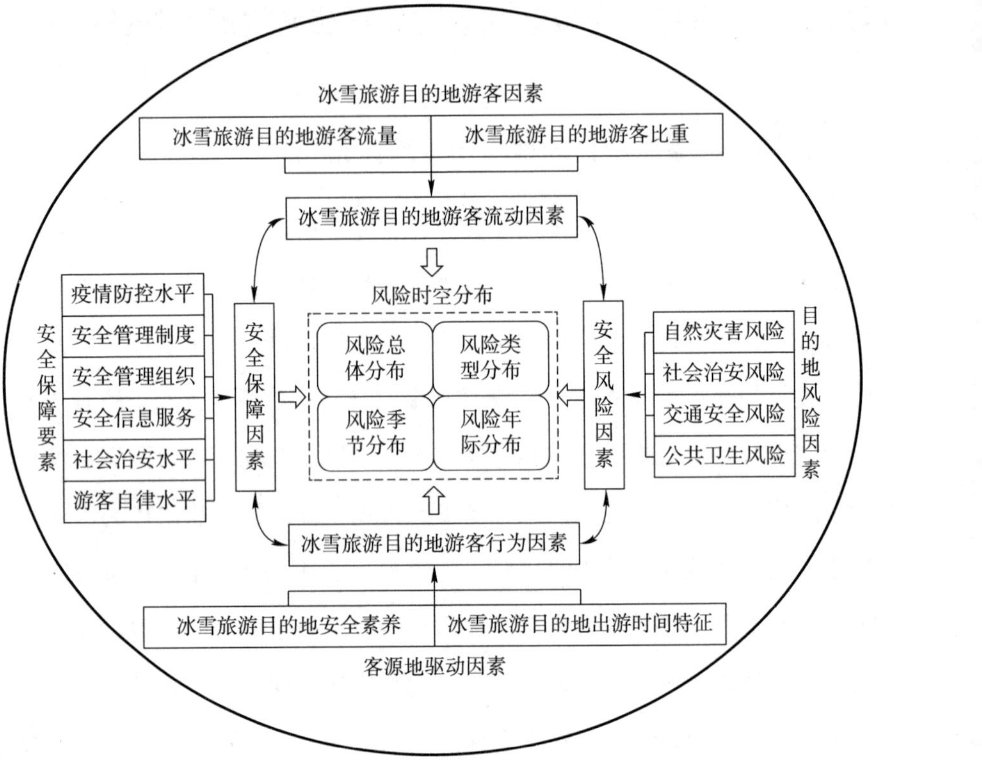


**图 8–4　核心区冰雪旅游目的地安全保障体系构建的基本要素**

## （二）构建冰雪旅游目的地安全保障体系的对策

### 1. 守好核心区冰雪旅游目的地常态防控底线

冰雪旅游所依托的是旅游地当地的冰雪自然资源，游客可以通过参与冰雪旅游来进行冬季活动，此种旅游形式具有季节性、区域性等特征①。伴随着冬奥会热度以及国家政策的大力支持，京张冬奥会推动京津冀冰雪旅游核心区北京和张家口冰雪旅游已经驶入快车道。但2020年突如其来的新冠疫情使得北京和张家口冰雪旅游遭受重创，给京张冬奥会推动京津冀冰雪旅游核心区北京和张家口冰雪旅游高质量发展带来阻碍。《关于新型冠状病毒感染的肺炎疫情对中国冰雪产业的

① 徐静，王安茹，田淑慧. 冰雪旅游目的地的游客选择意愿及影响因素研究：基于扎根理论的质性分析[J]. 价格理论与实践，2021（3）：118–121，167.

影响调查问卷》数据显示，2020年冬季全国范围内疫情防控形势仍然严峻，2020年春节以及2月、3月的旅游人次占到整个雪季的40%~50%，由于受2020年疫情的影响，很大一部分户外雪场都只能在常态化防控时期才具备开门营业的条件。2019—2020年雪季结束，99.9%的户外雪场只能等到2020—2021年雪季才能恢复经营。有关研究证明，因为新冠疫情的原因，国内多数滑雪场都受到了较为严重的影响，其短期收入明显受损，而考虑到其他或有损失，整体短期经济损失估计将超过80亿元人民币，北京和张家口冰雪旅游收入也同样受到严重影响①。疫情期间，北京和张家口科学布局防疫政策，防控工作由应急性超常规防控向常态化防控转变，这为北京和张家口冰雪旅游的逐步恢复提供了基本条件。文化和旅游部与国家卫生健康委多次出台政策对最大冰雪旅游目的地承载量进行动态调整，这对于冰雪旅游目的地常态化防控具有重要意义②。2020年12月，文化和旅游部印发的《关于进一步加强冬季旅游市场监管工作的通知》明确提出，结合疫情防控形势与冰雪旅游特点，全力做好安全保障工作，守好冰雪旅游发展底线。2021年6月，文化和旅游部出台《"十四五"文化旅游发展规划》，明确提出加强国家文化安全保障能力建设，将安全发展理念贯穿于文化和旅游发展的全过程。随着《北京冬奥会第二版防疫手册发布》的全面实施，在北京和张家口疫情防控和筹办冬奥会取得阶段性成效，经济社会运行秩序加快恢复高质量发展的新趋势下，要完成疫情防控与京张冬奥会推动京津冀冰雪旅游核心区北京和张家口冰雪旅游发展的目标任务，面临着前所未有的机遇和挑战。由于冰雪旅游目的地的复杂性和客体的多样性，冰雪旅游目的地安全成为制约冰雪旅游高质量发展的重要因素。各冰雪旅游地区应该做到常态化防控，守好冰雪旅游目的地常态防控底线，建立冰雪旅游目的地应对突发公共事件的应急机制，建立健全冰雪旅游目的地安全风险

---

① 闫振龙，张思宇．转"危"为"机"，创新发展：疫情时期体育赛事发展路径探析[J]. 文体用品与科技，2021（14）：180–181.

② 程励，赵晨月．新冠肺炎疫情背景下游客户外景区心理承载力影响研究：基于可视化行为实验的实证[J]. 旅游学刊，2021，36（8）：27–40.

评估和督查机制，制定冰雪旅游目的地安全风险清单，加强冰雪旅游目的地应急体系建设，有效化解危害冰雪旅游目的地安全的风险挑战，筑牢冰雪旅游目的地安全屏障。

2. 构建核心区冰雪旅游目的地安全管理制度保障机制

在疫情防控正常推进的过程中，冰雪旅游产业逐渐完成了消费升级，北京及张家口的冰雪旅游目的地呈现出游客出游规模家庭化、散客化、小团化等新特征；同时，也对冰雪旅游目的地安全管理制度保障机制的构建提出了新的要求。北京和张家口文化和旅游部门与政府其他部门之间应建立完善的冰雪旅游目的地安全管理制度保障机制。如北京市冰雪旅游企业要严格按照《北京市旅游安全事故报告制度》的规定，提高冰雪旅游目的地安全保障和应急处置能力，普及冰雪旅游目的地安全知识，不断强化运营单位的安全责任意识和人民群众的冰雪旅游目的地安全意识。将冰雪旅游目的地安全信息及时上报，并鼓励冰雪旅游从业人员和北京市民踊跃报名争做冰雪旅游目的地安全信息通讯员，采用冰雪旅游目的地安全信息通讯员报告制，扩大信息采集面，及时获得全面详细的冰雪旅游目的地安全信息，为北京冰雪旅游目的地安全做贡献。

3. 建立冰雪旅游目的地安全管理组织机构

安全管理组织机构是为了确保冰雪旅游目的地正常运行，建立并逐步健全的一套自上而下的冰雪旅游目的地安全组织机构①。机构的设置参照行政隶属关系，依托行政组织从而真正确保冰雪旅游目的地安全政策的顺利实施。在政府组织层面主要通过文化和旅游部门、教育部门、体育部门、应急管理部门、疾控中心等组织机构，制定北京城区、延庆区和张家口市冰雪旅游目的地安全保障实施策略，成立三个冰雪旅游目的地安全保障多主体合作平台，整合三个冰

① 徐英慧. 我国网络银行现状分析与对策[J]. 致富时代，2014（1）：65-66.

雪旅游目的地安全应急资源和力量，建立三个冰雪旅游目的地安全保障的技术标准与规范，引导和监督冰雪旅游目的地安全保障服务，鼓励和激活三个冰雪旅游目的地安全保障资源市场力量，形成三个冰雪旅游目的地安全保障的专业化、系统化和网络化。同时，还需要北京城区、延庆区和张家口市冰雪旅游目的地安全管理组织机构进行协调并制定相关规定，确保三个冰雪旅游目的地安全管理信息得以及时、准确地收集和发布的冰雪旅游目的地安全保障的信息真实、可靠和准确。

4. 建设冰雪旅游目的地安全信息服务平台，实现冰雪旅游目的地安全信息服务数字化

建设冰雪旅游目的地安全信息服务平台是以一定的信息网络设施为基础，通过有效的信息采集和发布机制进行的。如以北京城区为例，以北京市文化和旅游局为中心，充分整合现有信息传播渠道，保证信息采集和发布的畅通。冰雪旅游目的地安全信息服务平台可为来京的国内外游客、冰雪旅游目的地提供良好的冰雪旅游安全信息数字化服务，对营造安全、和谐的冰雪旅游目的地环境是十分有帮助的，有助于北京城区冰雪旅游高质量发展。建设冰雪旅游目的地安全信息服务平台，实现冰雪旅游目的地安全信息服务数字化，保障北京城区冰雪旅游目的地安全信息准确全面、信息发布及时、信息覆盖面广、信息发布渠道多和信息可靠度高，以冰雪旅游目的地安全信息服务平台数字化建设为载体，构建完善的冰雪旅游目的地安全信息公共服务质量保障体系，加快推动北京城区、延庆区和张家口市冰雪旅游目的地安全保障体系的构建。

5. 提升核心区冰雪旅游目的地社会治安协同治理的法治化进路

冰雪旅游目的地社会治安的协同治理是化解冰雪旅游目的地社会治安供需失衡矛盾，实现冰雪旅游目的地社会治安治理现代化的最佳路径选择。一是社区组织要逐步完善冰雪旅游目的地滑雪和滑冰项目标准，提升冰雪旅游目的地

安全管理规范水平和服务水平，从制度和政策层面强化冰雪旅游目的地社会治安的协同治理责任，及时掌握冰雪旅游目的地社会治安协同治理的规律、新情况、新特点，加强对旅游目的地社会治安协同治理新形势、新问题的安全风险防控与治理能力，提升化解冰雪旅游目的地社会治安协同治理风险的能力和水平，完善和提升现代化冰雪旅游治理体系和治理能力。二是在企业层面主要利用冰雪旅游目的地安全资源、冰雪旅游目的地要素安全资源等，提供冰雪旅游景区的商业保险、商业救援、旅行支援等商业安全服务，通过冰雪旅游目的地安全风险排查、评估、预警、处理、援救等措施的科学、创新和体系化安全服务，形成北京和张家口冰雪旅游安全目的地。三是在社会组织层面，借助冰雪旅游协会、律师协会、应急援助协会等不同协会的力量，开展冰雪旅游目的地安全保障领域的学术交流，为冰雪旅游目的地安全保障提供建议和技术支持，为北京和张家口冰雪旅游目的地安全应急合作提供交流平台和专业领域服务。四是冰雪旅游目的地通过健全的安全突发事件应急方案、冰雪旅游安全设施，清晰的冰雪旅游景区安全指引和警示系统以及突发事件处理迅速及时等，保障冰雪旅游目的地安全服务的供给，保障参与冰雪旅游者享受安全、舒适冰雪旅游目的地公共服务的新成果。五是通过志愿者组织、红十字会、冰雪旅游景区基金会、民间救护基金等多个公益组织，为冰雪旅游目的地突发事件后的安全保障提供人道救援。六是提升游客自律水平。随着北京城区、延庆区和张家口市冰雪旅游效应的全面释放，参与冰雪旅游的人数日益增多，给冰雪旅游目的地安全带来了巨大的压力。提升游客自律水平是保障游客参与冰雪旅游人身安全的重要途径，而游客参与冰雪旅游，出现人身安全问题大多是人为因素造成的，具有复杂性、多样性、突发性等特征。游客作为冰雪旅游活动的主体，提升游客自律水平和自我安全意识行为对保障冰雪旅游目的地的安全具有重要意义。从冰雪旅游者个体层面看，主要利用游客在冰雪旅游目的地体验的全过程中的安全准备与自律行为，提升个体的安全素质、安全意识等，确保自身的安全，实现协同参与、多元共治和成果共享的冰雪旅游目的地安全保障体系构建。

## 二、构建冰雪旅游安全保障体系

### （一）建立核心区冰雪旅游国家与地方安全行政治理体系

纵观国家安全治理体系构成，可知核心区冰雪旅游产业安全行政治理十分重要，其能够凸显核心区冰雪旅游产业所具有的特点并且彰显其产业特殊性。在此过程中，政府安全管理意识能够得到同步体现[①]。首先，应该从国家层面入手，综合国家治理和地方治理工作，使二者形成有效的互动，从而加大冰雪旅游安全行政治理体系建设力度，建立更加完善的行政治理体系。冰雪旅游核心区的安全行政治理工作具有系统性，国家和地方政府需要在此过程中相互协同，建立起一个立足于整体的宏观愿景，使各方都能够在这个多元化的治理过程中形成协同和合作并产生巨大的驱动力，只有这样才能保障北京冬奥会推动冰雪旅游核心区安全行政治理体系的完善。其次，需要进行冰雪旅游核心区安全行政治理体系顶层法律制度的设计。在冰雪旅游核心区安全行政治理体系管理中，政府行政管理部门和行政个体将会共同制定宏观愿景，这一愿景融合了组织和个人愿景的内容，体现了人们对于安全行政治理体系的希望。在实践过程中，旅游业历经了不同的发展阶段，其宏观发展愿景也作为依托存在，追求冰雪旅游业可持续发展进程，践行冰雪旅游游客权益保护等各方面发展理念[②]。此类宏观愿景的制定者立足于更高层面提出促进冰雪旅游核心区高质量发展的期望，因为法律制度具有较强的规范性，能够对个体及组织行为加以约束，也能够体现国家的行政治理管理工作的力度，所以从法律制度的层面来看其的确可以对个体行政工作加以良性引导。

---

① 谢朝武，张江驰．中国旅游安全行政治理：国家与地方的互动逻辑及其成效[J]. 旅游学刊，2022，37（1）：118-133.

② 吴真松，谢朝武，郭志平．《旅游法》与我国旅游行政治理体系的变革研究[J]. 旅游学刊，2014，29（10）：97-107.

如果存在对外部契约执行环境严重依赖的冰雪旅游产业，那么尤其需要从顶层法律制度来规范和引导冰雪旅游核心区安全治理体系的完善，同时也要培养起长久维护行政机构机制核心区安全的理念和治理信心。与此同时，要建立完备的工作激励机制。基层组织会通过工作激励的形式对个体进行激励，使其受到驱动从而做出更好的工作成就。在这个过程中，治理行动落实到个体治理行为层面，其目的性和计划性都较为突出①。如果激励行为较为有效，那么行政人员的工作态度、行为与个人需要之间的联系就会更加紧密，从而提升行政治理效率以及服务水平。最后，应当构建有效的安全治理平台，这是高效推动旅游安全工作的必要前提，能为核心安全行政治理工作提供丰富的资源和基本的载体，能够对核心区政府加以引导并且鼓励相关行政部门相互协作，建立良好的治理秩序和关系，提供更为完备的核心区治理条件②。所以，在进行核心区行政机构安全治理工作的过程中，核心区域安全治理平台的建立无疑提供了较为坚实的载体，能够提高冰雪旅游核心区的市场监管效率，提供主要的安全保障，从而确保安全治理行动顺利开展③。

### （二）建立完善的核心区冰雪旅游安全保障体系

安全保障是加快促进核心区冰雪旅游产业发展速度，保证核心区冰雪旅游产业持续强劲增长，推动核心区冰雪旅游产业经济增长，拉动核心区冰雪旅游产业消费需求的重要保障。随着国家对冰雪旅游安全的高度重视，冰雪旅游产业安全的管理保障已成为冰雪体育赛事的强制条件。为了实现核心区冰雪旅游产业高质量发展的目标，要保证核心区冰雪旅游产业各项工作的安全开展，进一步促进核心区冰雪旅游产业的可持续发展，为核心区冰雪旅游产业助推大众

---

① 慕朝师. 论公共服务平台建立的必要性：以广西生产力促进中心综合性公共服务与管理平台建设为例[J]. 学术论坛，2008（8）：141–146.

② 谢朝武. 旅游应急管理[M]. 北京：中国旅游出版社，2013：1–10.

③ 谢朝武，张江驰. 中国旅游安全行政治理——国家与地方的互动逻辑及其成效[J]. 旅游学刊，2022，37（1）：118–133.

创业和万众创新提供人力资本[①]。因此，建立核心区冰雪旅游产业安全保障体系是实现冰雪旅游产业高质量发展的重要条件和关键要素。首先，在响应机制和建设安排上实施政府层面的核心区冰雪旅游产业安全管理机构，形成以文化和旅游管理机构为主体的核心区冰雪旅游产业安全保障体系。其次，在核心区冰雪旅游产业资源安全、冰雪旅游产业要素上实施企业层面的安全保障市场化体系，推动核心区冰雪旅游产业商业基础安全能力建设、保险公司的保险产品建设、援助服务能力建设、旅行社为载体的核心区冰雪旅游产业安全设施建设等，强化核心区冰雪旅游产业安全保障意识，构建旅游行程更加安全、资源更加丰富和充足的保障网络体系，同时也需要对核心区安全行政人员的作用加以重视。核心区冰雪旅游产业资源管理行政人员的积极工作行为的激发和管理，直接关系到核心区冰雪旅游产业资源安全保障的效率、安全保障目标的实现。因此，核心区冰雪旅游产业安全行政人员是安全保障体系建设的直接行动主体，应将提升行政人员工作投入水平作为核心区冰雪旅游产业资源安全保障体系构建的重要内容。最后，观念、机制、资源、平台搭建上实施核心区冰雪旅游产业资源安全合作"命运共同体"。通过"共商、共建、共享"推动核心区冰雪旅游产业资源保障平台得以顺利建设，提高安全保障合作工作的立体性，使不同主体之间能够高效合作和协同，在此过程中达成产业融合，打造核心区冰雪旅游产业资源安全责任、利益和命运共同体。

## 三、提高核心区冰雪旅游可持续发展能力

### （一）丰富专项保护设施，提高核心区冰雪旅游游憩设施可持续发展能力

从北京市居民生活现状入手进行分析可知，大部分的市民游憩需求得不到满足，大多数市民都会在家庭区域内完成休闲活动。户外冰雪旅游游憩设施主要集

---

① 刘林星，李越苹，朱淑玲，等. 黄河流域民族体育文化与生态旅游深度融合发展研究[J]. 西安体育学院学报，2022，39（2）：197–203.

中于市内，但市内冰雪旅游游憩设施利用率并不高[①]。冰雪旅游游憩设施指的是人在人工或自然环境当中形成的流动行为，而其空间要素主要包括物质及行为要素两种[②]。通过分析城市冰雪旅游游憩设施空间结构可知，游憩供给要素主要包含各类游憩场所活动和有关的服务等；游憩需求指的是本地和外地游客个体会在进行旅游活动的过程中产生该项需求；游憩通道指的是需求个体所处地区和目标场所之间产生的连接；游憩线路指的是游客在特定区域内的活动轨迹（见图8-5）。

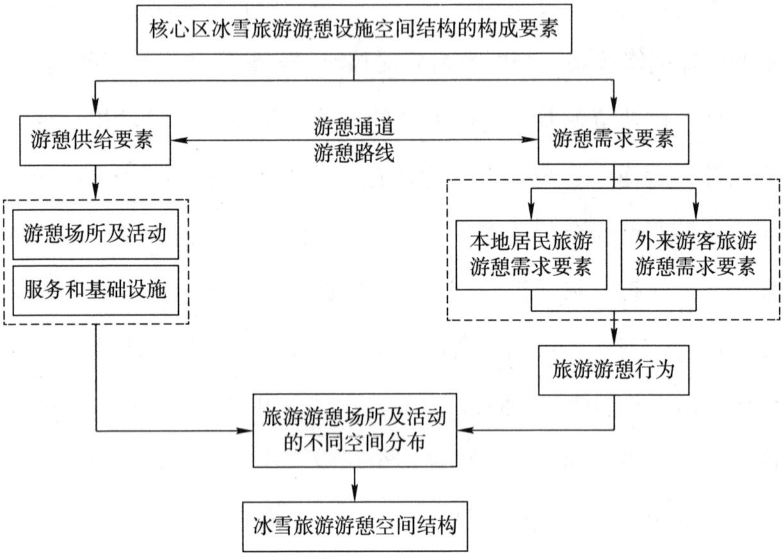


**图 8-5　冰雪旅游游憩设施空间结构的构成要素**

冬奥会的举办向我国国民以及国际人民展示了一个活泼友好的中国形象，彰显了中国体育的开放性和进步性。在中国经济学发展的过程中，我国的综合国力显著提升，北京冬奥会是中国首次举行的冬奥会，在这个令人期待已久的冰雪盛会中，中国以最大的热情和最友好的态度向世界发出邀请，同时也成为冬奥会推

① 风笑天，赵延东. 当前我国城市居民的闲暇生活质量：对武汉市1008户居民家庭的调查分析[J]. 社会科学研究，1997（5）：91–98.

② 宋文丽. 城市游憩空间结构优化研究[D]. 大连：大连理工大学，2006.

动核心区社会、经济、文化发展的典范，北京冬奥会必将加快核心区冰雪旅游高质量发展的步伐。因此，丰富专项保护设施，提高核心区冰雪旅游游憩设施可持续发展能力，是核心区发展冰雪旅游的重要路径选择。

（二）强化政策创新和人才支撑，优化市场和法治环境

落实核心区冰雪旅游发展政策的必要前提之一就是要建设更加完善的人才队伍，对政策内容进行创新，使市场及法治环境得到优化。在市场及法治环境共生共存的同时，人们应该认识到这一共存状态的形成具有两面性。要实现核心区冰雪旅游的进化和升级，其环境必须是正向的。所以应该采取更加合理和科学的措施，使核心区冰雪旅游发展共生环境得到优化。首先，要进一步推动核心区冰雪旅游发展政策创新的效能。其次，应该深入完善人才体系，增强核心区冰雪旅游的人才支撑力度，制定针对性的人才培养和引进政策，吸收一批文化素养较高、经营管理经验丰富的专业型人才。最后，要进一步优化北京冬奥会推动核心区冰雪旅游市场和法治环境。要高效完成核心区冰雪旅游业的信用体系建设工作，应该对旅游监管方式加以改革和创新，增强事中及事后监管力度，凸显信用约束力和惩戒力，规范核心区冰雪旅游市场秩序。

（三）构建冰雪旅游生态环境治理机制

冰雪旅游是天然的敏感性和脆弱性很强的以“流动经济”为基本特征的旅游产品，很容易受生态环境的影响。冰雪旅游作为旅游产业高度融合的产物，近年来已成为新的消费热点，但频发的安全事故严重制约了冰雪旅游的高质量发展。北京奥运城市发展促进会、国研经济研究院中国冰雪经济研究中心、清华长三角研究院产城融合研究中心等组织机构联合编制和发布的《关于新型冠状病毒感染的肺炎疫情对中国冰雪产业的影响调查问卷》结果显示，自2020年初疫情发生以来，对我国冰雪行业的冲击和影响较大。受此影响，在2020年春节期间京津冀冰雪旅游核心区北京城区、延庆区和张家口市旅游景区几乎颗粒无收。一方面新冠疫情对京津冀冰雪旅游核心区北京城区、延庆区和张家口市旅游景区的负面

影响较大，在疫情的影响下，许多冰雪场馆和旅游景点都被关闭，冰雪体育赛事也遭到取消，相关冰雪旅游企业陷入关门停业甚至颗粒无收的困境。另一方面，随着京津冀协同一体化发展和雄安新区建设战略的对接，以及核心区生态环境建设质量和水平的不断提升，北京冬奥会推动核心区冰雪旅游高质量发展应该不会是空想，这是2022年北京冬奥会举办地和中国乃至全世界人民的共同期盼。因此，如何确保核心区"蓝天"，并使"冬奥蓝"成为可持续的"常态蓝"，将成为全世界关注的焦点问题。

首先，面对新时期人们对核心区冰雪旅游高质量发展的新需求，要实现北京冬奥会推动冰雪旅游核心区高质量发展的目标，提高冰雪旅游资源的利用率，增强冰雪旅游核心竞争力和影响力，需要进一步拓展冰雪旅游生态空间、扩大冰雪旅游环境容量，特别是要突破单一的地区治理模式，探索多元化的冰雪旅游生态补偿等一系列制度安排，按照"谁受益、谁付费"的原则，科学界定冰雪旅游生态补偿主体和受偿主体。通过提升冰雪旅游生态补偿标准的合理性，为各主体发放政策性补偿以及实物类补偿等，同时建立起多维度的核心区生态补偿机制，提高发展质量，促进冰雪旅游核心区的迅速发展，实现核心区冰雪旅游生态环境治理的成本共担与收益共享。

其次，面对新冠疫情给冰雪旅游核心区北京城区、延庆区和张家口市冰雪旅游带来的重创，要实现北京冬奥会推动冰雪旅游核心区高质量发展的目标，必须在交通、环境、产业、公共服务等领域取得更多成果的基础上，通过推进冰雪旅游生态一体化，探索多元化的冰雪旅游生态补偿等一系列制度安排，实现北京冬奥会推动冰雪旅游核心区高质量发展的社会、经济和生态环境的平衡推进。

再次，在北京城区、延庆区和张家口市冰雪旅游资源约束趋紧、环境污染严重、生态系统退化的严峻形势下，应在建立尊重自然、顺应自然和保护自然的冰雪旅游生态环境制度的新理念下，通过全面实施和谐共生、良性循环和可持续发展，把北京城区、延庆区和张家口市冰雪旅游资源的开发放在生态环境保护制度建立的突出位置，将北京城区、延庆区和张家口市冰雪旅游资源开发与生态环境保护纳入京津冀冰雪旅游生态环境协同治理机制构建的范围，在加快北京城区、延庆区和张家口市冰雪旅游生态环境治理机构建立速度的同时，也要重视提升北京冬奥会推动冰雪旅游核心区的冰雪旅游生态环境治理体系和治理能力现代化水平，实现高质量推进具有国际影响力的京张体育文化旅游带建设的发展目标，助力冰雪旅游强国建设。

最后，通过公众参与冰雪旅游生态环境治理机制的构建，进一步提升治理机制构建的有效性。构建良好的公众参与冰雪旅游生态环境治理机制，是实现北京冬奥会推动冰雪旅游核心区高质量发展的重要基础。因此，北京冬奥会推动冰雪旅游核心区高质量发展，要求把良好的公众参与冰雪旅游生态环境治理机制的构建作为重要支撑和抓手，紧密结合现行的冰雪旅游高质量发展政策与环境保护政策，建立健全“绿色、循环、低碳”的生态冰雪旅游相关法律规范与认证标准，构建冰雪旅游生态环境治理协调机制，规范发展“绿色、循环、低碳”生态冰雪旅游，逐步形成政府引导，市场、企业和社会共同参与生态环境治理，实现冰雪旅游环境保护和生态环境保护的双向发展，为北京奥运会提供有力的助力，从而提升核心区的发展效益和质量，引导并促进冰雪旅游业向生态旅游方向高质量发展。

## 四、提高对冰雪旅游核心区融合发展的认知能力

核心区冰雪旅游融合发展是当前乃至今后一个时期核心区贯彻高质量发展理念的中心工作，也是加快实现北京冬奥会推动冰雪旅游核心区高质量发展效益最大化的必然选择。

一是进一步提高北京冬奥会推动冰雪旅游核心区融合发展的共识。在北京冬奥会推动冰雪旅游核心区发展战略规划顶层设计上持续发力，将北京冬奥会推动

冰雪旅游核心区融合作为新的发展引擎融入推进乡村振兴，区域协调发展，深化对外体育、文化和旅游交流合作发展的新格局中，实现北京冬奥会推动冰雪旅游核心区发展战略规划与全域旅游发展战略规划、智慧旅游发展战略规划等领域多规合一，提升北京冬奥会推动冰雪旅游核心区发展战略规划的指导性。尤其是通过制度和政策的完善，逐步化解制约北京冬奥会推动冰雪旅游核心区融合发展的体制机制因素，加快北京冬奥会推动冰雪旅游核心区融合发展中政府机构的职能与业务融合，实现北京冬奥会与冰雪旅游核心区的融合目标。

二是要加速完成冰雪旅游和新区的体系构建，积极利用先进的核心区融合技术，强化资源、市场等方面的融合实效，特别是在冰雪旅游技术融合方面要求科技创新与战略借力并举，以减少冰雪旅游融合产品同质化、低水平冰雪旅游产品重复的现象；冰雪旅游资源融合通过与其他产业资源的创新创造而提升冰雪旅游资源的核心价值，实现冰雪旅游核心区融合发展的目标；冰雪旅游市场融合要通过市场创新整合、资本运营、社会参与来推进冰雪旅游核心区融合发展，加快北京冬奥会推动冰雪旅游核心区融合发展的供给质量和服务水平。

三是以“共建共治共享”理念增强北京冬奥会推动冰雪旅游核心区深度融合的溢出效应。冰雪旅游公共资源是加快北京冬奥会推动冰雪旅游核心区融合发展的重要载体，城乡开放空间、传统冰雪文化空间是北京冬奥会推动冰雪旅游核心区融合的最佳实践空间。在建设核心区公共服务体系的过程中要重视公共冰雪场馆建设及基建需求，对核心区游客集散中心等进行整合归并，统一服务职能，使之成为加快北京冬奥会推动冰雪旅游核心区融合发展的共同空间，加快形成以政府机构为主导，冰雪旅游行业协会、冰雪旅游者等“多方共建共治共享”的现代冰雪旅游治理体系，提高冰雪旅游核心区的整体竞争力，扩大其影响面。

四是增强核心区冰雪旅游产业融合发展的环保意识。要实现冰雪旅游产业的高质量、高水平发展，首先应该在不同主体之间培养较强的环保意识，核心区新的冰雪旅游产业绿色产品和服务不断涌现，是通过政策创新行为为冰雪旅游产业融合发展获得竞争优势。但并非所有的政策工具都能够为冰雪旅游产业融合发展带来积极的影响。政府要引导冰雪旅游产业融合投资与环境监管运行，强调面向广大人民群众开发更多具有创新风格的冰雪旅游产业产品和服务，加速实现产业融合结构的优化和转型，将业态创新工作落到实处，推动冰雪旅游产业的发展与融合，建立促进绿色低碳冰雪旅游产业融合发展的长效机制，达到经济效益与生态保护和高质量发展共赢的目标。

# 第九章　北京冬奥会推动冰雪旅游核心区青少年冰雪运动发展

习近平总书记强调“冰天雪地也是金山银山，它带动了冰雪经济的发展”[①]。如何拉动中国的冰雪产业是北京冬奥会“后期效应”的中心议题之一。随着北京冬奥会的结束，其带动的冰雪经济消费热潮会不会“偃旗息鼓”，成为短期现象？如果从赛前、赛中和赛后3个阶段系统地看，冬奥会这类国际大型体育赛事的带动效应显然不会是一个短期现象。从赛前来看，国家统计局的调查数据显示，2015—2021年，国内冰雪运动参与人数出现显著提升。北京成功申办冬奥会之后，我国冰雪运动的热度与日俱增，通过分析冬奥会赛事举办情况能够得知，中国旅游研究院预计2021—2022年冰雪季我国冰雪休闲旅游人数达3.05亿人次，冰雪休闲旅游收入达3233亿元。从赛后来看，《奥林匹克 2020议程》正式颁布之后，我国开始着手规划通过举办奥运会的形式对奥运遗产进行管理，确保北京冬奥会遗产利用效益最大化。一方面，作为有形奥运遗产，冬奥场馆赛后利用有很好的规划和方案，也会对利用绩效进行持续评估；另一方面，作为无形奥运遗产，冰雪旅游消费的社会认知已经普遍形成。这种消费需求的持

---

① 习近平会见国际奥委会主席巴赫[EB/OL].（2022-01-26）[2023-05-18]. http://jhsjk.people.cn/article/32339900.

续释放和政府政策的持续推动，必将继续促进冰雪运动的普及和冰雪旅游的深化发展。随着北京冬奥会的精彩落幕，我国冰雪经济高质量发展的时代序幕已经缓缓拉开。积极探索如何将“冰天雪地”变成“金山银山”，如何将“一季养三季”转变为“一季带三季”，如何将冬奥短期流量蜕变为长期经济增量，成为这个时代的“必答题”。“后冬奥会时代”的到来，全面开启了我国冰雪经济高质量发展新篇章。

举办冬奥会提升了我国冰雪运动水平，推进了冰雪产业跨越式发展，极大地启蒙和普及了冰雪运动。从供给侧看，我国冰雪运动国产化迎来高质量迭代期；从需求侧看，我国冰雪运动人口达到3.46亿，进入快速增长期，成为国际上人口最多的冰雪消费大国，为冰雪产业后续发展储备了消费人口。冬奥会向世界展现了我国的冰雪运动水平和实力，也为国内提供了新运动消费选择。在后冬奥期，保持政策的连续性，冰雪运动会迎来稳定增长发展期，冰雪产业会迎来全面提升期。北京冬奥会成功举办既是践行北京申奥时中国向国际社会做出的“3亿人参与冰雪运动”的郑重承诺，也为后冬奥会时代青少年冰雪运动“南展西扩东进”发展战略的实施提供驱动力。面对我国冰雪运动民众参与深度不够、冰雪竞技项目后备力量不足的现状，深度持续开展后冬奥会时代青少年冰雪运动“南展西扩东进”发展战略研究，成为重大时代课题。这对积极推动青少年参与冰雪运动，助力实施冰雪运动强国建设具有重要的战略意义。

## 第一节　青少年冰雪运动与冰雪旅游产业发展逻辑关系

众所周知，需求是冰雪旅游大系统中重要的组成部分，也是组织冰雪旅游活动的基础，无论是旅游资源服务或是营销活动，其开展的前提和目标都是满足消费者的需求。青少年是冰雪运动的参与主体，既是冰雪产业发展的起点、基本点，也是落脚点。

## 一、冰雪运动与冰雪旅游产业指向同一主体，二者相辅相成

青少年学生是冰雪运动的主要参与群体，通过分析冰雪运动项目性质可知，冬季冰雪运动的目的在于有效发掘人类各方面潜力，提高人类身体素质，创造优秀的运动成绩。在此类运动过程中，参与者可以提高冰雪运动技术水平，发挥自身的体力和心理优势，从而获得较强的成就感①。竞技冰雪运动强调“更高、更快、更强”，强调通过竞赛来展示体力和智力，参与者的体力和运动技巧都需要达到一定层次，而且身体调整水平和临场应变能力也需要达到既定标准。因此，竞技冰雪运动面向有天赋的青少年群体。随着年龄不断增长，人类的骨密度必然会不断下降，有能力参加冰雪运动的人数会不断缩减，尤其是有激烈对抗的冰雪竞技。大众冰雪运动项目多，分为观赛类、休闲类、运动类多个项目，一些项目无体能与智能要求，参与群体无年龄与性别的要求。一些运动项目不仅具有较强的专业性要求，还存在着一定的危险性，所以此类运动的参与主体大多数是青少年，最大年龄普遍不超过39周岁。因为青少年群体的冒险意识较为旺盛，而且在体能和技巧上也存在一定的优势，所以更能游刃有余地参与到此类项目当中。

青少年是冰雪产业现实和潜在的消费人群。在我国成功申办冬奥会之后，我国国民对于冰雪运动的热情也空前高涨。事实上，政府通过文件和宣传等渠道表现出了我国对于冰雪文化的重视，冰雪产业在这一阶段迎来了发展的春天，成为当之无愧的朝阳产业②。在各类消费人群中，青少年是冰雪产业锁定的重点人群。按照《冰雪运动发展规划（2016—2025）》和《教育部等四部门关于加快推进全

① 刘勇，陈东九．道家思想对现代竞技体育运动的启迪和借鉴[J]. 西安文理学院学报（社会科学版），2011，14（3）：99-101.

② 白雪．冰雪产业快速发展　相关领域潜力巨大[J]. 中国城市金融，2018（7）：63-65.

国青少年冰雪运动进校园的指导意见》等文件的要求，想要持续提高校园冰雪运动的普及程度和水平，首先应对冰雪运动进校园的现状具有全面的认识和定位，其次要找准助推冰雪运动进校园的发力点。

在后冬奥时代，推进冰雪运动进校园已经成为全社会的共同目标。为此，我们需要把握新机遇，探索新思路，着力推动冰雪运动在校园的普及。在此过程中，要围绕让青少年“观冰雪、玩冰雪、练冰雪和赛冰雪”4个目标发力，从4个方面入手，为推进冰雪运动进校园提供有效的支撑和保障，让中国的冰雪事业发展迎来更加美好的未来。

## 二、冰雪运动促进冰雪旅游产业发展

我国自从2008年完美举办北京奥运会后，群众参与体育的兴趣和热情分外高涨，越来越多的国民都表现出了对体育运动和冰雪文化的强烈兴趣。冬奥会的成功举办也为中国的冰雪运动产业带来了新的生机，中国在此之前从未举办过冬季奥运会，故而国民对于此方面内容的了解较为浅显，国内的冬季运动项目热度一直不高。随着我国相关政策的调整，国内冰雪运动场所越来越多，冰雪运动发展速度得到了显著提升。近10年来，中国冰雪运动已经形成了一个全新的产业领域，不仅规模可观，而且对体育产业形成了带动作用，双方在协同和高效交互之下都实现了高质量发展。

### （一）冰雪运动赛事推动冰雪旅游产业发展

自申办北京冬奥会以来，冰雪运动赛事出现前所未有的热度。2013年，全国大众速度滑冰马拉松赛正式举办，冰上项目赛事得到了极大的丰富，广大运动爱好者也对这一赛事作出了热烈的响应和支持[①]。北京方面：单板滑雪、花样滑冰、职业冰球等冰雪赛事陆续于北京举办，群众的热情就此被点燃，人们对于冰

① 刘畅. 吉林省大众冰雪运动发展策略研究[D]. 沈阳：沈阳体育学院，2013.

雪运动的兴趣也越来越浓厚。这在很大程度上推动了中国冰雪旅游产业的发展并为其提供了源源不绝的动力①。北京市在国家体育场、首都体育馆分别举办滑雪、滑冰国际赛事，实现冰雪赛事与冰雪旅游的深度融合，通过系列性、常规性国际冰雪赛事的成功举办，提高了核心区冰雪旅游产业的国际声誉。河北方面：北京冬奥会成功申办之后，河北的冰雪旅游产业也得到了前所未有的发展。当地引进了越来越多的国际品牌并组织了各项冰雪赛事，对国民的冰雪旅游及运动意识具有带动作用。作为冬奥会举办地，张家口崇礼区目前已经组织举办16届国际滑雪节，并承办自由式滑雪、单板滑雪等各类冬季运动类赛事，可以说，各种世界级和国家一级雪上项目的山地赛、技术赛、场地赛开始落户崇礼，对推动和促进河北冰雪旅游发展起到了重要的示范效应。在北京—张家口冬奥会筹办重要时期，南方很多地区也开始引入冰雪运动赛事。例如，2013年首届上海学生冰球联赛、青少年冰壶赛和青少年花样滑冰锦标赛陆续举行，火爆的报名场面展现了上海冰上运动的巨大潜力。近年来，上海、重庆等南方城市也举办了多场冰雪赛事，为当地赋予了别具一格的冰雪形象，也带动了当地旅游产业和整体经济的发展，提升了各城市的社会价值与经济价值。

（二）青少年冰雪运动参与群体不断增大促进冰雪制造业发展，提升了冰雪旅游产业的创新能力

2015年以来，我国冰雪运动飞速发展，越来越多的南方城市也出现了冰雪运动场馆，冰雪运动不再是只局限于北方的运动形式，而且其活动内容也在此过程中得到了极大的丰富，在其影响范围不断扩大的同时，消费者逐渐认识到了这一运动形式的趣味性，能够自发且主动地参与到冰雪运动当中，国民的参与热情空前高涨②。如张家口作为2022年冬奥会主要雪上项目的举办

① 林志刚，李杉杉，吴玲敏．2022年北京冬奥会推动京津冀冰雪旅游公共服务协同发展策略研究[J].中国体育科技，2021，57（9）：20–28.

② 陈祥慧，杨小明，张保华，等．我国冰雪运动的历史演进及发展趋向[J].体育学刊，2021，28（4）：28–34.

地，冰雪旅游产业发展迅速。申奥成功后第一个春节长假旅游收入超过12亿元。巨大人流催生巨大需求，青少年冰雪参与群体规模不断增大催生了冰雪装备产业巨大需求，为我国冰雪制造产业发展提供了良机，为核心区冰雪旅游产业的创新提供了动力。发展青少年冰雪运动可为冰雪产业培养大批优秀的冰雪人才。专业人才是促进我国冰雪运动水平加速提高的一个极其重要的条件[①]。伴随社会发展、冬奥带动，冰雪运动的影响面越来越大，如今已经成为一种全国性的运动。虽然冰雪运动热度只增不减，但是随之而来的问题也越发突出，人才稀缺就是其中之一。因为缺少专业人士的指导和培训，我国的冰雪运动事业进步速度较慢，不能在短时间内扩大规模、提高广大运动员和运动爱好者的冰雪运动水平。相关数据显示，我国目前的冰雪运动专业人才缺口已经超过了70%[②]。打通竞技人才进出口通道，助力大众冰雪产业发展，已经成为一些地区缓解生源困境、助力冰雪产业发展的良方之一。目前我国滑雪指导员技术等级和文化程度较低，合格的滑雪指导员不能满足滑雪高峰时期的需求，我国滑雪指导员组织管理部门管理能力较弱，培训体系正在健全。2017年，北京体育大学、首都体育学院、河北体育学院开始扩大冰雪运动专业招生规模，这无疑有益于缓解冰雪运动人才需求矛盾，为促进冰雪旅游产业高质量发展提供重要保障。

## 三、冰雪场馆为冰雪运动提供物质保障

场地设施是顺利组织和进行冰雪运动的基础，冰雪运动普及和推广离不开必要的场地资源。从冰雪运动场馆建设数量来看，滑雪运动场馆数量逐年大幅增加。《冰雪蓝皮书：中国滑雪产业发展报告（2018）》数据显示，截至2017年底，全国共有滑雪场703家，增速为8.82%，而这个数据在前两个雪季都保

① 刘畅. 吉林省大众冰雪运动发展策略研究[D]. 沈阳：沈阳体育学院，2013.

② 李振，任保国. 我国冰雪特色小镇建设问题及发展策略[J]. 体育文化导刊，2019（8）：78-83.

持在20%左右。从我国滑雪场总数量来看，由2002年的不足10座发展到2017年的193座，特别是2011年，我国冰雪场馆建设速度明显加快，其年环比达到了历史最高值。这些冰雪场馆弥补了冰雪运动的现实供给的不足，为冰雪运动提供了训练场所。就南方城市来说，因为气候和天气条件的限制，冰雪资源相对匮乏，要进行冰雪运动只能建设场馆。但是因为冰雪运动场馆的数量实在有限，故而当地的体育部门很少设置冰雪运动项目。随着南方冰雪场馆的建成，各地的冬季运动员数量也随之显著增加，冰雪竞技水平也不断提高。大众冰雪运动方面，在冬奥会成功举办之后，中国大众冰雪运动的热度显著提升。南方青少年和大众群体，也可以就近体验冰雪运动魅力。

## 四、青少年冰雪运动促进政策与计划

### （一）“百万青少年上冰雪”

“百万青少年上冰雪”活动是我国持续时间最长、最有影响力的青少年冰雪运动推广活动之一。1978年，此项活动正式开展并以较快的速度获取了极高的国民热度，时至今日，该活动的举办时间已超过40年，其品牌影响力巨大，而且每一年度都会更换活动主题，是群众喜闻乐见的一种活动形式[①]。新疆等地区十分重视学校教育的作用，新疆各高校期望通过将冰雪运动引入校园来提高学生们的运动技能，时至2015年，新疆当地已有100余所提供冰上传统项目教育的中小学校。北京市也积极开展了“百万青少年迎冬奥”的活动，开展冰雪运动课程的中小学数量不断增加，北京市约有200万民众因此受到了影响并积极主动地参与了冰雪运动。黑龙江省“百万青少年上冰雪”活动全面展开，各地体育和教育部门积极配合，开展了丰富多彩的冰雪体育活动，全省有100余万名儿童、青少年参与到活动中。2016年，吉林省投入4000余万元用于冰雪特色学校建设和设

① 柳阳.我国群众冰雪运动发展策略研究[D].北京：北京体育大学，2017.

备购买，省政府还通过服务购买方式向青少年免费或低费用开放冰雪场馆，青少年在冰雪运动和设备方面都得到了充足的支持。可以认为，这一活动在很大程度上面向青少年群体普及了冰雪运动的重要性，其推广力度巨大并且起到了十分正向的影响。

（二）“北冰南展西扩东进”

我国地域面积广阔，南北跨度大，东西距离长，地域地形差异大，形成不同的景观和民族文化。我国横跨5个气候带，南北气候差异明显，冰雪运动一直是北方地区的“专利”，南方城市对于“冰雪”这一概念可谓是十分陌生。但是北方冰期相对短暂，能依靠自然天气满足冰雪运动需求的地区十分有限，而且从经济发展水平来看，北方地区的整体经济水平稍显落后，能建设冰雪训练基地的城市少之又少。故而我国体育主管部门于20世纪80年代制定了“北冰南展”策略，其目标在于依托南方的经济优势推动我国北方冰雪运动向南方扩展和迁移。在这一号召下，越来越多的南方城市加大了对冰雪运动的投入，冰雪运动整体发展形势也一路向好。在温哥华冬奥会成功举办之后，我国对西部地区冰雪运动给予了重视。中国政府认识到应该促进冰雪运动的平衡发展，只在南北两向发展冰雪运动是远远不够的，如内蒙古、新疆等地的冰雪资源十分丰富，适合进行冰雪运动，但是此类西部省份却空有丰富的资源，开发力度不足。故而我国政府决意将冰雪运动开发范围扩展到中国西部，均衡而广阔地在全国范围内开展冰雪运动①。

在冰雪运动普及范围不断扩大的过程中，群众对于冰雪运动的兴趣也空前高涨，其整体积极性得到了有效提高。但是这种程度并不能满足“北冰南展”这一计划的要求，其现实阻力和障碍依旧存在。综观各大南方城市能够发现，已经开设滑冰场馆的城市少之又少，因为气候的影响，此类城市并没有在室外组织冰雪

① 邵曲玲，王海.“北冰南展”“南展西扩”战略实施现状及制约因素[J]. 长春教育学院学报，2016，32（3）：42-44.

运动的能力，虽然一些城市建造了冰雪运动场馆，但是成本高，收费贵，普通市民的消费水平与其服务收费不匹配，冰雪运动的普及度迟迟不能提高。2015年，北京联合张家口成功申办2022年冬奥会，为推动我国冰雪运动“南展西扩东进”带来前所未有的信心与激情，全社会对冰雪运动的需求呈现爆炸式增长。为全面贯彻落实习近平总书记关于发展冰雪运动和做好北京冬奥会工作重要思想、全维度发展冰雪运动，2017年12月，在第4届全国大众冰雪季启动仪式上，国家体育总局局长苟仲文首次提出了冰雪运动“东进”的要求，形成“北冰南展”“南展西扩”“北冰南展西扩东进”之势。目前，我国“北冰南展西扩东进”战略已经到了深入推广阶段，各地结合自身区域特征，与自身特色文化融合，进行对冰雪运动发展的一系列探索。但是，冰雪运动战略的实现需要较长的时间来完成，只有以时间充裕为前提，才能推动中国大众滑冰运动发展，提高冰上竞技运动效率，从而对青少年冰雪运动意识产生深远影响。

（三）“冰雪进校园”

随着2022年我国冬奥会的成功申办，冰雪运动受到越来越多人的关注和参与，特别是青少年群体参与冰雪运动的热情空前高涨。2016年11月2日，国家体育总局印发了《冰雪运动发展规划（2016—2025年）》，正式开启了“冰雪进校园”计划。计划内容指出，应当在全国范围内建设冰雪运动特色中小学，并加大力度培养冰雪运动教育人才等诸多目标[①]。2018年1月，教育部正式将“推进冰雪运动进校园”列入2018年教育部工作要点，并要求各级主管部门协同推进校园开展冰雪运动，组建中小学冰雪运动队，与周边冰雪运动俱乐部、场馆等积极合作，在中小学体育课程中融合冰雪项目内容，响应国家政策规划，提高青少年冰雪运动普及率，促使其高效发展。随着冬季项目纳入学校体育教学，冰雪进校园将对冰雪运动的普及和推广起到加速作用，给学校体育场地及设备设施建设带来

① 国家体育总局. 冰雪运动发展规划（2016—2025年）[EB/OL].（2016-11-02）[2022-09-26]. http://www.sportov.cn/n20001280/n20745751/n20767349/c21089906/content.html.

巨大需求。以北京市为例，2018年初，仅北京地区冰雪运动推广普及活动就覆盖了近百所学校、14万中小学生，哈尔滨、沈阳、吉林等重要冰雪人才输出地更是多方面加大投入，极大地提高了场地标准和运动员综合素质。

## 第二节　青少年“冰雪进校园”发展意义、功能和现状

在中小学范围内普及冰雪运动可以培养青少年的运动意识，保护其身心健康，加速实现“3亿人参与冰雪运动”的目标。青少年是中国社会发展的后备军，也是冬奥会的人才储备，故而对青少年群体与冰雪运动融合的关注度一直较高。在此背景下，“冰雪进校园”活动不仅为学校体育课程增添了无尽的活力，也在很大程度上推动了“冰雪进校园”的进程。

### 一、“冰雪进校园”的意义

#### （一）促进校园体育文化形成

校园冰雪文化发生于校园环境中，学生和教师都具有主体性的地位，双方需要共同参与冰雪活动并进行互动和交流，此种运动模式具有鲜明的时代性，是多层次、多功能、多样式的意识形态统一体[①]。目前，我国高校校园冰雪体育物质文化现状不容乐观。虽然冰雪运动核心区一些学校开始修缮室外冰场地，但是多数冰雪场馆的专业性稍显不足，这一问题十分普遍，对于高校冰雪体育物质文化的促进作用也只是聊胜于无。特别是一些南方院校，由于气候原因，在几乎大部分城镇，冰雪场地和设施极度缺乏，青少年学生对冰雪文化也是知之甚少。从教材看，很多学校冰雪体育专项书籍匮乏，给师生查阅冰雪体育资料造成困难。可

① 黄科，刘曼曼. 论广州大学城校园文化建设的有利条件和不利因素[J]. 科教导刊（上旬刊），2010（23）：168–169.

以说，无论是冰雪制度文化还是物质文化，其建设都存在很大缺陷。

冰雪运动是一种极具挑战性的户外体育运动，其开展主要在冬季寒冷的室外[①]。冰雪运动要求运动参与者具有较强的生理和心理素质，其需要时刻面对寒冷、伤病等各方面的危险。在参与冰雪运动的过程中，参与者也能够通过各项训练激发自身的潜能，培养完善的人格和应对问题的能力，提升综合素质和人文修养，使其能够自觉抵制校园不文明行为，积极参与到冰雪运动的训练和竞技过程中[②]。所以，冰雪运动可以培养参与者的责任心和提升其自律能力，提升参与者道德品质和人文素养。同时也可以激励参与者树立良好的沟通协调意识和团队角色意识，形成健全的人格，培养其合作意识，使参与者拥有较强的问题解决能力。

（二）促进冬奥精神与理念的传播

“冰雪进校园”活动有利于传播冬奥会精神和相关理念。奥林匹克运动是一个哲学概念，参与者需要具有较强的身体素质和心理素质，从而使个人获得宝贵的感悟和经验[③]。所以，通过学习奥林匹克精神可以营造一种和谐发展的氛围，使其自身和社会各界都因为奥林匹克精神的存在而受到正向积极的影响[④]。在这样的和谐氛围之下，世界公民的素质才能够得到全面提升，国际交流水准也能够得到提高和保障，世界和平的希望之种亦可得以种下[⑤]。

2022年2月20日，北京冬奥会圆满落幕。全世界再次惊叹于博大精深的中国文化和如画如诗的中国式浪漫，沉浸于精彩绝伦的开幕式和闭幕式，感动于台前幕后无私奉献的工作和服务人员。这就是北京诠释出来的奥林匹克精神给青少

① 刘滨. 高校冰雪体育文化的建设[J]. 冰雪运动，2011，33（3）：80–83.

② 王东明，刘姬冰. 冰雪体育文化对矫正大学生校园不良行为的作用[J]. 冰雪运动，2017，39（3）：54–57.

③ 罗晋云. 浅谈奥林匹克运动对现代体育思想的影响[J]. 西安体育学院学报，2002，119（1）：20–24.

④ 张昕. 奥林匹克教育与人文精神培养探析[J]. 体育文化导刊，2004（10）：30–31.

⑤ 陈晓桐. 浅谈冬奥背景下“冰雪运动进校园”与奥林匹克教育的结合意义[J]. 体育世界（学术版），2017（5）：115–116，119.

年带来的震撼和感动。崇礼的自然条件良好，青少年可以在参与冰雪运动的过程中感受到其中的魅力，与自然环境产生共鸣，从而真正深入理解绿色奥运这一理念。北京联合张家口举办冬奥会，将推动奥林匹克精神在我国广泛传播，全面拓展体育的多元社会功能。冰雪运动在我国有着广阔的时空承载，通过举办冬奥会，可带动3亿人参与冰雪运动，使广大群众特别是青少年更加健康、精神振奋、生活愉悦，贯彻奥林匹克运动精神，帮助中小学生获得全新的感悟，积极发扬冬奥精神，加强其理解力。体育强则国家强，国家强则体育强。一次次艰难的突破，一项项喜人的成绩，昭示着我国体育事业不断为中华民族伟大复兴提供凝心聚气的强大精神力量，助力早日实现中国梦。

（三）提升健康水平

增强青少年体质。青少年可以通过参与冰雪运动强壮自身体质，冬季到来后，人们可以通过运动促进全身血液循环并保持身体内外环境的和谐与平衡，而青少年在参与冰雪运动之后，其心血管功能将显著提升，能够有效预防心血管疾病的发生，对于保持身体健康、增强个人体质的确益处多多[①]。经常参加冰雪运动能带动全身肌群，增强机体体能和身体机能。此外，学生长期从事冰雪运动，可增强血氧运输能力，有助于增强呼吸系统功能，促进青少年心理健康。冰雪运动项目具有刺激性、专业性等特点，参与者可以在运动过程中获得刺激感和满足感，其意志能够得到有效的锻炼，整体运动协调能力也会随之提升。青少年参与冰雪运动可以丰富自身的生活，学生在培养起冰雪运动兴趣之后，就可以以更积极的态度主动参与各项运动，提升自身的体质和身心健康水平，在拥有强壮体魄的同时也能够游刃有余地应对学习和生活问题。校园冰雪运动项目能够从根本上对学生的身心健康形成积极影响，在凸显其自身优势的同时也推动了学生的全方位高素质发展。

---

① 苗秀丽. 黑龙江省高校冰雪运动推广普及的探索[J]. 通化师范学院学报，2013，34（2）：111-112.

提高了青少年社会交往能力。冰雪运动要求参与者具有较高的灵敏度、耐力等各项能力，尤其是高山滑雪等刺激性体育活动，此类运动不仅具有较强的趣味性，危险性也同时存在。在参与此类项目之时，参与者之间需要相互协作和学习，给对方以支持和鼓励，在这个过程中，人们能够从合作中感受到包容和沟通的重要性，从而建立起和谐的人际关系。从现实情况来看，经常参与此类活动的运动者自身的性格也比较开朗和乐观，无论面对何种问题都能够充满信心和斗志，这样的品质不仅能够提高人们的运动技能，久而久之也会对运动者的生活产生潜移默化的影响，引导其树立积极向上的价值观和人生态度，这对于青少年群体社会适应能力具有促进作用。

（四）有利于冰雪强国战略实现

随着冬奥会北京时间的到来，在4年的筹办过程中兑现“3亿人参与冰雪运动”的申奥承诺，已成为体现我国政府体育执政能力和维护大国形象的重要举措。在中国冰雪运动参与体系中，青少年群体具有主体性的地位，而要促进“南展西扩”战略早日实现，则“3亿人参与冰雪运动”“冰雪进校园”是重要保障。“冰雪进校园”存在一定的合理性与必然性。从青少年生理发展特征看，青少年运动热情高，热爱冒险，充满活力，他们更喜欢新鲜刺激的事物，探索欲望极强①。这与冰雪项目冒险性特点相契合。从青少年身体机能和水平看，青少年时期生理机能逐渐完善，速度、力量、灵敏性、柔韧性都处于人生命发展的高峰期，特别是17岁这个阶段，各方面发展趋于完善，可以进行有一定技术要求、危险系数较大的冰雪运动。从我国竞技冰雪培养看，竞技冰雪运动发展离不开群众冰雪基础，其人才构造是一个金字塔形，要真正实现冰雪运动发展，冰雪运动基础要广，参与人数要足够。从我国冰雪产业发展基础看，青少年是主要消费主体，其形成的合力能够促进冰雪产业的

① 施佳薇. 青少年群体的特征分析及其意义[J]. 学理论，2012（35）：71-72.

可持续发展，因此，从这个意义上讲，青少年群体参与冰雪运动有一定的优势。冰雪进校园活动正是从国家冰雪运动强国战略出发，将青少年作为重点人群。青少年冰雪强则国家冰雪强，只有真正落实“冰雪进校园”各项政策，才能实现我国青少年冰雪人才的培养，这对于我国冰雪强国的实现具有积极的战略意义和实践价值。

## 二、“冰雪进校园”现状

### （一）冰雪场地供给不足

在我国冬奥会成功举办之后，冰雪运动的参与主体日渐壮大。尤其是在各高校当中，学生群体对冬奥项目的了解程度不断加深，他们的兴趣由此被激发，热爱冰雪运动的高校学生人数不断增长。但是根据现实调研数据，目前多数高校中的冰雪运动场地及设备均稍显不足，而且设施的健全度远远不够。因为此方面短板的存在，各高校很难面向所有学生开设冰雪运动课程，学生群体虽然对冰雪运动具有极高的兴趣，但是其需求却很难在学校中得到满足，学生的积极性也会因此受挫。时至2015年，全国只有5所高校建设了运动冰场，多数雪场和冰场都是企业运营的。校内冰雪运动场地的数量和面积都十分有限，学生们参与冰雪运动的机会相对较少，冰雪运动教学效果很难得到保证，但在校外公开场所进行教学又存在着现实困难。

### （二）学生群体参与度低

虽然冰雪运动的发展历史较为悠久，但是人民群众对这种运动形式的了解程度却普遍较为浅显。在冬奥会举办过程中，人们逐渐认识到了冰雪运动所具有的独特乐趣，这种运动形式借由这一契机进入大众的视野。但对于高校中的学生来说，他们接触冰雪运动的机会更少，参加冰雪运动又很容易受伤，所以其参与此类运动的积极性受挫，在此类阻碍因素的影响下，当今社会中的学生群体很少有机会能够经常参与冰雪运动；不仅如此，受社会普遍观念的影响，人们通常认为参与冰雪运动就等同于不务正业。但在社会不断发展和进步的进程中，社会文明水平显著提升，人们也不再持有传统的运动观念。国外大量学者研究发现，体育运动并不是作为一个独立的系统而存在的，其能够对人们的生活和工作起到积极的影响，使人们体质强健，不必在工作中面临不必要的伤亡。所以要以正确和积极的态度来对待并参与冰雪体育运动。

### （三）安全问题成为一大隐患

学生在参与体育训练的过程中很容易发生运动损伤，如果能得到教师科学合理的指导和训练则能够较为有效地减少运动损伤。滑雪运动具有一定的危险性，的确有可能导致学生受伤，其外部影响因素也比较复杂。特别是对于初学者而言，滑板速度、减速技巧等都需要系统性地学习，学生在学习滑雪技巧的初期需要教师全程参与并进行指导，通过学习科学的滑雪技巧来避免危险的发生，将发生运动损伤的概率控制在最低。但是，从目前我国滑雪产业发展来看，在滑雪场馆飞速扩张和冰雪人才极度缺乏的情况下，安全问题成为影响当前我国滑雪产业发展的重要问题。

虽然各高校的学生基数普遍较大，但是却很少有学生能够有机会参与冰雪运动。校园中能够参与学校冰雪运动的主体主要包括教师、社团及冰雪运动爱好者，学生群体在其中的占比少之又少。如果运动参与者并未接受过任何形式的专业训练，也不熟知冰雪运动的相关技巧和练习方法，就容易盲目地进行运动，受伤的可能性也会因此骤然提升。虽然高校学生中可能有一部分人擅长冰雪运动，但是其学习并不专业和系统，也没有资质和能力对全体学生加以指导，冰雪运动的开展同样得不到保证。

### （四）冰雪运动专业人士极度缺乏

冰雪体育人才具有明显的专业性，是中国大众冰雪运动重要的人才储备，也是我国冰雪运动得以繁荣发展和进步的根基。一直以来，我国专业的冰雪运动人才都十分有限，经常参与此类运动的人数极少，而且冰雪运动这一形式自身也对场地、设备、教练等资源的要求较高。因此，实现“3亿人参与冰雪运动”目标受多种因素的限制。而目前冰雪体育人才的短缺越来越成为限制我国冰雪体育事业发展的关键因素。冬奥会的顺利举办需要丰富的冰雪运动人才给予支持，但我国北京冬奥会的人才缺口在2022年达10万人。而且我国专业的冰雪运动指导员也十分稀少，因为缺乏专业的指导，大众参与度一直得不到提高，具体如表9–1所示。

**表9–1　2002年我国滑雪场各类人才需求**

| 人才种类 | 滑雪场管理人员 | 索道、造雪、教练等技术骨干 | 专业竞赛组织人员 | 专业竞赛组织运行人员 |
|---|---|---|---|---|
| 现有人数 | 320 | 1492 | — | — |
| 需要人数 | 4110 | 26158 | 984 | 1464 |

（五）冰雪文化建设存在不足

冰雪文化具有较强的生活特色，是由长期生活在冰雪自然环境当中的人们创造的[①]。冰雪运动与冰雪文化是不可分割的，冰雪文化是冰雪运动最具发展活力的因子，冰雪文化展现了冰雪区域地域特色、公众社会判断与价值，是区域风土人情的写照。就文化学层面而言，冰雪文化主要包括制度、精神及物质文化三方面内容[②]。通过分析中国当前的冰雪文化发展实际能够得知，我国的冰雪文化建设工作依旧存在着十分明显的短板，高校与冰雪文化的融合也经常陷入停滞[③]。就物质角度来说，虽然中国滑雪场建设工作正在提速，但是国内人均冰雪场地占有率却十分有限，许多滑雪场地都地处山区，参与者来往十分不便，自然也不能与校园形成融合和互动。而且，多数规模较大、专业性较强的室内滑雪场地处经

① 郑永梅. 关于哈尔滨冰雪文化空间结构体系的研究[J]. 价值工程，2011，30（9）：230.

② 韩志超. 高校校园龙舟文化评价指标体系的构建[D]. 聊城：聊城大学，2015.

③ 朱淑玲. 北京冬奥会背景下冰雪运动进校园研究[J]. 华北水利水电大学学报（社会科学版），2020，36（5）：98–103.

济发达的一线城市，而处于二者之间的地区滑雪场缺失，冰雪进校园面临极度尴尬的局面。从制度建设上来讲，除了一些冰雪运动核心地区，其他地区的游客也很有可能对冰雪运动存在较大的兴趣，他们虽然想要参与冰雪运动，但是却缺少参与的渠道，制度建设也不健全，此类游客只能望而却步，放弃参与此类运动。从精神层面上来说，我国虽然幅员辽阔，但是各地区气候差异大，许多地区自古以来就没有冰雪环境，传统文化的熏陶力度不够，冰雪文化精神建设力度一直不足，群众的兴趣和参与积极性也很难得到应有的激发。因此，在冰雪运动发展的非核心区，冰雪文化建设不足显然不利于“冰雪进校园”活动的开展，文化的缺失使冰雪进校园处于重形式、缺效果的境地。

## 第三节　北京冬奥会推进青少年“冰雪进校园”发展的策略

北京冬奥会成功申办后，中国的冬季体育项目也迎来了空前的发展热潮。在此时代背景下，群众性冰雪活动得到了蓬勃发展，特别是青少年冰雪运动发展迅猛。教育部政策文件指出，时至2025年，中国预计将建成5000所中小学冰雪特色学校。各个地方也制定并落实了一些冰雪运动进校园的政策，让冰雪运动真正地进入更多的校园，培养青少年群体参与冰雪运动的兴趣[①]，使高校体育教学和冰雪文化高度融合，提高学生身体素质，帮助其养成良好的学习习惯，并深入理解奥林匹克精神，健全个人人格，使其培养起较强的民族自豪感与自信心，激发学生爱国情怀。同时也可引导学生在学习和生活中培养合作意识，使其积极参与各项体育活动，与体育爱好者进行良性竞争，使学生受到良好而深远的影响。

---

① 芦丛丛. 高校校园冰雪体育文化建设现状与对策：基于哈尔滨体育学院的实证研究[J]. 体育科技文献通报，2014，22（9）：106-109.

## 一、校园冰雪文化氛围塑建

自古以来，体育和文化的关联都是十分紧密的，二者相辅相成，共同发展。究其本质，冰雪运动虽然属于体育运动，但其重要目标之一就是要促进文化交流，故而可以认为体育与文化具有相互影响、和谐共存的关系。群众所具有的冰雪文化素质会对冰雪文化加工、消费、选择等各领域产生影响，冰雪文化发展方向及内容也可能会在此过程中产生变化，随之改变着观众接受度。冰雪文化旅游无疑是冬季旅游市场的活化剂。近年来，群众的生活水平显著提高，无论是人们的消费理念还是价值观都产生了巨大的变化，正因为如此，冰雪旅游这一旅游形式的热度在近年来实现了显著提升。在冰雪运动发展进程中，青少年群体具有主体性的作用，也是潜在的消费者群体，其自身具有的文化修养能够潜移默化地推动中国的冰雪运动及冰雪产业发展与改革。然而，从我国冰雪文化调研现状看，我国南方很多地区对于冰雪文化了解较少，冰雪体育观念需要进一步正确引导，多数高校的冰雪体育活动都缺少多样性，形式单一，灵活度不足，各项冰雪体育活动的串联度明显不够①；尤其是南方地区，学生参与冰雪运动少之又少，青少年学生参与冰雪体育竞赛活动积极性不够，参与机会少。也就是说，在我国很多地区，无论是青少年冰雪运动制度文化、物质文化还是精神文化，宣传和实施都不够，这显然不利于我国冰雪运动“南展西扩”战略的深入实施。

校园是青少年每天生活时间最长的场合，我国应该以各高校作为主要阵地，积极宣传校园冰雪运动文化，高校也应该将课间、课后时间利用起来，营造浓厚的冰雪运动氛围，培养学生对冰雪运动的浓厚兴趣，使其积极参与相关运动。而且，各高校应该定期举办各项冰雪运动主题活动，如讲座、征文、摄影等，使学生加深对于体育文化的理解，使学生的主观能动性和学习兴趣得到调动，让他们

① 王毅. 哈尔滨高校校园冰雪体育文化现状及发展对策研究[D]. 哈尔滨：哈尔滨体育学院，2012.

积极地参与其中，体验冰雪运动的激情与快乐[①]。

## 二、冰雪社团的建设和完善

通过研究发达国家的冰雪产业及冰雪运动发展历程能够得知，此类国家的青少年群体都能够在校园生活中接触到丰富的社团活动，冰雪社团也是其中之一，学生可以在学习过程中接受此种体育教学，各高校也能够通过设立冰雪运动社团的模式提高学生学习兴趣，调动其运动积极性，增强学生体质，激发学生热情，使学生培养起勇迎挑战和积极解决问题的心态，树立终身体育观念等。虽然课堂教学必然存在一些不足，但是冰雪体育社团的存在有效弥补了此类短板，使学生的课余生活得到了充实，在校园环境中营造了良好的冰雪文化氛围。高校可以通过组织冰雪运动社团活动来发掘青少年的冰雪运动潜力，开阔其视野，丰富其运动经验，帮助学生培养终身体育的意识和行为习惯，使学生养成良好的学习和生活习惯，同时使学生具有良好的道德品质和高尚的人格魅力[②]。但是，中国当前的冰雪社团数量十分有限，特别是在一些南方地区，冰雪社团几乎是不存在的。同样，在河北等地区，冰雪社团并没有达到它的真正目的，有着名不副实的现状。

冰雪社团是“冰雪进校园”的重要支撑。通过开展冰雪社团活动，教师可以带领学生在课间进行冰雪运动训练和理论知识学习，学生能够在此过程中领略到冰雪运动的独特魅力，深入掌握冰雪技术，在一些地区，学生甚至有机会参与相关的体育赛事。而且学生通过学习冰雪运动技巧也可以缓解学习的压力，满足培养自身爱好的需求，促进校园冰雪体育教学创新。学校可以通过组建冰雪社团来选拔具有运动潜力的人才，并从中挑选成绩优异者组建校内冰雪运动队，如此也可以充实青少年冰雪运动人才队伍，提高人才利用率，使其天

① 姜宁. 加强大学生寝室文化建设　全面提高学生综合素质[J]. 兰州学刊，2010（S1）：66-67，30.

② 范广宁. 大连市高校体育社团发展现状与对策研究[D]. 沈阳：辽宁师范大学，2020.

赋和潜力真正得到发挥。被选中进行训练的学生也可以借此机会接受更加专业的训练，从而提高自身的专业技能水平。而通过组建社团的方式训练冰雪运动人才，可以有效提升其他学生的学习积极性和兴趣，扩大学校冰雪运动的宣传和普及范围。

## 三、开设推广冬令营，提升参与热情

冬令营作为家庭教育和学校教育的延伸，对受教育群体的实践创新能力、社会责任感、心理意志的培养及民族精神的传承具有重要作用。冬令营旨在通过一系列冬季户外运动，提高青少年自我成长能力，具有体验性、团体性、教育性并兼具娱乐性等特点。通过让活动参与者切身实际地体验，使其掌握户外滑雪、滑冰、野外生存等一系列技能。比如，一些冬令营通过设置越野滑雪，借助军事化的教育管理思想和模式，培养参与者坚忍不拔的意志。同时有利于团队之间形成协作精神，鼓励大家明确团队成员角色意识，养成互相帮助的团队精神①。

随着我国经济飞速发展和家庭结构的变化，冬令营作为家庭教育的重要补充越来越受到社会的认可。《滑雪产业发展报告 2017》抽样调查显示，中国多数青少年都是由家长或朋友陪伴参与冰雪运动的。由此可见，家长对冰雪运动的态度和兴趣也会对孩子产生影响，孩子的滑雪频率与家长态度呈正相关。与此同时，也可表明学校冰雪活动次数明显不足，一些学校甚至不会为学生开设冰雪活动，学生大多只能在假期参与培训班或夏令营，但能分配到冰雪运动中的时间少之又少。为了改善这种情况，我国高校可以尝试和他国高校进行交流，不仅能够增长学生见识，拓宽其眼界，同时也能够帮助学生积累运动经验。但是也有部分学校的资金较为匮乏，安排学生出国交流的能力不足。虽然

---

① 付星吉，黄莉. 夏令营教育在国民教育中的作用[J]. 安顺学院学报，2016，18（6）：38-40.

此类困难是现实存在的，但是这部分高校可以通过冬令营、春游等形式来带领学生体验冰雪运动的魅力，偶尔一次的安排也是此类学校能够负担的。冬令营是一种家庭教育和学校教育有益的补充，特别是在寒假期间，青少年参与冰雪运动具有可行性。

## 四、加强冰雪师资队伍的建设

现如今，中国冰雪运动场馆的建设力度不断加大，人才缺口则在此过程中不断扩大，这对于我国的冰雪运动整体发展显然是不利的。北京市作为2022年冬奥会的举办地，其冰雪运动开展国内领先。但是有关资料显示，北京市中小学冰雪运动教师的工资水平普遍较低，多数教师是由学校外聘的，因为校内并没有开设冰雪专项课程，而且一些能力较为优异的运动员都被国家队直接选拔入队，所以人才空缺问题十分明显。要推动中小学冰雪运动课程的高速发展，首先应该提高师资队伍的人才质量，填补人才缺口，在师资力量得到强化后，校园冰雪运动教学效率自然也能够因此显著提升。高校也可以开展购买人才活动，引进冰雪培训机构的优秀师资。从现实情况来看，冰雪运动水平较强的发达国家高校并不只依靠校内教师进行教学，有条件的高校还会和国家级运动员和专业机构的教练达成合作，不过教师与教练也存在着明显的差别。教练普遍更为重视指导学生的冰雪技术并提高其运动规范性，但教师不仅要教书，还要育人，其自身的师德也需要在此过程中得到彰显。由此可见，高校并不能只简单地聘请教练进行教学，同时也需要对其进行师资培训和考核，考核通过后才能拥有教师编制并进行高校冰雪运动教学。与此同时，也应该坚持对教师进行继续教育，提高教师的综合素质和教学水平，使其在提供教育的过程中接受教育，从而实现全方位的发展。可以考虑分层、分期地对教师提供岗位培训，有条件的学校也可以安排专业教师去国外交流和学习，从而更新教师的知识体系，从根本上提升其教学水平，使教师能够立足于学生的实际情况制定有针对性的教学策略，从而有效应对冰雪运动的发展和变化。与此同时，可以在特定的区域内组建冰雪运动协会，定期组织研讨会、交流会等活动，从而促进和带动各地区、各高校的冰雪运动开展。

## 五、冰雪替代性运动项目的引入

随着北京成功申办2022年冬奥会，冰雪热潮开始加速推进“冰雪南展”战略，虽然广东、江西、贵州等地冰雪资源匮乏，但在近年来，和滑冰技术动作类似的轮滑项目受到越来越多的青睐。像韩天宇和郭丹一样的冰雪好手，都有着丰富的轮滑经历，可见，冰雪运动替代性项目对于青少年冰上项目水平提高具有重要的促进作用。以轮滑为例，从运动技术上看，轮滑需要运动者穿着滚轮轮滑鞋在平滑场地上滑行，此项运动能够有效锻炼人的腿部和腰腹力量，提高身体平衡性和灵活性。轮滑是与速度滑冰极其类似的运动项目，其受到外界因素的影响较小，只需场地平滑和一双轮滑鞋，中学的平滑场地面积广阔，轮滑鞋价格低廉，可以考虑为学生群体开设轮滑课程，使学生在良性竞争过程中提高自身的身体素质，从而使其学习轮滑技术的积极性和主动性显著提升。反观速度滑冰，它需要专门的冰场，有特定的温度，投入较大。轮滑的难度相对较低，适用人群相对广泛，对于学生的身体素质并没有严苛的要求，所以有意愿学习轮滑课程的中学生基数较大，学生可以随时随地进行竞技和学习，对于这项运动的经济投入也相对较低，多数家庭都能够承担得起，因此，轮滑在我国南方很多地区开展较好。

## 六、打造和推广品牌冰雪赛事，助力“冰雪进校园”

青少年是冰雪运动发展的主体，是大型冰雪运动竞赛的主要参与者。挖掘冰雪竞赛资源，优化冰雪竞赛品牌，不仅能够促进中国冰雪运动产业发展，增加国内冰雪人口，同时也能够丰富高校校园文化，使校园文化与冰雪文化相融合。从当前冰雪赛事来看，我国冰雪赛事具有多样性，而且核心区冰雪资源十分丰富，特别是为了成功筹办冬奥会，我国承办了大量的国际冰雪体育赛事。虽然此类赛事的规模都较大，但是最终产生的影响力却较为有限，这些赛事面向世界高水平竞技能手，广大青少年由于竞技能力有限，无法参与其中；而我国冬季体育赛事特别是青少年体育赛事尚处于起步阶段，有关大学生冬季体育赛事产业的市场运营机制缺乏改革和创新，冬季赛事的运营及举办都缺少规范性，赛事主体件和规模性特征十分突出，赛事营销规则、赛程规范等都不够完善，这些赛事主要针对北方竞技冰雪发展强区，无法激发南方冰雪运动的发展热情[①]。要提高青少年参与冰雪运动的兴趣和热情，可以通过组织校内运动会、冰雪狂欢节等活动，让青少年有机会展示自己的冰雪运动水平，使其能够充分体会到参与冰雪运动的乐趣。在宣传时必须要有可追逐的热点点燃大众的激情，以此使青少年能够更为积极地参与冰雪运动。学校有关部门应该立足于学生的实际需要和学习兴趣来规划各类运动赛事，也可以运用互联网工具进行宣传和造势，加大宣传力度，吸引越来越多的学生关注和参与。通过赛事直播可以让学生观看冰雪运动赛事，吸引社会目光，使越来越多的学生了解进行冰雪运动的趣味和意义[②]；在参与冰雪运动赛事的过程中，参与者自身的技术水平也能够得到同步提升，同时发现自身存在的技术短板并进行完善，在比赛过程中，一些具有优秀天赋和潜力的运动员也能够充分展现自我，从而被发掘，有机会接受更加专业的指导。

## 七、引入社会力量，协调政府、学校和社会力量的角色

冰雪运动的投入普遍较高，无论是场地还是设备都花费甚巨。许多学校都会因为场地和资金等方面的问题而无法为学生提供冰雪运动教学和标准的场地，多数学

① 程显旭. 新常态下我国大学生冬季体育赛事产业发展研究[D]. 哈尔滨：哈尔滨体育学院，2018.

② 齐欣. 冬奥会契机下黑龙江省高校冰雪运动发展研究[J]. 北华大学学报（社会科学版），2021，22（3）：140–144，155–156.

生所接受的最多只是理论指导，该地区高校学生的冰雪技能培训因此受到阻碍。我国冰雪运动场地设施基础薄弱，社会需求资金量巨大，全社会的冰雪运动需求很难由现存的资源加以满足，要建立冰雪运动场地和购买专业设备需要大量的资金，而要实现这一目的则需要发挥政府的指导作用，各部门统筹协调，发动全社会力量参与和辅助。“冰雪进校园”计划的实施目的是要在青少年群体中普及冰雪运动，在全社会范围内推动冰雪运动的发展，扩大其影响面。该计划明确提出应该由政府购买相关服务并且对学校加以支持，使高校能够和社会培训机构展开合作，共同为学生提供冰雪运动教育。在此过程中，中国政府需要负责协调资金和社会资源，解决财务问题，对管理体制加以改革和创新，为社会培养和输送冰雪人才，对学校及社会资源加以整合，使学校在提供文化教育的过程中培养综合素质较强的冰雪运动人才①。融合社会资源设立冰雪运动俱乐部，为冰雪运动人才制订针对性的培训计划，丰富人才储备，促进全国冰雪运动发展。学校可以立足于现有的师资进行冰雪运动文化、理念及绩效教学，冰雪运动机构也可以免费为学生提供学习场地，但是这一待遇只提供给在校生，其他人员参与训练则要收取一定费用。在设置课堂内容的过程中应当重视其专业性和趣味性，应当使训练内容和当地人文特色相融合，在训练和学习过程中通过冰雪文化的交流打牢群众基础。学校可以通过此种模式对学校资源及运动场地加以高效利用，避免资源浪费②。

## 八、冰雪进校园要充分利用奥运效应

国家体育总局早在北京奥运会申办成功后，就制订了2022年冬奥会备战工作计划，加大人才培养和训练投入力度。学校是冰雪运动人才的培养基地，学校教育所具有的支持作用不可小觑。目前，越来越多的中小学冰雪运动特色学

① 朱淑玲. 北京冬奥会背景下冰雪运动进校园研究[J]. 华北水利水电大学学报（社会科学版），2020，36（5）：98-103.

② 康建鑫. 越野滑雪进哈尔滨中小学校园的可行性分析[J]. 四川体育科学，2020，39（1）：119-122.

校都开始加大力度进行冰雪运动培训和相关设备建设工作。北京冬奥会的重要成效之一，就是让我国从“冰雪运动不出山海关”到成功“带动3亿人参与冰雪运动”，冰天雪地汇聚了人山人海，一颗颗冰雪运动的种子在960多万平方公里的华夏大地上生根发芽，生长成冬季奥林匹克历史上盛放的最美丽遗产之花。运用好冬奥社会遗产，续写冰雪运动发展新篇章，核心在于坚持建设健康中国和体育强国相结合，不断巩固提升“3亿人参与冰雪运动”的成果。深化冰雪运动项目体制机制改革，推动新型举国体制优势与市场机制优势在冰雪运动发展上实现系统性结合和功能性互补，打造世界冰雪运动强国。充分发挥传统冰雪体育竞技优势和深厚群众基础的示范带动作用，引导不同区域因地制宜、各有侧重开展群众性冰雪运动，宜冰则冰、宜雪则雪，形成优势互补、良性互动的发展格局。加强冰雪运动场馆基础设施建设，利用好已建成的训练和比赛场馆设施，强化弱项训练，补齐短板，提升竞技水平；不断降低参与冰雪运动的门槛，营造人人能参与、想参与的环境。积极推进体教融合，建立冰雪体育特色示范学校，推进校园冰雪运动场地建设，构建校园冰雪课程体系，培育冰雪教育师资力量，开展青少年冰雪运动赛事，为冰雪运动发展厚植人才基础。以冰雪运动助力健康中国建设，大力弘扬北京冬奥精神，普及冬奥知识和文化，开展冰雪赛事活动，提升科学健身指导水平，让更多的人爱上冰雪运动，养成健康的生活方式，促进人的健康全面发展。

## 第四节　构建校园冰雪运动文化指标体系

### 一、构建校园冰雪运动文化指标体系的意义

在冰雪运动文化传承的过程中，高校扮演着重要传承者的角色。近年来，国内各高校积极组织各类冰雪运动活动，从根本上提高了师生参与冰雪运动的兴

趣和积极性，也凸显了中华民族冰雪运动文化的价值。进入大学后，大学生们的三观还未形成，并不具有明辨是非的能力，其行为选择很容易受到各方面因素的影响。各高校需要认识到自身规范大学生文化交流的责任，并通过教育提升大学生综合素质。冰雪运动以团队协作为主要特色，此种精神也能够影响大学生的精神理念，使其具有较强的民族文化自信心和自豪感，能够以更加积极和乐观的态度参与学习和生活。故而，若能够在校园内建立较为完善的冰雪运动文化评价体系，那么冰雪运动文化精神将能够得到广泛传扬，使学生培养起集体意识和团队精神，提高其文化认同感和荣誉感，从根本上提高大学生群体的综合素质，为社会培养新一代爱国主义人才和综合素质优秀的接班人。我国当代大学生群体的精神世界得到了极大丰富，民族文化有效融入至大学生的学习与生活中并对其产生了潜移默化的影响。冰雪运动文化资源蕴含着极具代表性的传统民间体育文化，能够提振民族精神，提高中华民族的凝聚力和团结度，使大学生的精神得到振奋，民族自豪感得以激发。要最终实现评价目的，首先应当保障其评价指标体系的科学性，通过采用评价指标体系进行辅助可以精准定位冰雪运动文化建设进程中存在的短板和漏洞，良好、合理的评价指标体系能够推动中国各高校的冰雪运动文化健康发展，各高校在此种激励之下也能够呈现自身的社会主义特点和时代特色，使校园冰雪运动文化特色更为突出，从而使大学生群体的精神文化需求得到满足，为社会源源不断地输送高素质、高水平的综合性人才。在这种不竭的精神动力下，大学生能够更加主动地学习冰雪文化知识，积极参与校园及社会建设，成为社会主义发展进程中重要的推动力量。

## 二、校园冰雪运动文化理论与指标体系构建

### （一）校园冰雪运动文化的结构要素

冰雪文化作为一种独具特色的文化形式，其能够彰显蕴含冰雪符号的文化内容和生活方式，反映此环境中生活的不同个体的生存状态，人们作为这一文

化形式的创造者和使用者，能够在此种文化发展和进步的过程中得到同步发展。校园冰雪文化是指在校园这一特定范围内，逐步形成以冰雪教学为主导，以课外冰雪活动为依托，多方协调配合，全员积极参与，健康、积极和向上的校园冰雪文化氛围①。由此可见，校园冰雪文化是以人为本的文化建设，其内容主要包含物质、制度、精神等各方面的文化内容，在不同文化形式的融合统一下，其能够生成一个更为完整、综合性更强的冰雪文化形式。文化可大致分为物质和精神两种，而校园冰雪文化主要发生于校园环境中，故而可以认为此种文化形式也具有育人功能。在建立起完善的校园冰雪文化体系之后，师生们均可以从中受到教育和影响，加速冰雪运动和校园发展的融合。校园冰雪文化并不是自然生成的，需要人的主动参与才能够组织起校园冰雪运动活动，才能够生成蕴含不同形态和特质的综合体，它包括精神、物质、制度和行为4个方面。校园冰雪文化各部分之间不是孤立的，它们互相联系、互相作用。校园冰雪文化中物质文化是前提，没有冰雪场、冰雪器材和其他设施作为基础，谈论校园冰雪文化就没有了意义。精神文化是导向，良好的精神文化可以育人；反之，则会成为不安全因素。制度文化是枢纽，为了约束参与冰雪运动不同主体之间的关系，规范各方的行为，明确各方的职责，制度和管理是不可缺少的。行为文化是核心，它是物质文化、精神文化和制度文化的一种集合，亦可认为行为文化是校园冰雪文化的具体表现形式，具有文化的普遍结构，又有其独特的内涵。校园运动冰雪文化包含精神文化（内层）、制度文化（中层）、物质文化（表层）和行为文化（外显层）。

### （二）校园冰雪运动文化指标体系的提出

立足于中国校园冰雪运动文化的整体结构、运行现状以及活动内容等情况，并结合现实时代背景，依据2016年11月体育总局、国家发展改革委、教育部等

① 郭亚.校园足球背景下成都市小学足球教学现状与分析[D].成都：成都体育学院，2015.

多部门在《冰雪运动发展规划（2016—2025年）》中正式开启的“冰雪进校园”活动要求，校园冰雪运动发展项目指标内容如下（见表9–2）。

**表 9–2　校园冰雪运动文化指标体系一览表**

| 一级指标 | 二级指标 | 三级指标 |
|---|---|---|
| A1 冰雪物质文化 | B1 场地设施 | C1 场地条件 |
| | | C2 器材情况 |
| | | C3 图书影音教材 |
| | | C4 冰雪雕塑 |
| | B2 经费投入 | C5 教练员培训投入 |
| | | C6 比赛及相关活动投入 |
| | | C7 标志性冰雪建筑 |
| | B3 教练员文化素养 | C8 教练员教学素养 |
| | | C9 教练员教育素养 |
| | B4 校园媒体传播 | C10 冰雪文化宣传栏 |
| | | C11 校园冰雪文化广播 |
| A2 冰雪制度文化 | B5 管理组织 | C12 领导态度 |
| | | C13 每年有冰雪运动活动工作计划 |
| | | C14 冰雪文化政策执行状况 |
| | B6 文件制定 | C15 冰雪运动教师奖励制度 |
| | | C16 成文的冰雪运动课堂常规 |
| | | C17 冰雪运动教师工作守则 |
| | | C18 运动员守则 |
| | | C19 冰雪文化社团的规章制度 |
| | | C20 公平竞赛制度 |
| | B7 校园冰雪传统 | C21 是否形成冰雪文化传统 |
| | | C22 是否定期举行冰雪运动知识讲座及竞赛 |
| | | C23 高水平运动队 |

续表

| 一级指标 | 二级指标 | 三级指标 |
|---|---|---|
| A3 冰雪精神文化 | B8 冰雪文化引导机制 | C24 冰雪文化口号 |
| | | C25 标志性冰雪文化人物 |
| | | C26 冰雪文化核心理念 |
| | | C27 冰雪文化标识 |
| | B9 冰雪文化价值观 | C28 冰雪文化观念 |
| | | C29 冰雪文化价值取向 |
| | | C30 冰雪文化道德观 |
| | B10 社会环境影响 | C31 冰雪历史文化 |
| | | C32 冰雪文化家庭支持 |
| | | C33 社会冰雪文化开展氛围 |
| A4 冰雪行为文化 | B11 冰雪运动竞赛 | C34 学校是否每年举办冰雪比赛 |
| | | C35 学校是否每年参加校际联赛 |
| | B12 学生个人冰雪行为 | C36 参与方式 |
| | | C37 每周参与次数和时间 |
| A4 冰雪行为文化 | B13 冰雪社团 | C38 是否有学生冰雪文化社团或者协会 |
| | | C39 冰雪文化协会是否有教师定期指导 |
| | B14 冰雪组织管理行为 | C40 社区或其他冰雪文化公共服务 |
| | | C41 开展“冰雪运动进校园活动”情况 |
| | | C42 学生体质和心理健康预警机制 |
| | | C43 学生体质达标率 |
| | | C44 学校师生的身心健康状况 |

## 三、指标体系的完善方法

笔者运用Delphy法（专家调查法）完善校园冰雪运动文化指标，为各位专家发放调查问卷并进行积极交流，尽可能使专家意见达成一致，从而提升指标体系的有效性。

## 四、指标统计

调查问卷分为指标评分和意见反馈两部分。对指标进行“重要、较重要、一般、较不重要、不重要”的分级，分值则分别设定为“9、7、5、3、1”。根据统计学算法，可采用平均数来表示某组数据的平均水平及集中趋势，故而此处采用指标算数平均值来描述专家意见集中度，该指标与算术平均值呈正相关关系，变异系数与专家意见协调度则呈负相关关系。

假设：$X_{ij}$为第$i$个专家对第$j$个指标的评分，专家数量为$n$。

某指标意见集中度为

$$M_j=\frac{1}{n}\sum_{j=1}^{n}X_{ij} \tag{9-1}$$

某指标的意见协调度为

$$V_j=S_j / M_j \tag{9-2}$$

其中

$$S_j=\sqrt{\frac{1}{n-1}\sum_{j=1}^{n}(X_{ij}-M_j)^2} \tag{9-3}$$

式中，$M_j$为$j$指标的算术平均值；$V_j$为$j$指标的变异系数；$S_j$为$j$指标的标准差。

## 五、校园冰雪运动文化指标体系确立

### （一）第一轮专家问卷结果分析

首先，一级指标调查结果分析。在第一轮专家问卷汇总分析中，专家对一级指标意见集中度较高，且各指标变异系数小（见表9-3）。

在调查过程中，专家对于4个一级指标均无异议，且这4个指标能全面涵盖文化所包含的4个层面，因此这4个一级指标全部予以保留。

**表 9–3　第一轮调查一级指标意见集中度和变异系数一览表**

| 一级指标 | 意见集中度$M_j$ | 变异系数$V_j$ |
|---|---|---|
| 冰雪运动物质文化 | 8.571 | 0.097 |
| 冰雪运动制度文化 | 8.143 | 0.123 |
| 冰雪运动精神文化 | 8 | 0.127 |
| 冰雪运动行为文化 | 7.762 | 0.127 |

其次，二级指标调查结果分析。在第一轮调查过程中，专家对于二级指标意见集中度较高，且各指标变异系数较小，说明专家对于这14个二级指标没有分歧。

**表 9–4　第一轮调查二级指标意见集中度和变异系数一览表**

| 二级指标 | 意见集中度$M_j$ | 变异系数$V_j$ | 标准差$S_j$ |
|---|---|---|---|
| B1 冰雪运动场地条件 | 8.524 | 0.101 | 0.862 |
| B2 冰雪文化经费投入 | 8.571 | 0.097 | 0.831 |
| B3 冰雪教练员文化素养 | 7.429 | 0.112 | 0.831 |
| B4 校园冰雪文化媒体传播 | 7.667 | 0.124 | 0.954 |
| B5 校园冰雪文化管理组织 | 7.476 | 0.115 | 0.862 |
| B6 校园冰雪文化文件制定 | 7.524 | 0.118 | 0.89 |
| B7 校园冰雪文化传统 | 7.667 | 0.124 | 0.954 |
| B8 校园冰雪文化引导机制 | 7.714 | 0.126 | 0.97 |
| B9 校园冰雪文化价值观 | 7.619 | 0.123 | 0.936 |
| B10 校园冰雪文化环境影响 | 7.667 | 0.124 | 0.954 |
| B11 校园冰雪运动竞赛 | 8.619 | 0.092 | 0.795 |
| B12 学生个人冰雪文化行为 | 7.667 | 0.124 | 0.954 |
| B13 校园冰雪文化社团 | 7.81 | 0.127 | 0.994 |
| B14 校园冰雪文化组织管理行为 | 7.476 | 0.115 | 0.862 |

在对专家的访谈调查中，专家表示二级指标丰富程度较高，涵盖范围较为全面，对于一级指标的细化较为完善，因此决定将二级指标全部予以保留。

最后，三级指标调查结果分析。在对三级指标的调查分析中，专家对于部分指标提出了异议，部分指标意见集中度小于7，表示专家对于该指标能否较好地反映相关问题提出了不同的意见，见表9–5。

**表 9–5　第一轮调查部分三级指标意见集中度和变异系数一览表**

| 三级指标 | 意见集中度$M_j$ | 变异系数$V_j$ |
|---|---|---|
| C3 图书影音教材 | 5.762 | 0.242 |
| C4 校园冰雪文化雕塑 | 5.905 | 0.214 |
| C7 标志性冰雪文化建筑 | 6.19 | 0.161 |
| C17 冰雪运动教师工作守则 | 6.905 | 0.263 |
| C23 冰雪运动高水平运动队 | 6.333 | 0.267 |
| C25 标志性冰雪文化人物 | 5.952 | 0.17 |
| C40 社区或其他冰雪文化公共服务 | 5.952 | 0.17 |
| C41 开展“冰雪运动进校园活动”情况 | 6.048 | 0.167 |

筛选$M_j<7.0$的指标结果见表9–5，可根据数据情况删除变异系数较小的指标，专家对此类指标的协调度较高，而变异系数偏大的指标则应当删除，表明专家间分歧较大，还需要与专家进行沟通和交流。

在访问专家的过程中，一些专家表示建设冰雪雕塑的难度较高，学校在资金方面的压力巨大，故而此项指标的代表性不强，可以考虑删除；学生可以通过观看影音教材来积累知识并对冰雪文化进行更为深入的了解，甚至可以认为这一渠道是最为直接的文化理论获取途径，故而专家意见是对此活动进行保留；高校开展冰雪文化运动活动的进展和水平能够通过高水平运动队进行展现，对于一些热爱冰雪运动的学生而言，这种形式无疑是一种激励，能够较好地反映校园冰雪文化进展，故而应当予以保留；无论是何种形式的校园活动都需要完善而成熟的规章制度进行规范，教师们同样应该在教学过程中严格遵守校园规章，如此才能保证教学质量，提升教学效率，故而此项指标必须加以保留。

有的专家提出，冰雪运动教师会直接参与到校园冰雪运动实际过程中，学生对于冰雪运动的热情和学习态度以及教师自身对工作的态度都会受到工资待遇、训练补助等要素的影响。纵观当前的冰雪运动教师体系构成可知，教师的理论及实践专业度均稍显不足，甚至一些教师综合教学水平较差，这无疑会对学校整体的冰雪运动效果产生影响，故而校方亦应当考虑是否要为教师提供外出学习和进修的机会，并将考试作为检验教学质量的手段，对于评价教师工作情况、摸底学生掌握相关知识技能情况的手段，都应当表现在指标体系当中。

经过第一轮分析和综合专家意见，笔者认为应当删除专家分歧较大的“冰雪文化雕塑”“标志性冰雪文化人物”等5个指标，增加“冰雪运动教师有无外出进修机会”“冰雪运动考试制度”两个三级指标。

（二）第二轮专家问卷结果分析

通过分析第二轮问卷调查内容可知，专家对一级指标及二级指标的一致性较高，整体无异议。

根据第二轮专家分析调查内容可知，专家一致同意保留第一轮的39个三级指标，两轮调查结果基本相同。但对于两个新增的三级指标，专家意见集中度$M_j$见表9–6。

**表9–6 第二轮调查新增两个三级指标意见集中度和变异系数一览表**

| 三级指标 | 意见集中度$M_j$ | 变异系数$V_j$ |
|---|---|---|
| 教师有无外出进修机会 | 7.857 | 0.127 |
| 冰雪运动考试制度 | 6.238 | 0.187 |

从表9–6中可以看出，专家对于“教师有无外出进修机会”这一指标意见集中度较高，且变异系数较小，说明专家普遍认同将其加入到指标体系中。而对

于“冰雪运动考试制度”这一指标，在对专家进行访谈时，大部分专家表示，考试制度对于可以量化的项目（如跳高、跳远等）有较好的效果，但是冰雪运动有其特殊性，无法用数字进行量化，因此不适合考试制度。举例来说，一个过人技术，在比赛中有防守压力的情况下，不见得职业球员会做得非常标准，但依然可能会有很好的效果，因此考试制度下的标准技术动作可能缺少实战意义。而且考试制度的存在，可能会导致为了应付考试而教学的现实情况，这对于冰雪运动的发展是不利的。鉴于此，“冰雪运动考试制度”应予以删除。

部分专家在第二轮专家访谈中强调，用于发展校园冰雪运动活动的专项经费会直接影响活动本身，所以在建立指标体系的过程中应该尤其重视此方面内容。冰雪运动存在一定的危险性，尤其是在比赛过程中，运动员受伤的情况十分常见，在建立冰雪文化指标体系时，各高校应该综合考虑是否要为学生购买对应的冰雪运动保险，这不仅是出于对学生安全的考虑，同时也是高校责任意识的体现。

在第二轮调查结果的基础上，将指标体系进行完善：删除“冰雪运动考试制度”这一指标，增加“冰雪运动进校园专项经费能否专款专用”“是否为学生购买保险”两个三级指标。

（三）第三轮专家问卷结果分析

首先，二级指标调查结果分析。在历经两轮专家调查问卷后，重新编制完善该指标体系，并进行第三轮专家问卷调查。这里重点对14个二级指标和42个三级指标进行分析。

**表 9–7　第三轮调查二级指标意见集中度和变异系数一览表**

| 二级指标 | 意见集中度 $M_j$ | 变异系数 $V_j$ | 标准差 $S_j$ |
|---|---|---|---|
| B1 场地条件 | 8.286 | 0.117 | 0.97 |
| B2 经费投入 | 8.429 | 0.108 | 0.914 |

续表

| 二级指标 | 意见集中度$M_j$ | 变异系数$V_j$ | 标准差$S_j$ |
|---|---|---|---|
| B3 教练员文化素养 | 8.333 | 0.115 | 0.954 |
| B4 校园媒体传播 | 8.19 | 0.121 | 0.994 |
| B5 管理组织 | 7.619 | 0.123 | 0.936 |
| B6 文件制定 | 7.429 | 0.112 | 0.831 |
| B7 校园冰雪文化传统 | 7.667 | 0.124 | 0.954 |
| B8 冰雪文化引导机制 | 8 | 0.127 | 1.012 |
| B9 冰雪文化价值观 | 8.048 | 0.126 | 1.011 |
| B10 社会环境影响 | 7.952 | 0.127 | 1.011 |
| B11 冰雪运动竞赛 | 8.095 | 0.124 | 1.008 |
| B12 学生个人冰雪运动行为 | 8.095 | 0.124 | 1.008 |
| B13 冰雪文化社团 | 8.19 | 0.121 | 0.994 |
| B14 冰雪文化组织管理行为 | 8.095 | 0.124 | 1.008 |

对14个二级指标进行调查分析后可以看出，相关指标的意见集中度较高，且变异系数较小，说明专家学者普遍对于这14个指标较为认可，认为这14个指标能全面涵盖校园冰雪文化所特有的4个方面的特征和内涵。因此，将此14个指标作为校园冰雪文化指标体系的二级指标，有一定的合理性和科学性。

其次，三级指标调查结果分析。在对三级指标进行分析后，所得结果如表9–8所示。不难看出，在经过两轮专家问卷的调查及修改与完善之后，所有三级指标均得到了专家学者的认可，意见集中度较高，且变异系数较小，说明该三级指标体系具有一定的代表性和丰富程度。

**表9–8　第三轮调查三级指标意见集中度和变异系数一览表**

| 指标 | 标准差 | 集中度 | 变异系数 |
|---|---|---|---|
| C1场地条件 | 0.914 | 8.429 | 0.108 |

续表

| 指标 | 标准差 | 集中度 | 变异系数 |
|---|---|---|---|
| C2器材情况 | 0.862 | 8.524 | 0.101 |
| C3图书影音教材 | 0.862 | 7.476 | 0.115 |
| C4是否为学生购买保险 | 0.862 | 7.476 | 0.115 |
| C5冰雪运动进校园专项经费能否专款专用 | 0.983 | 8.238 | 0.119 |
| C6教练员培训投入 | 0.954 | 8.333 | 0.115 |
| C7比赛及相关活动投入 | 1.107 | 7.571 | 0.146 |
| C8教练员教学素养 | 0.994 | 7.81 | 0.127 |
| C9教练员教育素养 | 0.994 | 7.81 | 0.127 |
| C10冰雪文化宣传栏 | 1.011 | 7.952 | 0.127 |
| C11校园冰雪文化广播 | 1.008 | 7.905 | 0.127 |
| C12领导态度 | 0.954 | 7.667 | 0.124 |
| C13每年有冰雪运动工作计划 | 0.994 | 7.524 | 0.132 |
| C14冰雪文化政策执行状况 | 1.011 | 7.952 | 0.127 |
| C15冰雪运动教师奖励制度 | 0.831 | 8.571 | 0.097 |
| C16冰雪运动教师有无外出进修机会 | 0.983 | 7.762 | 0.127 |
| C17成文的冰雪运动课堂常规 | 1.002 | 7.857 | 0.127 |
| C18冰雪运动教师工作守则 | 1.002 | 8.143 | 0.123 |
| C19运动员守则 | 1.26 | 8.143 | 0.155 |
| C20冰雪文化社团规章制度 | 0.936 | 7.619 | 0.123 |
| C21公平竞赛制度 | 0.97 | 8.286 | 0.117 |
| C22是否形成冰雪文化传统 | 0.914 | 7.571 | 0.121 |
| C23是否定期举行冰雪运动知识讲座及竞赛 | 1.008 | 7.905 | 0.127 |
| C24高水平运动队 | 1.011 | 7.952 | 0.127 |
| C25冰雪文化口号 | 0.914 | 7.571 | 0.121 |
| C26冰雪文化核心理念 | 1.011 | 8.048 | 0.126 |

续表

| 指标 | 标准差 | 集中度 | 变异系数 |
|---|---|---|---|
| C27冰雪文化标识 | 1.002 | 7.857 | 0.127 |
| C28冰雪文化观念 | 1.012 | 8 | 0.127 |
| C29冰雪文化价值取向 | 0.97 | 7.714 | 0.126 |
| C30冰雪文化道德观 | 0.954 | 7.667 | 0.124 |
| C31冰雪历史文化 | 1.002 | 7.857 | 0.127 |
| C32冰雪文化家庭支持 | 0.862 | 7.476 | 0.115 |
| C33社会冰雪文化开展氛围 | 0.954 | 8.333 | 0.115 |
| C34学校是否每年举办冰雪比赛 | 0.994 | 8.19 | 0.121 |
| C35学校是否每年参加校际联赛 | 0.954 | 8.333 | 0.115 |
| C36参与方式 | 0.914 | 7.571 | 0.121 |
| C37每周参与次数和时间 | 0.914 | 7.571 | 0.121 |
| C38是否有学生冰雪文化社团或者协会 | 0.983 | 8.238 | 0.119 |
| C39冰雪文化协会是否有教师定期指导 | 0.954 | 7.667 | 0.124 |
| C40学生体质达标率 | 0.954 | 7.667 | 0.124 |
| C41学生体质和心理健康预警机制 | 0.983 | 8.238 | 0.119 |
| C42学校师生的身心健康状况 | 0.936 | 7.619 | 0.123 |

从表9–8中可以看出，专家学者对新增的“冰雪运动进校园专项经费能否专款专用”“是否为学生购买保险”两个三级指标意见集中度较高，说明对于这两个指标没有异议，可以作为校园冰雪文化指标体系的内容。

## 六、指标体系的分析与检验

为了用少量的因子来描述众多指标或者某些因素之间是否具有某种内在的联系，本书选用因子分析法进行检验。因子分析的原理是将可能具有某种相关性且关系较为密切的几个变量或因素归为同一类，并进行概括。运用这一分析方法，我们可以找出指标体系中是否含有一些具有较高相关性的指标，找出指标体系中的共同因子，与原指标体系进行比较，从而检验三级指标体系是否合理。这也是效度分析最理想的方法。Communality，即共同度，其值的范围是0～1，取值越高，说明共同度越大，所包含的原资料的信息就越多。一般认为，共同度系数大于0.50具有较高的效度。

在实际操作中，我们应该考虑到因子分析的可靠性，即变量数量不能过多。因此本书对14个二级指标进行因子分析。采用5级专家问卷，重要程度按照非常重要、重要、一般、不重要、非常不重要分别赋值9、7、5、3、1，所得结果如表9–9所示。

从表9–9中可以看出，得到4个特征根>1的公因子，累积贡献率达72.796%。进而采用最大方差正交旋转法，可以得到量表中各指标的共性方差，以及各指标的因子负荷，见表9–10。从表9–10中可以看出，因子1对B1、B2、B3、B4有较高影响，可以将因子1命名为物质文化；因子2对B5、B6、B7有较高影响，因此可将因子2命名为制度文化；因子3对B8、B9、B10有较高影响，因此将因子3命名为精神文化；因子4对B11、B12、B13、B14有较高影响，那么可以将因子4命名为行为文化。

**表9–9 解释的方差一览表**

| 成分 | 旋转前方差解释率 | | | 旋转后方差解释率 | | |
|---|---|---|---|---|---|---|
| | 特征根 | 方差解释率(%) | 累积方差解释率（%） | 特征根 | 方差解释率（%） | 累积方差解释率（%） |
| 1 | 4.382 | 31.297 | 31.297 | 299.836 | 21.417 | 21.417 |
| 2 | 2.475 | 17.681 | 48.977 | 251.559 | 17.968 | 39.385 |
| 3 | 1.796 | 12.83 | 61.808 | 239.118 | 17.08 | 56.465 |
| 4 | 1.538 | 10.989 | 72.796 | 228.638 | 16.331 | 72.796 |
| 5 | 0.81 | 5.783 | 78.579 | | | |
| 6 | 0.653 | 4.661 | 83.241 | | | |

续表

| 成分 | 旋转前方差解释率 | | | 旋转后方差解释率 | | |
|---|---|---|---|---|---|---|
| | 特征根 | 方差解释率(%) | 累积方差解释率（%） | 特征根 | 方差解释率（%） | 累积方差解释率（%） |
| 7 | 0.603 | 4.306 | 87.546 | | | |
| 8 | 0.51 | 3.641 | 91.187 | | | |
| 9 | 0.386 | 2.759 | 93.946 | | | |
| 10 | 0.305 | 2.182 | 96.128 | | | |
| 11 | 0.208 | 1.488 | 97.616 | | | |
| 12 | 0.18 | 1.289 | 98.904 | | | |
| 13 | 0.111 | 0.791 | 99.695 | | | |
| 14 | 0.043 | 0.305 | 100 | | | |

**表 9–10　旋转成分矩阵一览表**

| 指标 | 旋转后因子载荷系数 | | | | 共同度（公因子方差） |
|---|---|---|---|---|---|
| | 因子1 | 因子2 | 因子3 | 因子4 | |
| B1 | 0.785 | –0.038 | 0.178 | 0.18 | 0.682 |
| B2 | 0.77 | 0.108 | 0.225 | 0.217 | 0.703 |
| B3 | 0.907 | 0.256 | –0.046 | 0.036 | 0.891 |
| B4 | 0.686 | 0.072 | 0.335 | 0.136 | 0.606 |
| B5 | 0.102 | 0.865 | –0.009 | –0.047 | 0.761 |
| B6 | 0.044 | 0.891 | 0.021 | 0.053 | 0.8 |
| B7 | 0.128 | 0.905 | 0.14 | –0.028 | 0.855 |
| B8 | 0.235 | –0.004 | 0.846 | 0.069 | 0.775 |
| B9 | 0.066 | 0.073 | 0.817 | 0.002 | 0.677 |
| B10 | 0.172 | 0.059 | 0.83 | 0.089 | 0.731 |
| B11 | 0.223 | 0.157 | –0.022 | 0.717 | 0.589 |

续表

| 指标 | 旋转后因子载荷系数 | | | | 共同度（公因子方差） |
|---|---|---|---|---|---|
| | 因子1 | 因子2 | 因子3 | 因子4 | |
| B12 | 0.314 | 0.004 | 0.305 | 0.833 | 0.886 |
| B13 | 0.159 | –0.194 | 0.057 | 0.791 | 0.692 |
| B14 | –0.451 | 0.004 | –0.078 | 0.578 | 0.544 |

## 七、研究结果

经过3轮专家问卷的分析与完善，最终确定了校园冰雪文化指标体系（见表9–11）。其中包含了校园冰雪物质文化、精神文化、制度文化和行为文化等一级指标4个、二级指标14个、三级指标42个。

**表9–11　校园冰雪文化指标体系**

| 一级指标 | 二级指标 | 三级指标 |
|---|---|---|
| A1冰雪物质文化 | B1 场地设施 | C1 场地条件 |
| | | C2 器材情况 |
| | | C3 图书影音教材 |
| | B2 经费投入 | C4 是否为学生购买保险 |
| | | C5 冰雪运动进校园专项经费能否专款专用 |
| | | C6 教练员培训投入 |
| | | C7 比赛及相关活动投入 |
| | B3 教练员文化素养 | C8 教练员教学素养 |
| | | C9 教练员教育素养 |
| | B4 校园媒体传播 | C10 冰雪文化宣传栏 |
| | | C11 校园冰雪文化广播 |

续表

| 一级指标 | 二级指标 | 三级指标 |
| --- | --- | --- |
| A2 冰雪制度文化 | B5 管理组织 | C12 领导态度 |
| | | C13 每年有冰雪运动工作计划 |
| | | C14 冰雪运动政策执行状况 |
| | B6 文件制定 | C15 冰雪运动教师奖励制度 |
| | | C16 冰雪运动教师有无外出进修机会 |
| | | C17 成文的冰雪运动课堂常规 |
| | | C18 冰雪运动教师工作守则 |
| | | C19 运动员守则 |
| | | C20 冰雪运动社团的规章制度 |
| | | C21 公平竞赛制度 |
| | B7 校园冰雪传统 | C22 是否形成冰雪运动传统 |
| | | C23 是否定期举行冰雪运动知识讲座及竞赛 |
| | | C24 高水平运动队 |
| A3 冰雪精神文化 | B8 冰雪引导机制 | C25 冰雪文化口号 |
| | | C26 冰雪文化核心理念 |
| | | C27 冰雪文化标识 |
| | B9 冰雪价值观 | C28 冰雪文化观念 |
| | | C29 冰雪文化价值取向 |
| | | C30 冰雪文化道德观 |
| | B10 社会环境影响 | C31 冰雪历史文化 |
| | | C32 冰雪文化家庭支持 |
| | | C33 社会冰雪文化开展氛围 |

续表

| 一级指标 | 二级指标 | 三级指标 |
| --- | --- | --- |
| A4 冰雪行为文化 | B11 冰雪竞赛 | C34 学校是否每年举办冰雪比赛 |
| | | C35 学校是否每年参加校际联赛 |
| | B12 学生个人冰雪行为 | C36 参与方式 |
| | | C37 每周参与次数和时间 |
| | B13 冰雪社团 | C38 是否有学生冰雪文化社团或者协会 |
| | | C39 冰雪文化协会是否有教师定期指导 |
| | B14 冰雪组织管理行为 | C40 学生体质达标率 |
| | | C41 学生体质和心理健康预警机制 |
| | | C42 学校师生的身心健康状况 |